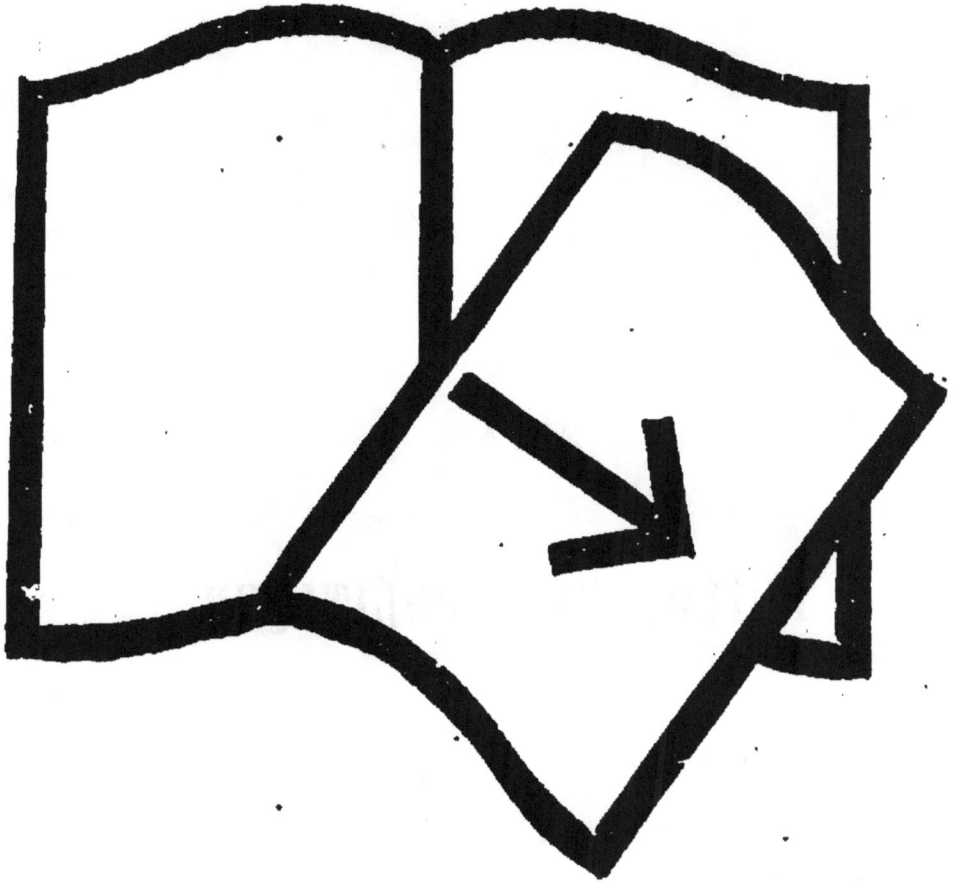

Couvertures supérieure et inférieure
manquantes.

ESSAIS

DE

PHILOSOPHIE POLITIQUE

PARIS. — IMPRIMERIE GÉNÉRALE, A. LAHURE

9, rue do Fleurus, 9

ESSAIS

DE

PHILOSOPHIE POLITIQUE

PAR

LE COMTE DE VIREL

21 [?]

6867

PARIS

A. LAHURE, ÉDITEUR | A. GHIO, ÉDITEUR
9, rue de Fleurus. | Palais-Royal.

—

1880

AVANT-PROPOS

Sous ce titre : *Essais de philosophie politique*, je réunis deux études dont l'une remonte à quelques années, l'autre m'est inspirée par les circonstances présentes.

La première se propose d'étudier la nature et la fonction de la tradition en matière politique.

La seconde a pour objet d'étudier les rapports de notre religion et notre politique, du catholicisme et de la liberté.

Toutes deux se résolvent en une formule : pour la première, le métamorphisme de la tradition, pour la seconde, le libéralisme catholique.

Mon opinion est qu'à tout prendre il n'est pas en Europe de société plus saine, plus morale que notre société française. Cependant, en pleine exubérance de force et de vie, nous la voyons chanceler faute d'assiette, atteinte d'un mal profond et comme penchée vers sa ruine.

Ce mal ne saurait être qu'un certain nombre de fausses idées qui hantent chez nous les plus hon-

nêtes, les meilleures têtes. Je le place en haut plus
qu'en bas.

Parmi ces idées, deux m'ont semblé capitales. J'ai
pris à tâche de les signaler, les discuter, les combattre,
discerner ce qu'elles ont de vrai, ce qu'elles ont de
faux, m'efforçant d'élever mon travail jusqu'à cette
sphère des idées philosophiques où la passion ne
pénètre pas, mais le seul amour de la vérité.

Il n'est pas de lieu ni de question où l'on ne trouve
parmi les hommes deux groupes d'opinion, je dirais
volontiers deux familles de caractère : les hommes de
droite et les hommes de gauche, l'école de la conservation et celle de l'innovation. Partout où il y a des
hommes, vous les verrez classés selon cette double
catégorie. Il s'en faut toutefois que d'un pays à l'autre
la nuance des idées soit uniforme. Le conservateur
anglais et le conservateur français se ressemblent à
peine.

Ne l'ignorons pas : nous avons en France sur la
nature, le rôle, la forme de la tradition en matière
politique une théorie très particulière, très originale,
qui nous appartient en propre, que les étrangers
ont même peine à comprendre. Nul pays en Europe
assurément plus que l'Angleterre ne porte à la tradition un tendre attachement, nul n'en a fait un plus
habile, plus heureux emploi. Son respect de l'antérieur va jusqu'à revêtir des formes parfois puériles ;

ses juges portent perruque, son droit civil est coutume. Elle sait que son respect de l'antérieur, sa religion du passé, je dirais le culte des morts dans les choses de la politique, est une des sources, un des éléments de sa grandeur. A l'Anglais le plus dévoué à l'idée de conservation essayez d'exposer la doctrine de l'école qui revendique chez nous le monopole de l'esprit conservateur, il aura peine à réprimer un sourire.

On se rappelle l'admiration d'Horace pour le début de l'Odyssée[1],

Ἄνδρα μοι ἔννεπε, Μοῦσα, πολύτροπον.

Ulysse, l'homme qui sait se retourner, qui ne reste pas à la même place, qui se dégage de ses mésaventures et en dégagerait ses compagnons s'ils savaient suivre ses conseils, qui dans ses pérégrinations discerne et apprécie le caractère des gens à qui il a affaire.

πολλῶν δ'ἀνθρώπων ἴδεν ἄστεα, καὶ νόον ἔγνω.

La tradition anglaise a ce caractère d'être l'ἄνδρα πολύτροπον d'Homère. Elle a traversé de nombreuses et fâcheuses crises. Elle a dû s'y retourner, s'en est dégagée, en est sortie plus vivace que jamais. « Mes

1. *Ars Poet.*, 140.

principes me défendent de faire un roi, disait au
plus fort d'une révolution un des chefs du torysme
anglais du dix-septième siècle, lord Nottingham,
mais le roi fait, mes principes me commandent de
le servir avec plus de fidélité que ceux qui l'ont fait
roi [1]. » La nôtre n'a rien de tel. Elle est tout d'une
pièce, ne sait ni se mouvoir, ni se transformer, ni se
dégager, ni se relever. Elle ne ressemble en rien à
l'ἄνδρα πολύτροπον. Si notre doctrine est défectueuse,
elle engage contre la Société les forces qui devraient
précisément la soutenir et ce qui devait être appui le
transforme en obstacle, comme dans une guerre civile
retourne contre elle ses propres troupes. Elle fait
pis, et c'est ici pour moi son vice principal : asser-
vissant l'idée à une forme sacramentelle en dehors
de laquelle comme dans les sacrements catholiques
l'efficacité surnaturelle de la grâce — la grâce de la
tradition — ne saurait se produire, elle irrite contre
l'idée elle-même ceux qui sous une autre forme
l'eussent peut-être acceptée et servie, sous celle qu'on
lui impose, sont logiquement contraints de la répudier sous peine de se renier eux-mêmes, et de la
sorte fait de simples adversaires de la forme, des
ennemis irréconciliables de l'idée. Et il en advient de
l'idée, comme de ces chevaliers du moyen âge qui,

---

1. Macaulay, *Guill. III.*

emprisonnés dans une carapace de fer, désarçonnés, jetés à terre, ne pouvaient plus se relever, et par la faute de cette armure devaient se rendre prisonniers.

Quelle que soit l'importance d'un système vrai sur la tradition, elle s'efface devant l'importance suprême d'une doctrine sur les rapports des religions et des politiques.

Il m'a semblé que cet immense malheur dont nous sommes menacés, la rupture entre la société politique et la société religieuse, repose au fond sur des malentendus, des fautes de conduite, des questions mal posées, et aussi quelques notions défectueuses.

Je me suis efforcé de dissiper les équivoques, et pour motiver mon opinion, j'ai dû, très malgré moi, aborder un certain nombre de considérations générales.

Je prie que l'on ne cherche pas ailleurs la pensée inspiratrice de ces deux études. Je ne suis entré dans la spéculation que pour atteindre un but pratique. Égaré dans une catacombe, j'ai marché comme je l'ai pu vers la lumière.

Dans ces pages je ne crois pas que le mot de république ou de monarchie soit une seule fois prononcé, ni que l'on y saisisse la trace d'une préférence systématique pour une forme quelconque de gouvernement. Et j'ajouterai que cette réticence est volontaire de ma part. Si les idées que j'expose ici sont vraies, leur application est indépendante des formes et des vicissitudes politiques. Et c'est ce que j'ai voulu indiquer en donnant à mon travail le titre d'*Essai philosophique*. Philosophe, je sais mieux que personne que je ne le suis pas. J'essaie cependant de m'élever au-dessus de l'atmosphère simplement politique. Les redoutables problèmes que j'aborde ne sont pas de ceux qui se résolvent par aussi peu de chose que la substitution d'un gouvernement à un autre. Leur solution est tout entière dans le domaine intellectuel, la direction générale des esprits. Si dans les esprits la révolution se fait, sans qu'il soit besoin d'une révolution politique le problème est résolu. Si vous faites la révolution politique sans évolution d'idées, il subsiste.

Cependant puisqu'aux jours où nous vivons on admet difficilement qu'un écrit comme celui-ci se produise sans arborer une cocarde, je dirai que pour moi le meilleur gouvernement est celui qui, dans des circontances données, dont la juste appréciation constitue ce qu'on appelle l'esprit politique[1], celui, dis-je, qui est l'expression la plus juste de ce qu'il y a d'idées vraies et d'intérêts légitimes dans le corps social. Toutes les pages, toutes les lignes de ce travail porteront, je l'espère, témoignage que je veux l'ordre et que j'aime la liberté.

---

1. Dans sa *Couronne* (190) Démosthènes le définit Τῶν φαινομένων καὶ ἐνόντων τὰ κράτιστα ἐλέσθαι. Choisir ce qu'il y a de mieux dans le possible.

J'irai plus loin, et ne ferai pas difficulté d'avouer que tant que les circonstances seront ce qu'elles sont, la tradition représentée par un prince dont le caractère commande le respect autant que les idées le rendent impossible, l'ordre matériel sans la tradition par un caporal travesti en Cœsar — Cœsar viendrait lui-même que je n'en voudrais pas, — considérant la première solution comme incompatible avec la France de 39, la seconde comme la plus grande des calamités, dans de telles conditions, toute autre issue nous étant interdite si nous avons le cœur assez haut pour ne pas courir au devant des fourches caudines; convaincu que ce qui est a sa raison d'être, puisqu'à regarder au dehors on n'aperçoit que la honte ou le néant; conservateur à la façon de lord Nottingham, je suis pour ce qui est, et pense que notre tâche, notre devoir, est de tirer le meilleur parti possible de ce qui existe.

Si donc on veut une cocarde à ce livre, que ce soit celle de tory républicain.

On me dit : vous serez débordé. La formation d'une droite républicaine, la fondation d'une république conservatrice, pure utopie. Fatalement la république sera radicale. Sur le terrain où vous engagez la bataille vous êtes certain de la perdre. Peut-être; j'espère, je n'affirme pas le contraire. Cela vaut la peine d'essayer. Vous-mêmes, messieurs, quand

pour combattre au Sénat la loi d'enseignement vous
mettez à votre tête un des nôtres, quand pour remplacer à ce même Sénat M. de Montalivet vous votez
pour un des nôtres, que faites-vous, sinon vous
poser, tardivement hélas, et combattre sur notre
terrain? Soyez-y les bienvenus. Quelle fortune nous
y attend? Honorable, j'en suis certain; heureuse je
veux le croire. S'il en est autrement, si les destins
trahissent nos espérances,

Unde si Parcæ prohibent iniquæ,

à qui la faute? Au lieu de vainement user vos forces
à vous faire successivement déloger de je ne sais
combien de positions à droite de la nôtre, si vous
fussiez venus dès 1871, dès le lendemain de la guerre,
vous placer résolument sur ce même terrain de la
république conservatrice et libérale où nous vous
attendons depuis longtemps, où vous-mêmes en des
jours de malheur êtes venus nous assaillir, où vous
vous réfugiez aujourd'hui après tant de batailles
perdues, vous naguère si puissants lorsqu'en février
1871 le pays éperdu se jetait plein de confiance dans
vos bras, affaiblis, hélas! discrédités aujourd'hui,
si dès le premier jour, en pleine possession de vos
forces, non encore mutilés, vous eussiez compris que
sur tout autre terrain la bataille devait nécessairement
se perdre — je dis la vraie bataille, celle qui se

livre devant le corps électoral, — qu'il était donc
habile, pour ne pas dire nécessaire d'en venir tout
d'abord là où vous êtes aujourd'hui, si prenant
exemple sur le ferme esprit du grand citoyen aux
mains duquel la France remit alors son gouvernement, vous eussiez tout d'abord pris courageusement
votre parti et relégué Apis défunt au Sérapéum ;
si au lieu de prendre un triste plaisir à démolir nos
hommes pour tenter de fantastiques combinaisons
que la plus minime dose de discernement vous eût
fait reconnaître chimériques, vous les eussiez soutenus
le 24, le 16 mai, ces mêmes hommes qu'aujourd'hui
vous allez chercher pour les mettre à votre tête, ah !
que les chances seraient différentes ! que le triomphe
que vous dites douteux eût été alors certain ! Donc,
puisque si la victoire nous échappe, c'est votre faute,
je ne récrimine pas, mais je dis qu'il y a en France
des hommes qui n'ont pas le droit de croire une
défaite possible, et vous êtes ces hommes-là. *Tu es
ille vir*. La république conservatrice, moi je puis
douter qu'elle soit possible. Vous, messieurs, vous
n'en avez pas le droit. Car cette république conservatrice si nous échouons à la fonder, ce sera parce
que, semblables à des enfants sur la route de l'école,
vous vous êtes attardés à faire ce que j'appellerai la
politique buissonnière.

Février 1880.

DU
DÉTERMINISME

DE LA

TRADITION POLITIQUE

CHAPITRE I

LA DÉPUTATION

Ayant cette bonne fortune de commencer mon travail sur le modèle de l'*Iliade* :

Μῆνιν ἄειδε, θεὰ...,

je passerai tout d'abord la parole à Homère, le prince des moralistes, nous dit Horace[1], j'ajouterai et des historiens :

> Te sequor, o Graïæ gentis decus, inque tuis nunc
> Fixa pedum pono pressis vestigia signis.

Nous sommes devant Troie. Achille est retiré sous sa tente. Les Grecs en détresse députent vers lui Ulysse

---

1. *Ep.* I, ii, 3.

1

Phoinix et son cousin Ajax Télamonien, comme lui petit-fils d'Aiaque. Ulysse prend le premier la parole [1].

ULYSSE.

« Si tu ne viens à notre aide, lui dit-il, nous sommes perdus (231). Depuis que tu nous abandonnes, tout tourne contre nous (236). Hector, comme un furieux (un enragé, 305), nous poursuit l'épée dans les reins. Les Troyens sont sur notre dos (233). Nous sommes acculés à la mer, et toutes les issues nous sont fermées (235).

« Lève-toi, Achille, et sauve-nous (247).

« C'est une grande vertu que de savoir se dompter soi-même (255), ne pas se raidir dans ses idées et se prêter aux circonstances. Si convaincu que l'on soit que l'on est dans le vrai et les autres dans le faux, que tout le monde a tort, et qu'à soi seul on a plus d'esprit que tout le monde, on peut se tromper, on n'est pas infaillible [2]. Dans ce cas, le mal une fois accompli que l'on eut pu prévenir (250), quelle douleur (249)!, quels remords! quelle responsabilité devant son pays, devant sa conscience, devant l'histoire! Presque toujours il vaut mieux suivre les inspirations de son cœur que celles de son esprit (256). Jouer le sort d'un peuple sur la foi en sa propre infaillibilité est une grosse affaire à laquelle on ne saurait trop réfléchir avant de s'engager, et où il est d'un grand esprit non moins que d'un grand cœur de savoir un peu douter de soi-même.

« Je sais qu'Agamemnon a eu des torts envers toi

---

1. *Iliad.*, IX.
2. Selon moi, Achille se trompe en effet. Bien que le sang des dieux coule dans ses veines et que lui-même soit un héros, il a le tort de s'entêter sur une idée fausse, et Ulysse est dans le vrai.

(300). Il les confesse. Il s'offre à les réparer magnifique-
ment, avec usure, à partager avec toi ses trésors, ses
terres (260). Il t'offre sa propre fille en mariage (288).

« Si contre lui tu demeures implacable, ne le sois pas
contre nous, tes compatriotes. Aie pitié de nous (202). »

ACHILLE.

« Honorable Ulysse, j'aime autant te dire une bonne
fois pour toutes la vérité, afin que vous ne veniez pas
à tour de rôle me rebattre les oreilles de vos supplica-
tions (308). Je hais le mensonge et la dissimulation
(312). Je parlerai donc sans réticence.

« Qu'Agamemnon (lisez la Révolution, et ce mot, je
prie l'imprimeur de ne pas faillir à le commencer par
un très grand R,

I puer, atque meo citus hoc suscribe libello),

qu'Agamemnon renonce à toute pensée, tout espoir
de pactiser avec moi. Je ne serai jamais l'homme d'Agamemnon. Cela ne se peut (315). Entre nous, il y a répulsion mutuelle, contradiction absolue.

« D'ailleurs, le rôle que vous m'offrez n'est pas gracieux. Le métier est rude et ne vaut pas la peine qu'on
se donne pour lui. Ce qu'on y gagne de plus clair, ce
sont des coups (322). J'ai tout fait pour vous (323). Qui
en a eu le profit (231)? Vous seuls, et moi, ce qui était
à moi, on me l'a pris (235).

« Soit donc. Ce qu'il m'a enlevé, qu'Agamemnon le
garde et me laisse en repos (337). Mais pour rien au
monde, pour personne, je ne pactiserai avec lui (346),
et si vous devez périr, périssez (347).

« Eh quoi! n'avez-vous pas ce qu'il faut pour me suppléer? Vous avez fait de très beaux travaux de

défense (348), de très belles, très savantes, très ingé-
génieuses constructions, qui jusqu'ici, malheureusement, vous ont peu servi et assez mal défendus (351).
Vous ne manquez pas d'habiles gens, de vaillants
champions. Qu'ils vous sauvent, s'ils le peuvent (344).
Mais non. Ils ne le pourront pas. Il n'y a que moi qui
puisse vous sauver (352).

« Les choses étant ce qu'elles sont, je prends congé
de vous (360). Qu'Agamemnon accumule ses faveurs sur
d'autres têtes (379). Qu'il donne sa fille à un autre
gendre mieux disposé que moi à entrer dans sa famille
(392). Eut-elle tous les trésors de la terre et plus d'appas
que la blonde Aphrodite, je ne serai pas son époux
(388).

« Reportez cette réponse à ceux qui vous ont députés.
Dites-leur qu'ils avisent à se dégager sans moi (421).
Je ne crois pas qu'ils réussissent. »

PHOINIX (lisez le Clergé).

« Illustre Achille, c'est moi qui t'ai fait ce que tu es.
Je suis stérile (455). Je n'ai pas de famille propre, pas
de postérité (456). Ma famille, c'est toi (486). Tu es mon
œuvre, mon fils d'adoption, l'enfant de mon cœur, l'objet de mes plus chères complaisances (440). Je t'ai élevé
sur mes genoux (487). C'est moi qui t'ai appris à parler
et à agir (443). C'est moi qui t'ai mis les morceaux dans
la bouche (487). Quand tu ne savais encore que baver
ton vin, c'est moi qui t'ai appris à le boire (489).

« Maintenant donc, écoute encore une fois mon conseil. Laisse-toi fléchir (513). Si ce qu'on te propose était
indigne de toi, je ne t'engagerais pas à l'accepter (545).
Mais cela n'est pas. L'offre est splendide. Si tu la
dédaignes, plus tard tu le regretteras (519). L'occasion
est fugitive. Chaque chose a son heure qu'il faut savoir

reconnaître et saisir au passage. Car une fois échappée, c'est fini. Elle ne revient plus et les mains restent vides. »

Et là-dessus, il lui raconte tout du long l'histoire de Méléagre qui, après avoir fait la sottise de repousser les offres des Aitoliens, finit par les sauver gratis.

ACHILLE.

« Phoinix, mon vieux [1] (607), ἄττα γεραιὲ, tous ces dons, toutes ces splendeurs que vous m'offrez, je n'en ai pas besoin. Sans rien recevoir de vous, j'ai de quoi vivre honorablement chez moi (364). La place que je tiens dans le monde, je ne vous la dois pas. Ce n'est pas vous qui l'avez faite, et vous ne pouvez pas la défaire. Ce que je suis, je le suis par moi-même, par la grâce de Zeùs, φρονέω τετιμῆσθαι Διὸς αἴσῃ. Je ne suis donc pas un homme comme un autre. C'est pourquoi, lorsque je songe à ce que m'a fait Agamemnon, et ce que vous me proposez de sa part, je ne puis retenir mon courroux (646). Qu'il sache que je ne suis pas de l'étoffe d'un mercenaire que l'on marchande (648), d'un fonctionnaire que l'on paie.

« Mais toi, mon vieux, là où tu es, je ne te trouve pas à ta place. Ces choses-là, tu devrais les laisser à d'autres et ne pas t'en mêler (614). Entre Agamemnon et moi, ton vrai rôle n'est pas de l'entremettre, mais d'être franchement, ouvertement, tout à fait à moi, et à demeurer ici chez moi, où ton lit t'attend. Viens te coucher ici (617), ne sais-tu pas qu'au fond les ennemis sont les miens, et mes amis les amis (615)? Avec toi, je serai toujours prêt à partager les honneurs et les profits de ma position. »

---

1. Voir la lettre adressée à Mgr l'évêque d'Orléans.

AJAX.

« Retirons-nous (625), nos peines sont superflues (626). Rien à espérer de cette âme indomptable (629), de cet esprit tout d'une pièce, de ce cœur impitoyable (630). »

Plus tard dans le conseil des Grecs,

DIOMÈDE.

« Messieurs, vous venez de faire une école (698). Ce qui est advenu, vous deviez le prévoir. C'était déjà un personnage très infatué de ses idées,

ὁ δ᾽ἀγήνωρ ἐστὶ καὶ ἄλλως (699),

vous en avez fait un illuminé,

νῦν αὖ μιν πολὺ μᾶλλον ἀγηνορίησιν ἐνῆκας (700).

« Tâchons de nous passer de lui, et de nous suffire à nous-mêmes. »

CHAPITRE II

LES MOIRÆ [1].

Ceux que le déplaisant spectacle des choses présentes reporte vers le passé, qui contre les amertumes de notre politique, les mesquines et aveugles passions dont elle est tissue, l'amoindrissement des esprits et des caractères dont nous sommes les témoins et les victimes cherchent un refuge et un asile dans le commerce des lettres antiques, éprouvent parfois d'étranges surprises en retrouvant tout à coup dans ces vieilles pages écrites par une main glacée depuis plus de vingt siècles, dans une société si différente par les idées, les sentiments, les institutions de celle où nous vivons, je ne dis pas la peinture des éternels sentiments du cœur humain, caractère propre et condition essentielle de toute grande littérature, mais l'expression très nette de nos idées les plus modernes, celles qui agitent le plus profondément l'esprit contemporain, que dis-je? souvent même jusqu'au tableau des incidents les plus éphémères de notre existence. La littérature grecque, incontestablement la plus grande et la plus noble des littératures humaines, est surtout fertile en ces rencontres. Mais pour les reconnaître, il faut une certaine dose d'attention, et regarder de près. Car en même temps

1. Prononcez *Miræ*.

qu'elle est éminemment générale en ce qu'elle est toute
pénétrée des grands sentiments et des grandes idées,
apanage commun de l'humanité tout entière, elle est
excessivement particulière par la forme empreinte à un
très haut degré du signe particulier de la race qui l'a produite, son caractère, ses mœurs, ses habitudes de vie et
de langage, ses croyances, ses idées propres. Extérieu-
rement, elle est essentiellement vêtue à la mode hellénique. D'où résulte qu'il en est d'elle comme de ces
femmes tout à la fois très spirituelles, très jolies et très
élégantes. Ce qui nous frappe d'abord, c'est leur charmante toilette, puis leur charmant visage, et le plumage
nous fera oublier le ramage. Ainsi des lettres grecques.
Il advient souvent que la forme nous en séduit à ce
point de nous distraire entièrement du fond. Nous nous
oublions à admirer la bizarrerie originale et toute hellénique de l'accoutrement extérieur ; l'idée que ce vêtement recouvre se dérobe à notre attention, et le chas-
seur qui s'attarde à contempler la beauté du paysage,
passe auprès du gibier sans l'apercevoir.

Or, ce gibier, ce sont nos propres sentiments, nos
propres idées, nos propres vies.

Mutato nomine de te
Fabula narratur.

Dans cet ordre d'idées, je voudrais appeler l'attention
sur quelques passages des poètes grecs, notamment sur
les onze vers 515, 525 du Prométhée enchaîné d'Aischyle,
dont voici la traduction très littérale :

LES OCÉANIDES.

« Mais, cette nécessité, qui la gouverne?

PROMÉTHÉE.

Les Moïræ *triformes* et les Erinnyes vengeresses.

LES OCÉANIDES.

Quoi? Zeùs n'est-il pas plus fort qu'elles?

PROMÉTHÉE.

Non, lui-même ne saurait se soustraire à sa destinée.

LES OCÉANIDES.

Quelle est donc la destinée de Zeùs, sinon de toujours être le maître de tout?

PROMÉTHÉE.

Ne me le demandez pas. N'insistez pas.

LES OCÉANIDES.

Il est donc bien redoutable, ce secret, que tu nous le caches.

PROMÉTHÉE.

Changez de discours. Le temps n'est pas venu de sonder ce problème. Il faut le réserver et le dérober aux yeux de toutes nos forces. Si je parviens à le *sauver* (τὸνδε γὰρ σώζων ἐγώ), je serai libre des ignobles liens qui m'enchaînent et des maux qui m'accablent. »

Nul n'ignore que l'on a beaucoup écrit sur le *Promé-*

thée d'Aischyle, et par sa je ne sais quelle grandeur
mystérieuse, la figure très évidemment symbolique de
plusieurs des personnages introduits, la nature des
idées et des sentiments qu'ils échangent entre eux, les
aperçus de doctrine qu'ils laissent entrevoir, non moins
que par l'extraordinaire vigueur du langage d'Aischyle,
un peu de la famille de celui de Shakspeare, ce grand
style empanaché (κομποφακελορρήμονα) comme l'appelle
Aristophane[1], il faut convenir que le sujet y prête singulièrement. Les commentateurs, surtout allemands, —
car, hélas! notre pays demeure fort étranger, fort indifférent à ces sortes d'études — se sont donc mis à l'œuvre. On a vu dans le *Prométhée* beaucoup de choses
qui s'y trouvent en effet, quelques-unes peut-être qui
ne s'y trouvent pas, et auxquelles, pour ma part, je
soupçonne qu'Aischyle n'a jamais songé. Mais je ne sais
si l'on a tout vu, et le passage sur lequel j'essaie d'atti
rer l'attention, totalement négligé par MM. Patin, Gottfried
Schütz et Ottfried Müller[2], me semble recéler un sens
esotérique qu'à ma connaissance nul commentateur n'a
signalé, et qui, néanmoins, par la grandeur du problème, par la façon magistrale dont il est posé, par la
profondeur du sens caché, un peu hypothétique, j'en
conviens, qui se laisse entrevoir, ne me semble pas indigne de fixer quelques instants l'attention de ceux qui
portent intérêt à l'histoire de la pensée humaine.

Plusieurs points du *Prométhée* sont faciles à pénétrer,
et sur eux tout le monde est d'accord. Ainsi, il n'est
personne qui n'ait reconnu la race hellénique (Ionique)
et le tableau fidèle de ses migrations dans cette Io, fille

1. Βάτραχοι, 859.
2. Je ne saurais ici omettre un travail très remarquable de
M. Louis Binault, lequel considère Prométhée au point de vue
historique et non philosophique.

d'Argos, l'Io vaga de notre ami Horace, objet des amours de Zeüs, piquée par le taon du génie qui l'emporte vagabonde à travers les espaces, dont ceux de nous qui connaissent Pompeï ne sauraient avoir oublié le tableau de son accueil en Égypte[1] ni la gracieuse tête ornée, comme celle d'Alexandre et du Moïse de Michel-Ange, de deux petites cornes, symbole de force chez les anciens.

Prométhée lui-même, dont le nom signifie le Penseur enchaîné par la Force et Vulcain sur son rocher, — je noterai que dans le drame d'Aischyle le vautour rongeur n'apparaît pas encore directement, — Prométhée qui à plusieurs reprises se vante d'avoir donné le feu aux mortels, — (ce feu, est-ce se tromper beaucoup que d'y voir très au-dessus de la flamme de nos foyers et de leurs usages domestiques ou même industriels, les seuls, je l'avoue, mentionnés par le poète, l'Agni de nos pères Aryens, la connaissance d'Agni, à laquelle il est facile de prouver que le monde Grec et Romain n'est pas demeuré étranger, c'est-à-dire les premières recherches de l'esprit humain sur ce qui constitue l'être?) — Prométhée, dis-je, il est généralement admis qu'il le faut considérer comme une personnification de l'humanité pensante, l'esprit humain, la conscience humaine se posant comme le patriarche biblique en face du mal, de la souffrance, et en demandant compte à Zeüs « quel que soit celui qu'on appelle de ce nom, ὅστις ποτ'ἐστίν[2] ». « Vous étiez libre, lui dit-elle. Il n'y a même de liberté au monde que la vôtre[3]. Le juste et l'injuste ne sont qu'un ca rice de votre volonté[4]. Pourquoi le mal? pourquoi la douleur? »

1. Reproduction d'une œuvre célèbre de Nicias, selon M. Heilbig.
2. *Agam.*, 164.
3. *Prom.*, 50.
4. *Prom.*, 186.

.. ... Cur anni tempora morbos
Adportant? quare mors immatura vagatur [1]?

C'est alors, pour comprendre comme je le fais les onze vers 515-525, que devant la thèse vient se poser l'antithèse. — Zeùs libre? Non, il ne l'est pas. Il y a quelque chose de plus fort que lui. Ce sont les Moîræ τρίμορφοι et l'implacable Erinnye.

Arrêtons-nous ici. Chaque mot porte et doit être pesé. Je plaindrais ceux qui, dans un poète de l'ordre de celui-ci, se persuaderaient qu'il y a des mots auxquels il est superflu de prendre garde et qui n'ont pas de sens propre. Qu'est-ce que les Moîræ? Pourquoi leur donner trois formes, τρίμορφοι? Qu'est-ce que l'implacable Erinnye? Quelle est la clef de ce passage?

Tous les commentateurs sans exception traduisent ces deux mots Moîræ trimorphoi par « les trois Parques », ce qui nous donne un passage absolument plat et dénué de sens, aussi bien que de rapport avec ce qui suit et ce qui précède. Pris de la sorte, les vers d'Aischyle ne disent absolument rien à l'esprit. Je propose de comprendre ces deux mots Moῖραι τρίμορφοι d'une façon toute différente, beaucoup plus dans l'ordre des pensées qui inspirent le dialogue de Prométhée et des Océanides. Mon sentiment est que par Moîræ, Aischyle a entendu désigner les lois gé-

1. V. 221. « .... Le poème de Lucrèce, celui de tous les poèmes antiques qui se rapproche le plus de la pensée du dix-neuvième siècle. »
Bagehot, *Lois scientifiques du développement des nations*, l. II, 2. — M. Bagehot lui-même est peut-être le publiciste anglais contemporain le plus affranchi de positivisme. Il ne conteste pas une certaine action initiale de l'intelligence. Après quoi, le branle donné par elle, il n'est pas éloigné de réduire le monde à des actions physiques. C'est la chiquenaude après laquelle Dieu reçoit congé.

nérales qui gouvernent l'univers. J'ai à montrer comme
tout se suit, s'explique, s'enchaîne.

Pourquoi ces lois sont-elles appelées τρίμορφοι? C'est
qu'en effet elles se produisent sous trois formes succes-
sives et distinctes. Elles nous apparaissent d'abord à l'é-
tat de simples faits. Telle est leur première forme. Ces
faits étant coordonnés et généralisés, elles nous apparaissent ensuite à l'état de lois. Telle est leur seconde
forme. Puis enfin nos esprits sont amenés à concevoir
l'existence dernière et substantielle de ces lois en Dieu.
Telle est leur dernière forme. Aischyle a donc eu raison
d'appeler ses Moiræ τρίμορφοι. Son expression est rigoureusement exacte.

Et que signifie cette Erinnye également plus puis-
sante que Zeùs? Je ne crois pas non plus me méprendre
sur l'idée intime du grand poète athénien, initié d'Éleu-
sis, dont il est absurde et ridicule de faire une façon de
prophète écrivant une préface de l'Apocalypse, je ne sais
quoi comme ces sybilles si chères à une certaine période
du génie italien, mais dont en somme il est assez naturel de faire un homme très éclairé, une tête accessible
au courant d'idées philosophiques de son temps, je ne
crois pas, dis-je, me méprendre sur cette pensée intime
en voyant dans cette implacable Erinnye le témoignage
intérieur de la conscience humaine jugeant nos propres
actes, ce que dans le langage philosophique on appelle
le principe du mérite et du démérite. Ici, selon le procédé de l'idiome poétique, la partie est prise pour le
tout. Il n'est, il est vrai, question que d'une seule loi
de l'ordre moral, celle par laquelle chacun de nos actes
est destiné à recevoir sa rétribution. Mais je me persuade que dans les vers d'Aischyle les Moiræ et l'Erinnye
ne sont pas accouplés au hasard, et que de même que
les Moiræ expriment les lois du monde physique, ce sont

les lois du monde moral tout entier qui sont désignées par ce seul mot : l'Erinnye.

Que telle soit la pensée d'Aischyle lui-même, j'en trouve la preuve sans réplique, me semble-t-il, dans un passage de ses *Euménides*[1], où, s'adressant à elles, il leur dit :

« O déesses, sœurs des Moïræ, divines inspiratrices des lois humaines, assises à chaque foyer, témoins et juges de nos consciences; ô vous qui, éternelles comme Dieu, êtes ce qu'il y a de plus saint en lui... »

Quoi de plus naturel pour les Euménides ou Erinnyes, puisque ces deux noms sont identiques, ces déesses *vénérables*, c'était leur titre officiel (σεμναὶ), dispensatrices de la prospérité des peuples, terribles et bienfaisantes tout ensemble, quoi de plus naturel, si on les envisage comme la loi de l'ordre moral, que de les appeler sœurs des Moïræ[2] envisagées comme la loi du monde physique. Ces doubles lois ne sont-elles pas l'obet et la sanction du juste[3] ? Ne sont-elles pas univer-

---

1. Les Moïræ comme les Erinnyes sont filles de la nuit (*Eum.*, 317. — Hésiod. *Theog.*, 217), ce qui veut dire que le pourquoi de ces doubles lois est un abîme insondable à l'œil humain. Devant elles, derrière elles, rien.

Un peu plus loin (*Theog.*, 220-223) Hésiode, dont la portée philosophique est courte, brouille et confond les fonctions des Moïræ avec celles de leurs sœurs les Erinnyes.

Me permettra-t-on de faire cette remarque à l'honneur de l'esprit humain, qu'il a conçu les lois générales du monde moral avant celles du monde physique. Socrate lui-même en était encore à tenir la recherche de celles-ci pour chimérique. Et déjà dans Homère (*Il.*, XV, 204, XIX, 259; *Od.*, XI, 280) l'aurore apparaît de la conception philosophique de l'Erinnye. Elle apparaît pleinement dans Aischyle, *Agam.*, 58.

2. *Eum.*, 949.

3. *Ib.*, 950.

selles[1], éternelles[2]? Ne sont-elles pas l'essence de Dieu[3]?

En dehors de toutes ces lois, que l'on me dise un objet auquel toutes ces notions conviennent et s'appliquent?

Telle serait donc la pensée d'Aischyle : « Si Zeüs est soumis aux lois générales qui constituent le monde matériel et le monde moral, comment est-il libre? Comment concilier l'antinomie de ces deux termes : sa liberté et sa dépendance, ce que dans notre terminologie actuelle nous appelons son déterminisme, ou son inconscience, ou son impersonnalité, puisque toutes ces idées sont au fond équivalentes et se résolvent l'une dans l'autre.

Il ne faut pas méconnaître la grandeur du problème qui s'est ainsi posé avec une netteté merveilleuse dans l'esprit du grand poète athénien. C'est sur ce point précis que toutes les philosophies, toutes les religions se sont séparées. C'est sur ce terrain que de nos jours encore, de nos jours plus que jamais, se livrent les grandes batailles, et, si l'on veut aller au fond des choses, il est l'exposant selon lequel l'humanité et ses divers groupes se coordonnent. Même pour les savants qui passent leur vie à réfléchir, il n'est pas de problème plus ardu, plus obscur. Les uns l'ont résolu d'une façon, les autres d'une autre. Partout où les hommes ont pensé ils ont agité ce problème. Le Brahmanisme nous a donné sa solution, le Judaïsme une seconde, le Christianisme une troisième différente des deux autres. Celui-ci en a fait un mystère, c'est-à-dire quelque chose d'inaccessible à l'intelligence humaine, συγκαλυπτέος ὅσον μάλιστα, dit-il avec Prométhée. Car la liberté et le déterminisme dans l'idée de Dieu, ce qu'il y a de libre et ce qu'il y a

1. *Ib.*, 951.
2. *Ib.*, 952.
3. *Ib.*, 954.

de forcé dans son être, ce n'est rien moins que l'explication de la coexistence de l'unité et de la personnalité de Dieu et de ses rapports avec le monde, la coexistence de l'indéterminé et du déterminé, τὸ ἕν καὶ τὰ πόλλα des Grecs, de l'être et du non-être. *Rerum concordia discors*, disait l'aimable Horace. D'où, puisque la loi morale comme la loi du monde matériel réside en Dieu, de la notion de Dieu résultera celle de la loi morale, c'est-à-dire la notion du juste et de l'injuste. On saura si le droit est distinct de la force, si le monde moral est un jeu que Zeùs joue avec lui-même.

Ces problèmes, les plus hauts, les plus augustes, les plus redoutables que l'esprit humain se soit jamais proposés, sur lesquels se sont épuisés les plus profonds génies de l'humanité, je n'ai garde d'y toucher moi-même. Mon humble tâche est uniquement de les faire discerner dans les vers un peu obscurs d'Aischyle. Immédiatement une question se pose : quelle solution leur donne-t-il ?

« Tout beau ! dit-il à la façon de Corneille, tout beau, mon âme; arrêtons-nous. Au dehors et pour les profanes, un triple voile. Au dedans, n'y pensons pas, ou si nous y pensons, que nul ne le soupçonne. Aussi bien, ce problème n'est pas encore mûr. Quand j'aurai pu le *sauver* (qu'est-ce que *sauver* un problème, sinon le mener à bon port et le résoudre?), quand je l'aurai résolu, je sais seulement ceci : que je serai sauvé moi-même. Le problème de la souffrance sera résolu. Le mal n'existera plus. »

Sur quoi le chœur des timides Océanides s'écrie : « O Zeùs tout-puissant[1] ! accordez-moi cette faveur que de telles pensées ne hantent pas mon esprit, mais que

---

1. *Prom.* 526.

dans la quiétude d'une félicité sans nuages je vaque fidèlement aux pratiques de votre culte et vous offre des sacrifices. » Absolument comme notre grand Pascal : « Faites dire des messes, prenez de l'eau bénite, etc., etc. »

Ou, puisque nous sommes en Grèce et parlons des Grecs, pour entrer dans l'ordre d'idées des Océanides, auxquelles pour ma part je demande à ne pas m'associer sans quelque réserve, pour exprimer sous la forme la plus superbe, la plus amère qu'elle ait peut-être jamais revêtue cette détestation du transcendantalisme philosophique par les âmes droites et simples, je passerai la parole à Pindare. Le poète thébain contemporain d'Aischyle, trop peu connu des esprits même cultivés en France, dont très à tort selon moi, et sur des indices qu'après une lecture attentive de toute son œuvre je me refuse à accepter comme suffisants, M. Villemain fait un adepte de la philosophie pythagoricienne, celui qui l'année même de Salamine — cette Salamine dont dans un autre de ses drames [1] le vaillant Aischyle nous fait un si merveilleux récit — disait à ses compatriotes : « Nous voici ruinés. Mais la liberté nous reste, et par elle tout se regagne, »

> Ἰατὰ δ'ἐστι βροτοῖς
> σύν γ'ἐλευθερία
> καὶ τα [2],

1. Περσ., 351-430.
2. Is., VII, 30. — Peu d'années après Pindare, Thucydide met la même pensée dans la bouche du grand Périclès :

« Καὶ γνῶναι ἐλευθερίαν μὲν, ἥν ἀντιλαμβόμενοι αὐτῆς διασώσομεν, ῥᾳδίως ταῦτα ἀναληψόμενην. » (II. 62, 3.)

Qu'il me soit permis de recueillir pieusement l'aspiration des grandes âmes vers la liberté.

celui qui dans ces temps troublés avait des idées assez claires sur la cause de grandeur des peuples pour écrire la strophe suivante que ne désavouerait pas la science la plus avancée de notre âge :

« Je chanterai l'heureuse Corinthe, séjour cher à Poseidon Isthmios, la douceur de ses lois, l'accueil qu'elle fait aux étrangers, et sa florissante jeunesse. Là réside Eunomia et ses deux sœurs, fondements des cités, Diké, gage de confiance mutuelle, et l'aimable Iréné, lien des cœurs, toutes trois filles fortunées de Thémis, dispensatrices des trésors de Ploutos, dont l'œuvre est d'éloigner du cœur les égarements de la prospérité » (Ol. XIII, 1-12)[1],

1. Pour saisir l'ampleur de la pensée de Pindare, il y a ici des choses intraduisibles qu'il faut expliquer. Eunomia, ce sont les bonnes lois politiques. Diké, le droit civil. Thémis, d'où tout émane, la justice idéale, absolue. Ces quelques vers renferment tout un système politique très profond, très en avant de son temps, peut-être du nôtre.

Nul n'ignore que Ploutos est la richesse, et Iréné la paix.

Voilà des idées et des sentiments qu'il faut renoncer à trouver dans l'aimable Horace.

A part toute comparaison d'élévation morale qui de Pindare à Horace serait oiseuse, la muse lyrique du second est souvent à celle du premier ce que l'Ænéide est à l'Iliade : un admirable pastiche.

A mon sens, le vrai titre d'Horace ce sont ses odes d'un style tempéré et tendre, celles où il exprime ses vrais sentiments, et surtout ses incomparables épîtres, où tout est vrai, de sentiment comme d'expression. Si l'élévation manque quelque peu, la grâce, le sens exquis abondent. On y respire je ne sais quelle senteur de ces belles montagnes de Tivoli qu'il aimait tant.

Virgile damne je ne sais quel personnage pour avoir vendu à un maître la liberté de son pays :

Vendidit hic auro patriam dominumque potentem
Imposuit...

Pindare, dis-je, par l'élévation naturelle de son âme, ce qu'Aristote appelle τὸ ἦθος, la richesse de grands et nobles sentiments dont elle déborde, qui fait le caractère propre de sa poésie et la distingue si profondément de celle d'Horace l'aimable sceptique, non moins que par son génie et ce sentiment moral dont il est chez ceux de sa race une des plus pures expressions, est bien digne de prendre la parole à côté d'Aischyle. S'associant aux Océanides et à notre grand Pascal, voici ce qu'il pense des philosophes :

« Entraîné sans répit sur la roue rapide, instrument de son supplice, où le courroux des dieux l'attacha, Ixion apprend aux mortels et confesse lui-même que tout bienfait doit être payé de retour [1].

« Il ne le sait que trop. Par une faveur spéciale, vivant d'une vie fortunée dans le propre commerce des dieux, il ne sut pas gouverner son bonheur. L'insensé s'éprit d'un téméraire amour pour Héré dont le destin est de réjouir par ses caresses la couche de Zeùs. Le bonheur ne servit qu'à enivrer jusqu'au vertige cette âme hautaine et la pousser au crime. Soudain fondit sur

Je me méfie très fort de ce beau libéralisme des poètes de la cour des Césars.

1. Pour l'insuffisance de ma traduction, je demande grâce. Quiconque a tenté l'épreuve reconnaîtra l'extrême difficulté de traduire en notre langue Pindare et Homère.

La raison en est simple. Le français est l'expression d'une société qui n'a plus rien d'héroïque, rien de commun avec celle de Pindare et d'Homère. A chaque instant l'on rencontre des idées, des sentiments, des institutions dont les analogues n'existent plus.

Les grands écrivains d'Athènes, Thucydide, Démosthènes. les dramatiques sont au contraire relativement faciles à traduire. J'en conclus qu'entre la société athénienne et la nôtre, il y a des analogies.

Pyt., II., 40-88.

lui un châtiment aussi grand que ses fautes. Car il doit
expier un double forfait, l'un envers les hommes pour
avoir, lui héros, donné aux mortels le premier exemple
de la ruse employée à faire le mal et accomplir une
œuvre de sang, l'autre envers les dieux pour avoir osé
pénétrer dans les plus mystérieuses profondeurs de la
demeure de Zeùs et y avoir tenté d'outrager son épouse.
Sachez, mortels, mesurer vos actes à votre condition,
et en prévoir les conséquences. Les amours illicites ne
peuvent aboutir qu'à des séries sans fin de calamités.
Tel fut le sort d'Ixion. L'insensé, victime d'une fatale et
douce hallucination, poursuivit de ses caresses ardentes
une nuée toute belle, toute semblable à la divine fille
de Kronos, œuvre vengeresse des mains de Zeùs, charme
et supplice tout ensemble. C'est ainsi qu'Ixion se fixa
lui-même par d'insolubles liens à l'instrument de son
châtiment, et lorsqu'il se sentit à jamais enchaîné et
perdu, il reconnut son erreur et confessa son ingratitude.

« Mais la nue, objet de ses caresses, maudite des dieux
et des Grâces, par une merveille sans seconde, lui enfanta
je ne sais quelle odieuse postérité fière et farouche,
odieuse aux hommes, méprisée des dieux. Elle donna à
ce monstre le nom de Centaure, le nourrit, et plus tard
dans les gorges du Pélios celui-ci s'accoupla aux ju-
ments des Magnètes. De là est issu un troupeau d'êtres
hybrides, participant de la double nature de leurs parents, à face humaine, à corps de bête. »

Dans le VIᵉ livre de son *Énéide*, Virgile touche ce sujet.
Je ne me sens pas le courage de comparer les quelques
vers en somme assez pâles du doux poète de Mantoue
avec les fortes et symboliques strophes du poète grec, où
chaque mot porte. Intellectuellement Rome ne fut jamais
que l'ombre d'Athènes. A ne pas parler de choses plus
hautes, en Grèce sont les sources de la grande poésie, et

comme le dit M. Mommsen « la coupe d'or des Muses ».
Le pays, qui dans un cadre restreint que l'œil embrasse
facilement d'un seul regard tout à la fois, vous présente
à vos pieds le théâtre de Bacchus dont les sièges de
marbre portent encore inscrites les désignations offi-
cielles des personnages qui les devaient occuper, où
devant tout un peuple [1] ivre d'émotions et de transports

---

1. Nos plus grands théâtres ne contiennent guère que
2000 spectateurs. Celui d'Athènes 30 000. Le Colysée de Rome
plus de 100 000. Mais ce n'est pas un théâtre. L'hippodrome de
Constantinople davantage encore ; et dans la grande sédition sous
le règne de Justinien et de la courtisane-impératrice Théodora,
dont on voit les portraits officiels en mosaïque admirablement
conservés dans la si curieuse église de Saint-Vital, à Ravenne,
40 000 spectateurs périrent.

Le prix du spectacle à Athènes était de deux oboles (30 centimes) correspondant, je présume, à 3 à 4 francs de notre monnaie.
Mais le fond théorique avait précisément pour objet de fournir
cet argent aux citoyens pauvres.

Je vois à Rome deux théâtres dont le plus grand, dans une ville
au moins vingt fois plus peuplée qu'Athènes, égal seulement aux
deux tiers de celui de Bacchus. Par ailleurs, dans le monde proprement romain, où la culture littéraire ne pénétra jamais que
dans les classes sociales tout à fait supérieures, sauf de très
rares exceptions, je ne vois pas de théâtre, mais des arènes. Ce
qu'il fallait à ce peuple grossier, ce n'était pas de l'esprit, c'était
du sang.

Rome, vue des hauteurs du Palatin, est aussi assurément un
noble et grand spectacle. Mais l'émotion est toute autre qu'à Athènes. Dans l'une ce qui frappe est la grandeur des choses et des
événements. Dans l'autre les événements sont petits. La grandeur
et la beauté des idées sont incomparables.

Rabattons-nous aux purs spectacles. Quelle distance entre ces
gladiateurs romains, rebut social, dont la grande mosaïque de
Latran nous présente de nombreux portraits, tous à face ignoble,
masses de chair humaine bestialisée, des brutes, et ces athlètes
grecs éminemment intelligents, terribles à combattre, beaux à
voir.

la muse dramatique produisit ses plus grands chefs-
d'œuvre ; plus loin, en face, le rocher de la Pnyx où
retentirent les voix les plus éloquentes qui aient frappé
l'oreille humaine ; plus loin, entre Colone et le Céphise,
les jardins d'Académos encore hantés par l'ombre du
divin Platon ; plus loin, par delà la mer étincelante, les
cimes glorieuses d'Égine et de Salamine, patrie d'Ajax ;
plus loin, enfin, noyés dans les feux du couchant, les
sommets de l'Acrocorinthe et du Parnasse ; ce lieu, vraie
capitale de l'esprit humain, par les souvenirs, les pensées
qu'il éveille, est sans rival dans le monde, et nul ne
saurait sans un sentiment de profond respect fouler cette
noble poussière.

Si pour dire leur fait aux philosophes je me suis oublié quelques instants dans l'aimable et grande compagnie des Océanides, de Pascal et de Pindare, j'ai hâte de
retourner devant la tragique[1] figure de Prométhée.
« Quand j'aurai résolu le terrible problème des rapports
de Zeus et du monde, dit-il, le mal aura cessé d'être.

οὔνει
τ' ἔκπαγλος, ἰδεῖν' τε μορ-
φάεις (*Is.*, VII, 30).

le vrai sang des héros, presque des demi-dieux, tels qu'à leur
retour de Colchos, sous la conduite de Jason, le héros chaussé
d'un seul pied,

μονοκρήπιδα (*Pyt.*, IV, 133).

les Argonautes apparurent aux yeux ravis des filles de Lemnos,

καὶ συνεύνασθεν (*Ibid.*, 234).

Je note, ce qui n'est pas très bien, qu'avant de partir ils étaient
demeurés cinq jours et cinq nuits à boire (*Ibid.*, 231). Ce ne fut
que le sixième que l'on commença à parler raison (*Ibid.*, 234).

1. Schlegel a fait cette remarque, que la tragédie antique est
tout entière dans la lutte de la volonté contre la fatalité.

Du même coup le problème de la souffrance dans le monde sera résolu. Ce moment n'est pas encore venu. »

Aischyle est mort vers le milieu du cinquième siècle avant notre ère[1]. En ce moment, Prométhée n'a pas encore rompu le silence. Toujours enchaîné sur son rocher, livré à la douleur, il s'agite vainement et roule au fond de son âme le sombre problème des rapports de Dieu et du monde. Mais les années qui suivirent la mort d'Aischyle sont une période singulièrement glorieuse et féconde dans l'histoire de l'esprit humain. Jamais certainement sur un si petit théâtre, en un si bref espace de temps, tant d'idées grandes et neuves n'ont été émises, et de ce brillant foyer trop tôt éteint rayonne une lumière dont les reflets pénètrent beaucoup plus loin que plusieurs ne le pensent, jusqu'aux recoins les plus intimes de nos âmes.

. . . . præclaro nomine Athenæ
Et primæ dederunt solatia dulcia vitæ (VI, 2-4).

Cependant, soixante ans à peine après la mort d'Aischyle, aux dionysiaques de la 4e année de la 97e olympiade (388 av. J.-C.), à ce théâtre de Bacchus accolé aux flancs de l'acropole dont je parlais tout à l'heure, le peuple athénien assistait à la représentation de la dernière pièce qui nous ait été conservée d'Aristophane, le *Ploutos*. Puisque nous avons salué en passant les deux nobles et vaillantes figures d'Aischyle et de Pindare, qu'il nous soit permis de nous arrêter quelques instants devant le personnage très différent d'Aristophane.

Grand poète aussi, et de la gamme la plus étendue, on n'en saurait douter. Ce dernier des grands poètes d'Athènes, digne rejeton d'une race dont le défaut fut

1. 456 av. J.-C.

autrefois de manquer d'honorabilité, est au fond un
bouffon, un saltimbanque, un fallotin, mais un fallotin
de génie. Pour faire rire ses auditeurs, tous moyens lui
sont bons. Il ne recule devant aucun. Mais ses plaisanteries ont toujours un but des plus sérieux, plus ou
moins apparent, parfaitement déterminé. Dans ses sept
premières pièces composées avant la catastrophe de sa
patrie, ce but est exclusivement politique. Il est avant
tout et au-dessus de tout homme de parti dans le sens
le plus étroit, hélas ! et le plus éternel de ce mot, s'efforçant de déverser sur ses adversaires l'âcre sel de ses iro-
nies. Lors même qu'après la catastrophe d'Athènes il ne
touche plus si directement à la politique, il ne cesse pas·
d'un bout à l'autre de son œuvre d'être invariablement
ce que nous appelons dans notre langage un homme de
la Droite, représentant ses adversaires comme des em-
poisonneurs publics, faisant appel contre eux à toutes
les passions bonnes ou mauvaises, à tous les appétits
les plus inavouables qui puissent avoir prise sur des
âmes vulgaires, et dans ses parabases ne se faisant
pas faute de se draper lui-même et faire son éloge per
sonnel. Tout en étant aussi réactionnaire que possible,
il ne croit pas un mot des idées qui sont le fondement
de son parti, et si je voulais prendre la peine de relever
tous les passages où il déverse l'outrage sur les dieux de
sa patrie, — et quels outrages ! nul ne s'en fera idée s'il
n'en a connaissance, — on verrait que sa grande victime, Sokrate, était un bien petit pécheur auprès de lui

Le *Ploutos*, sa dernière pièce, que pour ma part je ne
serais pas éloigné de mettre à de certains égards au-
dessus de toutes les autres, n'est pas une comédie que
l'on puisse appeler proprement politique. La trame en
est des plus simples. Ploutos, jusqu'ici aveugle, recouvre
la vue dans le temple d'Esculape. Ses faveurs jusqu'ici

distribuées au hasard, désormais réparties à bon es-
cient, ne seront plus l'apanage que des braves gens. Or,
chacun le prétend être. Hermès, toujours avisé, déserte
le parti des dieux auxquels on n'offre plus rien. Le
prêtre de Zeûs en fait autant. Et la pièce se termine en
conséquence par la substitution du culte de Ploutos,
désormais unique dieu, à celui de Zeûs, et la déchéance
de celui-ci.

Ici M. Ottfried Müller, le plus savant commentateur
de la savante Allemagne, que l'on accuse cependant
parfois de subtiliser et quintessencier les choses, en dehors d'un flot de plaisanteries plus ou moins châtiées,
quelques-unes fort réjouissantes, n'aperçoit qu'un
thème à critique sociale. Soit. Est-il chimérique d'y
apercevoir autre chose encore ? S'il ne s'agit que de nous
exhiber une lanterne magique de la société d'Athènes,
à quel propos, je le demande, cette grosse machine, la
déchéance de Zeûs ?

> Nec Deus intersit, nisi dignus vindice nodus,

disait Horace.

A une époque où la philosophie grecque prenait à
peine conscience d'elle-même, qu'un homme tel qu'Aristophane tout dévoué à Bacchus et à Vénus, nous dit
Platon, qui nous le présente affecté de ce hoquet, accom-
pagnement ordinaire des trop copieux repas, si profondément, si passionnément traditionaliste, ennemi juré,
politiquement du moins, des sophistes, de ces graves
personnages

> Qui vera requirunt

et que nous voyons dans Horace

Sapientem pacere barbam [1],

de tous ceux qui, en donnant le branle aux esprits, eussent provoqué le néotérisme, n'ait pas été lui-même philosophe, cela va de soi et n'a pas besoin d'être dit. Mais dans toute tête bien faite, et l'on peut sans se compromettre tenir celle-ci pour telle, il se trouve nécessairement un certain fond d'idées générales sur le Bien, le Mal, la Vie, Dieu, surtout dans un temps et un pays où les sciences de raisonnement courent dans l'air que l'on respire. Or, ces idées ne sont rien moins que la matière de la philosophie qui les explique, coordonne et démontre, mais ne les crée pas. Dans son *Ménon*, Platon nous dit : « Quand l'opinion (δόξα) est vraie, elle est aussi utile et aussi sûre dans la pratique que la science elle-même, et c'est elle qui paraît être chez la plupart des hommes le principe de la vertu. C'est elle qui dirige les politiques dans leurs entreprises. »

Sous ce torrent de lazzis, de grossièretés plus que rabelaisiennes, — je ne déteste pas un peu de sel gaulois; mais quand il y en a trop, je demande grâce, — de plaisanteries qui coulent à pleins bords et à flots pressés dans la poésie d'Aristophane, sous cette apparence de bouffonneries continues débitées avec une

---

1.   σοὶ δέ

ἔτι θρενθύει τ'ἐν ταῖσιν ὁδοῖς καὶ τ'ὤφθαλμὼ παραβάλλεις,
κἀνυπόδητος κακὰ πόλλ'ἀνέχει κἀφ'ἡμῖν σεμνοπροσωπεῖς.
(*Nephel.*, 362, 363.)

Tels nous les voyons dans Aristophane lui-même, telle Démosthène nous représente la figure d'Aischine descendant les degrés de la Pnyx.

Ἐυδοκιμῶν δ' ἐπὶ τούτοισ..., καὶ δοκῶν καὶ ῥήτωρ ἄριστος εἶναι καὶ ἀνὴρ θαύμαστός κατέβη μελα σεμνῶς.
(*Parapr.*, 23.)

complète absence de pudeur, une verve intarissable, il est difficile de ne pas apercevoir, surtout dans ses dernières pièces d'une portée sensiblement plus générale et plus haute que celle des premières, des pensées de derrière la tête singulièrement sérieuses, parfois profondes.

Ainsi cet appétit malsain de communisme de biens et de femmes qui fermente, dernier levain de barbarie, au fond de toutes les civilisations, je ne sache pas que nul l'ait jamais fustigé d'une main plus ferme, d'un fouet plus sanglant qu'Aristophane dans ses *Ecclesiasuses*, représentées en 392 avant J.-C. On est allé jusqu'à y voir une réfutation de la *République* de Platon, ce qui est un anachronisme et une erreur. Ici la pensée sérieuse se montre à découvert. Elle se dissimule, au contraire, dans le *Ploutos*.

Si je ne me trompe, dans cette pièce Aristophane ne se propose rien moins que de résoudre le problème de Prométhée, une partie du moins de ce problème, la plus facile, je l'avoue : l'existence de la douleur.

Si l'on veut bien se rappeler le peu que j'ai dit sur la trame excessivement simple de la pièce, pour la comprendre comme je le fais, il suffit de généraliser le sens de Ploutos, et d'entendre par ce mot non plus seulement le dieu des richesses, mais le bien-être qui est l'opposé de la souffrance. Son discernement, c'est la rémunération immédiate du bien et du mal, la rétribution faite immédiatement à chacun de nous selon son mérite et son démérite. Cette satisfaction au principe du mérite et du démérite que Ploutos étant aveugle nous étions forcés par un cri de conscience, par cette puissance divine et vengeresse de l'Erinnye d'aller demander à Zeüs, ce qu'Aischyle dans le plus beau de ses drames et le chef-d'œuvre du théâtre antique appelle φρένες ἐνδίκοι τελεσφόροι[1], l'appel à la justice divine, ce culte de Zeùs qui subsiste tant que Ploutos est aveugle, et se dissipe comme une vaine chimère sitôt qu'il recouvre la vue, ce principe, dis-je, un des fondements les plus certains de la connaissance que nous avons de notre immortalité, si Ploutos suffit à lui donner satisfaction, qu'a-t-il à réclamer au delà ? Cette lumière projetée sur les sombres profondeurs des abîmes de la mort s'éteint. Au-dessus du monde où nous vivons, Zeùs existe ou n'existe pas. S'il existe, j'en suis charmé pour lui. Mais pour ce qui me concerne, je n'en ai plus besoin. Je n'ai plus affaire à lui. Ploutos me suffit. Le monde où je vis est complet par lui-même. Toutes les aspirations de ma nature y trouvent contentement. Zeùs est un épilogue superflu, et je ne vois pas d'inconvénient à le supprimer. Et c'est précisément ce que fait Aristophane.

Tel est, semble-t-il, le vrai sens du *Ploutos*, et la conclusion s'offre d'elle-même. Elle appartient à ce genre de démonstration que l'on appelle par l'absurde. Puisque Ploutos clairvoyant est, vous ne le savez que trop, une fiction, et que le fait subsiste que Ploutos est aveugle, et que la douleur existe pour les bons autant que pour les méchants, souvent plus, c'est la preuve que Zeùs existe aussi, et que par la douleur il veut nous donner connaissance de son existence et de notre immortalité. « Quand je n'aurais, dit le vicaire savoyard de J. J. Rousseau, d'autre preuve de l'immortalité de l'âme que le triomphe du méchant et l'oppression du juste en ce monde, cela seul m'empêcherait d'en douter. Une si choquante dissonnance dans l'harmonie universelle me ferait chercher à la résoudre. Je me dirais : tout ne finit pas pour nous avec la vie, tout rentre dans l'ordre à la

---

1. *Agam.*, 994.

mort. » — « Pourquoi la douleur, ô Prométhée? semble
lui dire Aristophane. Parce que c'est par elle, par elle
seule, par la raison que notre vie n'est pas un cycle qui
se suffise lui-même, que Zeùs nous avertit qu'il existe,
et nous-mêmes immortellement. Si par hypothèse nous
sommes immortels et que nous n'ayons nul moyen de
le connaître, que serait la vie sinon un piège tendu par
Zeùs à l'humanité[1]. Donc la douleur qui, par un témoignage tout divin, le cri de l'Erinnye, nous annonce et
nous prouve cette immortalité où toute rétribution sera
faite non par le vil et sot bonhomme Ploutos, mais par
Zeùs lui-même, le Dieu infini, la personnification de
l'Infini en toutes choses, la douleur, voix mystérieuse de
Zeùs au dedans de nous qui seule nous fait connaître
ce que nous sommes et notre destinée, la douleur n'est
pas un mal, puisqu'elle est l'initiation et la condition
nécessaire d'un bien. Vos chaînes, vos souffrances ne
sont pas un mal, ô Prométhée. »

« Et nous ne devons pas murmurer contre un petit
délai que la sagesse suprême a trouvé bon de donner
aux hommes pour se repentir. » (Leibniz, *Essai sur la
bonté de Dieu*, 17[2].)

C'est ainsi qu'Aristophane me semble résoudre dans
son *Ploutos* la première partie du problème de Prométhée, le rapport de Zeùs et du monde. Cette solution,

---

1. Cette sorte de présents perfides, Leibniz, en souvenir
d'Horace, l'appelle plaisamment le présent d'Eutrapelus.
Eutrapelus cuicumque nocere volebat, etc. (*Ep.* I, 18, 31.)

2. On a cherché dans la douleur un moyen de conservation du
corps, et Leibniz fait à cette opinion l'honneur de la discuter,
même de l'adopter en partie. (*Théod.*, 340.)
L'on voit que je m'éloigne de ce sentiment, et donne à la douleur une tout autre signification, une autre place dans le plan de
Dieu.

que chacun la juge. Pour moi, je m'en contente.

Je regrette d'avoir à remarquer que le Livre de Job se termine exactement comme la comédie d'Aristophane. Ploutos y recouvre la vue (et même, à vrai dire, il ne s'est agi que d'un simple dragon qui lui a passé dans l'œil) avec cette différence qu'Aristophane nous donne sa solution visiblement comme une plaisanterie, tandis que Job a tout à fait l'air de nous présenter la sienne sérieusement[1].

L'on admettra que Prométhée n'en soit pas encore à envisager l'ordre général de l'univers et la place qu'il y occupe. Cela viendra plus tard. « Si nous étions capables d'entendre l'harmonie universelle, nous verrions que ce que nous sommes tentés de blâmer est lié avec le plan le plus digne d'être choisi[2]. »

Et c'est à ce propos que dans sa *Théodicée* (134), Leibniz fait cette belle comparaison de l'univers à reconstruire dans son ordre et sa beauté par le peu que nous en voyons, de la même façon qu'un excellent anatomiste recompose un animal par un débris d'os cassé.

« Le mal que Dieu a permis n'est pas objet de sa volonté comme fin ou comme moyen, mais seulement comme condition, puisqu'il devait être enveloppé dans le meilleur[3]. »

Je dois faire observer que si la cécité de Ploutos est en

---

1. 12. Mais le Seigneur bénit Job dans son dernier état encore plus que dans le premier : il eut 14 000 brebis, 6000 chameaux, 2000 bœufs et 1000 ânesses.

13. Il eut aussi sept fils et trois filles.

16. Job vécut après cela 140 ans; il vit ses fils et les fils de ses enfants jusqu'à la quatrième génération, et il mourut âgé et plein de jours (Job, XLII).

2. Leibniz, Disc. sur la conformité de la foi, etc., 44.

3. Leibniz, 336.

philosophie une des meilleures preuves de l'immortalité
de l'âme, s'agissant des nations qui ne sont pas immortelles au même sens que nous, dont l'existence est
toute terrestre, dont toute la destinée s'accomplit sur la
scène du monde, il est nécessaire que sur cette même
scène, puisqu'il n'en est pas d'autre pour elles, se produisent leurs récompenses et leurs châtiments, et que
pour elles il faut nécessairement admettre que Ploutos,
leur récompense, est clairvoyant. Ou il faut soutenir
qu'en dehors du moi individuel rien ne subsiste, que
nul corps social libre, nulle association d'aucune sorte
constituant une personne morale distincte n'existe, ou
dès lors que cette personne existe, il faut admettre que
le principe de la rétribution vraie d'une vérité constante,
universelle, absolue, que l'Erinnye divine exige que
pour cette personne morale la prospérité matérielle, la
puissance politique soit l'exacte mesure de son mérite
et de son démérite. Dans les choses sociales, pour les
doctrines qui façonnent l'âme des peuples, il en faut revenir au mot de l'Évangile : e *fructibus eorum cognoscetis
eos*. Et puisqu'il est prouvé qu'il n'est de grand peuple
que les peuples libres, leur mesure est la liberté. Et à
ce point de vue, pour un œil intelligent, l'univers est
un tableau représentatif d'idées.

C'est aussi en ce sens que j'interprète les dernières
paroles de saint Marc. J'y vois, selon le style prophé-
tique de nos Écritures, un symbolisme et l'image fortement exprimée du rapport nécessaire entre la doctrine
d'un peuple et sa force sociale et politique. Donner un
sens étroitement particulariste à ces belles paroles, les
appliquer à je ne sais quoi comme un charmeur de serpents, jongleur hindou, puérilité ridicule. Cela veut dire :
Voulez-vous savoir quelles sont les grandes et fécondes
doctrines? Voyez quelles sont les grandes nations. Voici

les signes auxquels vous les reconnaîtrez. Ce ne sont
pas celles qui comme ensevelies dans la tombe du passé
demeurent inhabiles à comprendre d'autre langage que
les vieilles langues dans lesquelles on ne pense plus.
Non. Ce sont celles qui savent parler les nouvelles langues, — *linguis loquentur novis*, — ouvrir leur âme aux
sentiments nouveaux [1], et selon les procédés de la vie
en toutes ses manifestations, se tranformer emportées
dans le tourbillon d'un perpétuel devenir. S'il y a dans
leur bagage de fausses divinités, de vieilles idoles, des
doctrines surannées dont elles viennent à reconnaître le
néant, elles trouveront en elles-mêmes la force de s'en
débarrasser, les mettre au rebut et reléguer les Apis
défunts au sérapéum de l'histoire [2]. *Dæmonia ejicient.*
Il n'est pas de peuple qui ne renferme en son sein
des serpents venimeux, qui, de rencontre, ne boive
quelque breuvage empoisonné, qui atteint par des coups
subits, des ennemis du dedans et du dehors, dans la trame
de son histoire, ne subisse des catastrophes. C'est alors
que se mesure la vitalité de chacun. Celui qui n'en meurt
pas, qui triomphe des serpents et du poison, que vous
verrez secouer les uns, expulser les autres, se relever de
ses chutes, celui-là tenez-le pour sain dans ses doctrines,
vigoureux et bien constitué dans ses organes. Ces or-

1. « L'idée que je mets en lumière est bien simple, et la voici :
Une des conditions préalables les plus importantes pour qu'une
nation l'emporte sur les autres, c'est qu'elle ait passé de la première période de civilisation à la seconde, de la période qui a
surtout besoin de permanence à la période qui a surtout besoin
de variabilité. »
(Bagehot, *Lois scientifiques du développement des nations*. I, 2.)
    Même idée. Mettre le vin nouveau dans de vieilles bouteilles.
2. On sait que dans l'histoire des religions, les Démons sont les
anciennes divinités supplantées par les divinités nouvelles.
Se reporter à l'étymologie grecque du mot.

ganes eux-mêmes, souples comme son intelligence, se développeront en même temps qu'elle. Sa vertu bienfaisante se répandra hors de lui. Au langage nouveau qui leur sera parlé, aux sentiments, aux pensées inconnues qui leur seront exprimés, les nations surprises et charmées prêteront l'oreille, et les malades sur lesquels il imposera les mains, qui écouteront sa voix, adopteront ses idées, seront guéris. Les sourds entendront, les aveugles verront, les muets parleront, les endormis se réveilleront, les paralytiques recouvreront leurs forces. — Tels sont les grands miracles ayant prise sur les intelligences élevées, les miracles écrits, selon l'expression de Platon, en grands caractères, en regard desquels nos miracles du jour, de sainte Vierge apparue à des petites filles, pâlissent, vous l'avouerez, quelque peu. — *Generatio mala et adultera petit signum. Signum autem non dabitur ei præter signum Jonæ prophetæ.* — Vous voulez des miracles. Vous en êtes affamés à ce point que vous en allez chercher dans tous les petits coins. Toujours du reste à peu près le même. En voici un plus grand, plus éclatant que tous les autres, qui s'est fait à la face du monde encore ébloui. Ne venons-nous pas de voir une nation sortir tout entière vivante du ventre de la baleine? Et quel plus grand miracle voulez-vous que celui-ci?

Comprendre autrement saint Marc, l'évangéliste aux traits concis et profonds, si justement symbolisé lui-même par le lion, le glorieux patron du joyau de l'Adriatique, le ravaler — *proh Divum numina sancta!* — à la mesure d'une étroite et vulgaire intelligence à horizons restreints, de je ne sais quel misérable subjectivisme, c'est lui faire outrage, et comme les Vénitiens à Alexandrie, recouvrir ses saintes reliques de viande de porc.

3

Reste la deuxième partie du problème de Prométhée,
la plus haute, la plus ardue : la nature de Zeùs lui-
même. Comment concilier dans l'idée de Zeùs sa liberté
absolue avec sa soumission aux Moirœ?

C'est ici le lieu de mesurer dans l'intelligence hellénique le chemin parcouru en ce qui concerne cette
conception des Moirœ d'Homère à Aischyle et Pindare.

Le mot lui-même, du moins sous sa forme singulière,
n'est nullement inconnu à Homère et y revient très
fréquemment. Il n'est même pas sans l'employer, une
seule fois si je ne me trompe [1], sous sa forme plurielle.
Mais cette similitude de langage ne doit pas nous faire
illusion. L'idée qu'il y attache est toute différente de
celle d'Aischyle et de Pindare. Il n'entend nullement par
ce mot les lois générales du monde, l'ensemble de ces
lois, mais simplement la loi particulière qui condamne
chaque homme à mourir, même pas tous. Sa Moira est
donc en un certain sens la loi divine appliquée à
l'homme, nullement celle que Dieu s'applique à lui-
même. « Sans prétendre avec Grotius, nous dit Leibniz [2],
que n'y eut-il pas de Dieu, il y aurait encore une obligation naturelle, on peut dire que Dieu lui-même doit
être loué parce qu'il est juste et qu'il fait toujours le
bien en vertu de sa nature. Et la règle du juste en soi ne
vient pas d'un décret libre de Dieu, mais dépend des
vérités présentes à sa divine intelligence qui constituent
en quelque sorte son essence [3]. Or, il est impossible
que la justice soit un attribut essentiel de Dieu si elle
dépend de son libre arbitre. La justice a ses lois d'éga-

1. *Il.*, XXIV, 49.
2. *Monita quædam ad Sam. Puffendorff præcepta.*
3. C'est dans ce sens que doivent s'entendre ces paroles du
Timée de Platon « que le monde a son origine dans l'entende-
ment joint à la nécessité. »

lité et de proportion aussi immuables que celles de la
géométrie. Et l'on ne peut soutenir que la justice est
l'œuvre libre de Dieu, à moins que l'on en dise autant
de la vérité, ce qui a été le paradoxe insoutenable de
Descartes [1]. »

Tout cet ordre d'idées est entièrement étranger à
l'esprit d'Homère, à ce point que, pour bien dire, sa
Moira signifie simplement la mort. Il entend bien, on
n'en saurait douter, que le monde est gouverné par
Zeùs et les autres dieux s'arrangeant entre eux comme
ils le peuvent, les plus forts opprimant les plus faibles,
ceux-ci répondant à la violence par la ruse. Que ce
gouvernement se fasse par des lois générales, il n'en a
nulle idée, ou du moins s'il admet qu'il y ait dans l'univers des lois générales instituées par les dieux, il suppose qu'après les avoir instituées leur plus grand
plaisir est de les enfreindre, et se donner un démenti à
eux-mêmes. C'est pourquoi il ne comprend le gouvernement du monde que par voie de miracle continu.
Il est insatiable de miracles. Il lui en faut à toute
occasion, à tout propos, de tout calibre, une douzaine
au moins par chaque chant de l'*Iliade* [2]. Il n'est con-
tent que quand il en a. Plus son univers au lieu d'être
régi par de grandes lois le sera par des petites, par des
coups de caprices à la façon des petites tyrannies con-

1. Dans son discours de la conformité de la foi avec la raison
(20 et 21) Leibniz distingue les vérités métaphysiques dont l'opposé implique contradiction, dont la nécessité est absolue, et les
vérités physiques fondées sur les lois que la volonté de Dieu a
prescrites à la nature, celles-ci seules susceptibles de dérogation.

« Dieu, étant souverainement sage, ne peut manquer d'observer certaines lois et d'agir suivant les règles, tant physiques que
morales, que sa sagesse lui a choisies. » (Leib., *Théod.*, 28.)

2. Déjà sensiblement moins dans l'*Odyssée*.

temporaines, plus leur puissance sera affranchie de
toute règle, plus ses dieux lui paraîtront augustes et
dignes de respect. Cela se conçoit. L'heure de la généralisation n'a pas encore sonné. Homère est un enfant,
et, selon l'expression de Schiller, « il se dépeint lui-
même dans ses dieux; » ou pour parler avec Xéno-
phane, le vieux fondateur de l'école d'Élée :

« Si les bœufs ou les lions avaient des mains,
S'ils savaient peindre avec les mains et faire des ouvrages comme
les hommes]
Les chevaux se servaient des chevaux et les bœufs des bœufs
Pour représenter leurs idées sur les dieux,
Et ils leur donneraient des corps tels que ceux qu'ils ont eux-
mêmes. »]

Aischyle et Pindare sont des hommes. Tous deux
croient fermement à leurs dieux, à leur existence personnelle libre, partant dans une certaine mesure aux
miracles. « Cela est merveilleux, dit Pindare, parlant
de l'un de ces miracles. Mais aux dieux rien n'est impossible. Il faut donc croire [1]. » Mais il ne lui en faut

---

1. *Pyt.*, X, 16. — Encore quelques mots sur Pindare.
Comme avant lui Alkman, Alcée, Stésichore, Simonide, après
lui Bacchylide, Pindare, élève de Lasos, exerçait la profession de
poète (μελοποιός) et en vivait. Mais il ne paraît pas que cette profession lui ait procuré la fortune, ni même, à son grand honneur,
qu'il en ait pris souci. « Dieu puissant, dit-il dans une admirable
strophe (VIII° Ném., 59-67), qu'il n'en soit pas ainsi de moi (combattre le bien, louer le mal). Dirigez ma vie dans les sentiers de
la simplicité, afin qu'après moi je ne laisse pas à mes enfants
l'héritage d'une réputation équivoque. Les uns poursuivent la fortune, les autres s'efforcent d'étendre à l'infini leur domaine.
Faites que je rende ma dépouille à la terre, honoré de mes concitoyens, n'ayant jamais craint ni de louer le bien, ni d'appeler
la haine publique sur le mal. »
Si l'on est curieux de connaître le prix que Pindare se faisait

pas trop forte dose, tout juste ce qu'il en faut pour
constater la liberté de Zeùs, puisque le miracle n'est
autre chose que la forme sensible de cette liberté, et
qu'en logique la croyance au miracle en est la revendication populaire. Pas davantage. Car ce ne serait
qu'aux dépens de sa grandeur, et la thaumaturgie est
une pente sur laquelle il est facile de glisser. Ni de
toute espèce. Il y en a même, Pindare nous le dit
formellement, qui ne lui passent pas. Lesquels ? Ceux
qui prêtent aux dieux un rôle ridicule. « On ne doit, dit-
il [1], raconter sur les dieux que des histoires bien-
séantes. » Tel est son critérium et son dernier mot. A
propos de je ne sais quelle ridicule légende miraculeuse
sur l'épaule d'ivoire de Pélops, il se récuse et dit tout
net : « On ne me fera pas admettre que Dieu soit un
goinfre (γαστρίμαργον) [2]. C'est-à-dire que, comme Leibniz,
il reconnaît une loi morale à laquelle la libre personnalité de chaque dieu ne saurait déroger. Il le dit, du
reste, en propres termes dans un admirable fragment
très célèbre, très digne de l'être, un des plus beaux vers
qu'ait écrit la Muse antique, conservé par le Gorgias de
Platon :

payer ses Épiniciens, le Scholiaste nous dit que la Ve Néméenne
(99 vers partagés, comme tous les hymmes de Pindare, en tria-
des composées de la strophe, l'antistrophe et l'épôde, chacun de
ces membres (χῶλα) de 11 vers) fut payée trois drachmes (2.70)
correspondant à environ 30 francs de notre monnaie. J'aime à
penser qu'il y a dans ce chiffre une erreur de copiste.

Dans Horace, la strophe est de quatre vers, et chaque strophe
généralement indépendante des autres.

Quelle différence d'ampleur dans le rythme et de puissance
dans le souffle.

    Incessu patuit Dea... Fière et superbe.

1. *Ol.* I, 55.
2. *Ol.* I, 82.

νόμος ὁ πάντων βασιλεὺς
θνατῶν τε καὶ ἀθανάτων.

Il y a une loi qui commande aux dieux et aux hommes. Dieu est l'auteur substantiel de toutes les lois. Une fois qu'il les a faites, il n'y déroge plus. Dieu ne peut pas être γαστρίμαργος.

D'Homère à Pindare voici un second signe de l'agrandissement de l'idée de Zeùs. Le premier en prend fort à son aise avec ses dieux. Il ne se fait pas faute de leur prêter la parole en de très beaux et longs discours où ils épanchent leurs pensées, leurs sentiments et se disent des injures les uns aux autres [1]. Le second s'abstient généralement de les mettre directement en scène et de les faire parler, sauf parfois Phoibos et Athéné en quelques sentences brèves et impassibles comme la voix du fatum. Je ne vois que deux exceptions, toutes deux tellement belles que je regrette en vérité que les bornes de ce travail ne me permettent pas d'en donner ici la traduction : les 100 premiers vers de la IXᵉ Pythiq. à Télésikratès, et les 50 derniers de la Vᵉ Néméenne à Pythéas. Dans celle-ci il va jusqu'à introduire quelques instants le grand Zeùs.

L'âme d'Aischyle est aussi profondément religieuse que celle de Pindare, et il se fait de ses dieux la même idée. Il nous dit que les Moiræ sont plus fortes, plus puissantes que Zeùs. Il conçoit également une loi morale souveraine des dieux.

1. Un juge éminent, M. Gladstone, regarde les discours de l'*Iliade* comme les plus beaux que l'homme ait jamais composés.

Tout en admirant très fort plusieurs discours de l'*Iliade*, j'avoue une préférence pour tels discours de Thucydide et de Démosthènes.

κρατεῖται πῶς τὸ θεῖον παρὰ τὸ μὴ
ὑπουργεῖν κακοῖς [1].

Le vers 676 des *Suppliantes*, où il dit en parlant de
Zeùs :

ὅς πολιῷ νομῷ αἶσαν ὀρθοῖ,

est assez obscur. Il me semble cependant indiquer que
les lois par lesquelles Zeùs gouverne le monde sont
permanentes et empreintes de sagesse, littéralement
chenues; ou plutôt : Zeùs tempère (ὀρθοῖ) le fatum (αἶσαν)
par les conseils de son éternelle sagesse. Je préfère ce
dernier sens comme plus haut.

Nous sommes donc à une très grande distance des
conceptions homériques. Cette unité rappelant à soi la
multiplicité des phénomènes représentée par le νόμος de
Pindare, les Moîræ d'Aischyle, Homère n'y songe pas
encore. Il n'aperçoit que la diversité. Donc il ne s'em-
barrasse pas à concilier l'unité absolue avec la pluralité,
l'indéterminé avec le déterminé, l'être avec le non-être.
Sous ce rapport, convenons que Prométhée, qui conçoit
une loi générale, en dehors de toute solution du problème, par cela seul qu'il le pose, lui est immensément
supérieur. « Il n'y a pas de doute que quand Dieu s'est
déterminé à agir au dehors, il n'ait fait choix d'une manière d'agir qui fût digne de l'Être souverainement parfait, c'est-à-dire qui fût infiniment simple et uniforme,
et néanmoins d'une fécondité infinie. On peut même
penser que cette manière d'agir par des *volontés générales* lui a paru préférable, quoiqu'il en dût résulter des
événements superflus ou même mauvais en les prenant
à part. » (Leibniz, *Théod.*, 204.)

1. *Choeph.*, 959.

Il est vrai que c'est par là seulement qu'il lui est supérieur, car cette partie de son problème Prométhée ne l'a pas encore résolue [1]. Il y songe toujours, certain que les deux termes existent, que les lois générales subsistent, que cependant la liberté de Zeùs existe, qu'il n'est pas seulement l'indéterminé absolu, mais, comme le dit Aristote [2], la pensée de la pensée, la pensée qui se pense elle-même, non pas une simple puissance, mais une puissance passée à l'acte, agissante, déterminée. *Et verbum erat apud Deum, et Deus erat verbum.* Car si Zeùs n'est pas libre, comment serait-il bon? et s'il n'est pas souverainement bon, comment le concevoir [3]? Autant dire qu'il n'existe pas [4].

Si Prométhée ne se rend pas pleinement compte du

1. Les deux parties du problème de Prométhée correspondent à ce que plus tard les philosophes appelleront le mal de peine et le mal de coulpe. Puisque le mal moral est au fond une négation, « *malum causam habet deficientem, non vero efficientem* », dit Leibniz (*Théod.*, 33), et que la négation est dans le déterminisme, « *omnis determinatio negatio est,* » par cela seul que le monde est monde, il contient nécessairement, d'une nécessité métaphysique, ce que les théologiens appellent le péché, et ne peut pas ne pas le contenir. Reste que Dieu l'a fait digne de sa bonté, sinon le meilleur des mondes possibles. C'est ainsi que pour Prométhée lui-même la souffrance est devenue le prix et le gage de l'immortalité.

Le mal dans les bêtes, surtout avant l'apparition de l'homme, est plus difficile à expliquer, et vous remarquerez que sur ce point la Bible garde le silence. Peut-être en faut-il venir ici au système de l'harmonie générale préétablie, un plan général déterminé d'avance où tout se tient.

2. *Metaph.*, XII.

3. C'est ce que Leibniz, dans un style d'une singulière énergie, appelle déshonorer Dieu. (*Théod.*, 176.)

4. A cette grande théodicée d'Aristote l'objection est celle-ci :
Dieu qui se pense Lui-même ne peut penser que Lui-même,

rapport de ces deux termes, il ne saurait douter de
leur existence elle-même, ni de leur équilibre, et que
toute solution qui voudra supprimer un des deux,
ou simplement leur équilibre, 'sera aussi impuissante à rendre compte du monde immatériel prototype
du monde physique, qu'un mécanicien qui prétendrait
nous expliquer celui-ci en supprimant une des deux
forces centripète et centrifuge, ou simplement leur
équilibre, image de cet équilibre plus haut, plus parfait,
plus divin entre l'indéterminé et le déterminé, l'un et
le plusieurs, l'autorité et la liberté, qui constitue la vie
du monde.

« Il nous suffit d'un certain ce que c'est (τί ἐστι); mais
le comment (πῶς) nous passe. Nous n'avons pas besoin
de prouver les mystères *a priori*, ou d'en rendre raison,
il nous suffit que la chose est ainsi (τὸ ὅτι), sans
savoir le pourquoi (τὸ διότι) que Dieu s'est réservé [1]. »

Il y songe toujours. Mais ses chaines sont brisées. La

---

puisque, étant parfait, sa pensée est parfaite et ne peut penser
qu'un objet parfait. Pense-t-il le monde?

S'il le pense, le monde est donc Lui-même. Nous avons l'identité de Dieu et du monde. Dieu est le monde et le monde est
Dieu.

S'il ne le pense pas, quels sont les rapports de Dieu et du
monde? que devient la Providence? que devient l'homme?

Là est le mystère de la philosophie.

1. Leibniz, *Discours de la conf. de la foi avec la raison*, 56.

Et plus loin il ajoute : « La prudence ne veut pas qu'on aban-
donne des vérités dont on est assuré, parce qu'on ne peut pas
connaître tous les rapports qu'elles ont avec d'autres vérités
qu'on connait. » (*Ibid.*, 293.) Voir dans ce même discours (225-228)
ce qu'à ma connaissance Prométhée a pensé de plus profond et de
plus décisif sur la conciliation de la liberté et du déterminisme
dans l'idée de Zeùs; je ne saurais abréger ce beau fragment, et il
est trop long pour que je le transcrive.

douleur, gage et initiation de son immortalité, est vaincue. Il est libre.

Que Zeùs règle son compte avec les Moïræ, direz-vous. C'est son affaire. Je pense que c'est aussi un peu la nôtre. Nous vivons à une heure où après avoir fait de Zeùs leur captif, souveraines envahissantes, elles en sont à revendiquer l'empire exclusif des choses humaines, toujours construites sur le patron de nos conceptions sur Dieu. On nous enseigne que ce que nous sommes habitués à appeler notre liberté morale n'est qu'une chimère, une vaine illusion. Nos actes, ce sont les Moïræ qui les font ; nos histoires, ce sont elles qui les façonnent de toutes pièces ; nous ne sommes que les instruments passifs de leur action, tranchons le mot, des marionnettes. Le sentiment intérieur que nous avons de notre liberté, unique preuve un peu valable que l'on donne de son existence, n'est, lorsqu'on l'examine de près, qu'une simple opinion, une opération de nos esprits semblable à toutes les autres, partant faillible comme elles. Il n'y a de certain pour nous que la science, la connaissance des Moïræ, et de progrès pour l'humanité que par le développement de cette connaissance. Le reste est hypothèse.

Sur presque toute la surface de l'Europe intellectuelle et savante, en Allemagne, en Angleterre, les penseurs, les grands historiens, à peu près tout ce qui compte dans le domaine de l'intelligence, tout ce qui possède une autorité propre, les fortes têtes qui préparent et élaborent la pensée de toute une génération et finissent par la pétrir à leur image, tous nous enseignent que notre volonté n'est pas libre, par la raison qu'en toute chose chacun de ses actes est fatalement déterminé par les circonstances extérieures où elle est appelée à s'exercer, et n'est en somme, on nous le prouve dans des

livres d'une très grande valeur et de très grande portée,
que la résultante de ces circonstances. Pas de liberté,
pas de responsabilité. Pas de responsabilité, pas de
morale, pas de juste, pas de droit. Le droit, on nous
l'a dit et prouvé, c'est la force, et le sort des petits
poissons, comme le disait Spinoza, est d'être mangé
par les gros. Le monde est un coupe-gorge. « Δυνατὰ δὲ
οἱ προύχοντες πράσσουσι καὶ οἱ ἀσθενεῖς ξυγχωροῦσιν [1]. De toutes
les circonstances qui agissent fatalement sur nos volontés, la plus importante est le développement de l'intellect. On nous montre qu'à chaque phase de celui-ci
correspond précisément une phase corrélative de civilisation, et comme l'intellect est le seul facteur variable
qui existe dans la composition de celle-ci, les phases de
nos civilisations et de nos histoires, en Angleterre, en
France, en Espagne, en Écosse, en Allemagne, ne sont
au demeurant que les phases de nos intellects. On peut
négliger le reste qui, s'il existe, ne varie pas. Si la morale existe, comme le fond moral de l'humanité est
invariable à titre de faculté toute individuelle et non
transmissible, partant non susceptible de progrès, ce
n'est pas elle qui nous fait ce que nous sommes. Le
grand point, le seul à vrai dire dans le gouvernement
des hommes, est donc de supprimer tout ce qui fait
obstacle à la liberté de l'intellect, et la racine de tout
progrès se résume dans ce seul mot : *Scepticisme.*

> Quare relligio pedibus subjecta vicissim
> Obteritur, nos exæquat victoria cœlo.

Sur presque toute la surface de l'Europe, ces doctrines
règnent à peu près sans partage dans le monde intel-
ectuel. Assurément il est fâcheux que cela soit. Mais

1. Thuc., V, 89.

que les choses soient telles, rien ne sert de se le dissi-
muler, et quiconque suit d'un œil un peu attentif les
phases de la pensée européenne n'en saurait douter.
Depuis vingt ans, en Angleterre, en Allemagne, puisque
l'Espagne, l'Italie, les pays latins ne comptent plus,
c'est à peine si sur n'importe quelle matière vous trou
verez un seul livre de valeur qui, de près ou de loin, ne
se rattache à cet ordre d'idées et ne se propose de le
faire prévaloir. Je n'en connais qu'un seul, dont je fais
très grand cas : celui de M. Robert Flint.

Toutefois, il existe encore un coin de terre où l'on proteste. Il existe un pays dans le monde, un seul, où la
vieille et sainte cause du spiritualisme et de la liberté
morale est encore défendue avec honneur, osons le
dire, avec succès. Seul contre tous, il ne faiblit pas. Et
non seulement les maîtres, les illustres, ceux qui depuis
longtemps investis du respect de tous marchent à la
tête du petit bataillon des penseurs, maintiennent fermement la doctrine du droit et de la liberté, mais —
heureux symptôme — les jeunes, ceux qui ne sont pas
encore illustres, mais le deviendront, ceux dont la gloire
n'est pas faite, mais se fera, ceux qui portent dans leur
giberne le futur bâton de maréchal, ceux-là aussi se
portent ardemment à la défense de la même cause. Il y
a des dissidents sans doute. Mais à l'inverse de ce que
l'on voit au delà du Rhin et de la Manche, par le
nombre, par le talent, ce sont eux qui ne comptent pas.
Nos jeunes penseurs, nos jeunes historiens, nos jeunes
savants sentent que l'âme de leur pays est avec eux [1],
et, soutenus par cette grande sympathie, si leurs travaux
n'ont pas encore atteint l'ampleur et l'autorité de ceux

---

1. Je l'ai déjà remarqué. Cette efflorescence de miracles à laquelle nous assistons, qu'est-ce autre chose que la revendication
populaire de la liberté de Dieu ?   .

que l'on rencontre, animés d'un esprit tout opposé, au
delà de nos frontières, on peut tout attendre de leur
talent et de leur conviction. Le sort du monde est peut-
être entre leurs mains. Chez nous donc on nie que le
témoignage de la conscience soit une opération de
l'esprit faillible comme les autres, une simple opinion.
On croit à l'évidence, non seulement dans l'ordre intellectuel, sans laquelle nulle science n'aurait de fondement et n'existerait, et le système qui explique le monde
par la science croulerait par la base [1], et l'intellect ne
serait qu'une machine travaillant dans le vide; mais
aussi dans l'ordre moral. On croit à la divinité de
l'Erinnye. Sur le fondement de ce sentiment intérieur
d'évidence aussi certain en morale qu'en mathématiques,
on croit à la liberté de notre volonté [2], mais pas à celle

En ce point donc, il faut reconnaître que Jacques Bonhomme
est d'accord avec nos philosophes.

Pour moi, je serais tenté d'aller à Lourdes.

Touchant les rapports du déterminisme et de la morale, je me
borne à citer ce fragment de la *Théodicée* de Leibniz, 350 :

« Le docteur Jean-Joachim Becker a fait une prière qui pensa
lui faire des affaires. Elle commençait : *O sancta mater Natura,
æterne rerum ordo.* Et elle aboutissait à dire que cette nature lui
devait pardonner ses défauts, parce qu'elle en était la cause elle-
même. »

1. « Aristote a dit quelque chose de très bon lorsqu'il a reconnu que les principes des sciences particulières dépendent
d'une science supérieure qu'il appelle la raison; et cette science
supérieure qu'il appelle

τὴν ζητουμένην

doit avoir l'Être, et par conséquent Dieu, la source de l'Être pour
objet. » Leibniz, *Théod.*, 154.

2. « La puissance et la science de Dieu ne nous doivent pas
empêcher de croire que nous avons une volonté libre, car nous
aurions tort de douter de ce que nous apercevons intérieurement,

de notre intellect, que la volonté peut diriger dans tel
ou tel sens, l'y maintenir ou l'en distraire, dont la
portée naturelle est chose départie par Dieu, qui ne
dépend pas de nous, mais qui, fixé dans une direction,
n'est pas libre d'apercevoir ou ne pas apercevoir les
vérités qui s'offrent à lui, pas plus que notre œil, selon
sa portée, de voir ou ne pas voir les objets vers lesquels
nous le pointons. Et lorsque vous nous parlez de la
liberté de l'intellect, vous faites erreur. C'est la liberté
de la volonté que vous apercevez, et au moment même
où vous prétendez l'anéantir, dont vous rendez témoignage. Car la liberté n'est pas dans l'intellect lui-même,
mais dans la volonté qui le dirige. Un de nos maîtres
les plus brillants va jusqu'à faire de la liberté l'idée
absolue, et de la liberté absolue l'essence de Dieu. Donc,
chez nous on croit à la responsabilité, au Droit distinct
de la Force.

    Cette Force elle-même, quelle est-elle ? C'est ici, ce me
semble, le nœud de la question, ce que David Hume
dans ses œuvres philosophiques appelle la ville capitale

et savons par expérience être en nous. » (Descartes, *Princip.*,
Ire partie, art. 41.)

    A travers les vicissitudes des temps et des choses, et des formes
particulières que la pensée de chaque époque donne aux éternels
problèmes de l'esprit humain, j'aime à constater que la philosophie française est en somme demeurée fidèle à l'esprit du grand
homme qui l'a fondée.

    Jamne vides igitur, quanquam vis extera multos
Pellit, et invitos cogit procedere sæpe
Præcipitesque rapit, tamen esse in pectore nostro
Quiddam, quod contra pugnare obstareque possit. (11, 277.)

    Lucrèce lui-même, vous le voyez, rend hommage au sentiment
de cette liberté. Il l'explique fort mal, mais il le constate. Cela
suffit.

de l'ennemi. Est-elle un simple attribut de la matière éternelle et le dénominateur inconnu des propriétés qui lui sont éternellement inhérentes, comme nous le dit l'auteur du livre si autorisé au delà du Rhin de *Force et Matière?* Voilà précisément ce que notre jeune école conteste péremptoirement. Il semble même que le caractère propre des études philosophiques contemporaines soit précisément, en approfondissant l'idée et la nature de la Force dans son essence la plus irréductible, de la dégager de tout substratum matériel, de la spiritualiser en quelque sorte [1], à ce point, qu'il en est, et des premiers, qui l'identifient avec la pensée. On envisage l'âme non comme une collection de phénomènes, mais comme une force saisissant elle-même son être, distincte de toutes les autres et supérieure, productrice de phénomènes et en ayant conscience. On envisage le monde comme un système de forces particulières ramenées à l'unité par une force primordiale qui est la loi des causes finales. Fort bien, à condition, ainsi que l'a remarqué excellemment un des plus éminents et des plus sûrs esprits de ce temps, M. Paul Janet, que l'on ne confonde pas la notion de force physique avec la force métaphysique ni la notion de force avec celle de substance, que l'on n'absorbe pas celle-ci dans celle-là, et

---

1. « ... Ce fut un pas immense qui devait aboutir à ce progrès : idéaliser la matière en la faisant entrer au nombre des forces... La force est l'esprit et la cause suprême de tout. » (Buckle, *Hist. de la civilis. en Angleterre*, ch. xx, t. V, p. 231 de la traduct. franç.)

Bien que ce livre et celui du docteur Büchner appartiennent en somme à la même école, ce passage suffit à caractériser la très grande différence qui les sépare.

Tout en répudiant la doctrine de M. Buckle, je ne crois pas que l'on puisse se défendre de payer un tribut d'admiration à son talent, de respect à son caractère.

que l'on ne fasse pas de notre âme, et surtout de Dieu, de simples forces.

Lorsque, avec un esprit calme et libre de tout fanatisme d'école, on compare ces recherches et ces horizons de la pensée française, et ceux de la science exotique contemporaine, peut-on de bonne foi ne pas nous donner l'avantage? Peut-on se refuser à reconnaître que nous vivons dans une atmosphère tout ensemble plus haute et plus saine?

Me trompé-je? Il me semble que cette direction de l'esprit français nous est un très grand honneur et un très vif sujet d'espoir. Car il est indubitable que le pays qui produira la solution la plus vraie de ces grands problèmes toujours présents à l'esprit de Prométhée, qui possédera la notion la plus vraie du droit, ce pays, dans un avenir donné, est appelé à prendre l'hégémonie de la pensée européenne, et ce n'est pas sans un sentiment pénible que je vois la grande et glorieuse Angleterre, qui possède tant de titres à la reconnaissance de l'humanité, cette seconde patrie de tout ce qu'il y a d'âmes orientées vers la liberté, engagée par sa littérature et sa philosophie sur une voie qui conduit, ce me semble, à l'anéantissement de la liberté.

Je suis las, en vérité, d'entendre dire et redire sur tous les tons cette éternelle complainte : « La France est malade. La France se meurt. »

κακῶν δή γὰρ
αἱ πολυετεῖς τέχναι θεσπιωδῶν
φόβον φέρουσι μαθεῖν [1].

1. *Agamem.*, 1132. Comme Aischyle, Leibniz condamne le pessimisme, et traite les pessimistes de gens aigris ou de déclamateurs prétentieux et sans conviction. (*Essai sur la bonté de Dieu*, etc. 219, 220.)

Oui, nous sommes malades, très malades. Mais ne nous méprenons pas sur notre maladie. Sachons de grâce garder notre sang-froid, voir les choses comme elles sont, et ne pas ressembler à ce villageois écoutant bouche béante le charlatan dont toute l'éloquence n'a pour but que de l'ahurir pour lui débiter ses drogues. La vérité est qu'en somme, de tous les pays d'Europe, le nôtre est celui où à l'heure présente, en matière sociale, moralement il y a moins d'idées fausses dans les fortes têtes, celles que Pindare appelle μονόψαφοι (*Ném.*, X, 10), les seules que l'on doive envisager, puisque la destinée des autres, de ceux qui passent leur vie à aboyer sur un thème donné, est de suivre et d'emboîter le pas, et que pour savoir quelle sera dans la masse la pensée de demain, il suffit de connaître quels sont les livres d'aujourd'hui. J'entends les vrais livres, ceux qui donnent l'impulsion aux esprits, non les rapsodies. Car de même que dans la masse terrestre résident et circulent des courants intérieurs de forces latentes, de même dans la masse sociale circulent sourdement des courants d'idées et de sentiments dont elle n'a pas elle-même conscience. Les grands esprits, par cela même qu'ils sont de grands esprits, sont des instruments plus délicats qui les perçoivent avant tous, les manifestent, et réciproquement, par l'expression qu'ils leur donnent, leur communiquent une impulsion nouvelle. C'est donc par eux que l'on sait, comme par ces instruments qui prédisent le temps à venir, ce qu'un peuple sent aujour-

---

Cette sévérité irritée est fort remarquable chez Leibniz, génie merveilleusement large et bienveillant.

Descartes dit aussi (lettr. 9) : « La raison naturelle nous apprend que nous avons plus de biens que de maux en cette vie. »

Et Euripide :

πλείω τὰ χρηστά τοῖς κακῶν εἶναι βροτοῖς.

4

d'hui, ce qu'il pensera demain. Et pour celui dont l'œil
sait observer ces sortes de choses, on ne trouvera pas
dans l'histoire de l'humanité un grand système d'idées
et de sentiments qui n'ait été signalé et préparé par des
précurseurs intellectuels. Rien donc de plus simple que
de présager un peu d'avance le flux et le reflux des
opinions qui roulent leurs flots confus et désordonnés
sur le devant de la scène, ce qui a de l'avenir, ce qui
n'en a pas.

L'habile homme de Pindare, qui sait prédire le vent
qui soufflera trois jours d'avance,

σοφοὶ δὲ μέλλοντα τριταῖον ἄνεμον
ἔμαθον (*Ném.*, VIII, 25),

n'a pas d'autre secret. Je vous le livre.

Et matériellement, notre pays est en Europe celui où
la société est le plus fortement assise, grâce à la diffusion
de la propriété du sol et des capitaux, et aux conséquences de notre loi civile. La vérité est que si nous
sommes] plus malades qu'ailleurs, ce qui n'est que
trop vrai, c'est d'un mal purement politique dont
je parlerai tout à l'heure, mais dont dès maintenant
on me permettra de dire que les pires conséquences
seraient facilement, si nous n'y prenons garde, nos
propres pusillanimités et les lâches suggestions de
la peur, et qu'à ces prophètes de déroute l'on pourrait
répliquer : « Notre maladie, c'est vous, μάντι κακῶν. »
Malheureusement, et par une fatale anomalie, la France,
que nul n'accusera de manquer de courage sur le champ
de bataille, caractérisée en politique par cet équivoque
personnage trop susceptible de haut et de bas, plus
impressionnable que réflexif, que Luther appelait le
Seigneur Omnès (Monsieur Tout le monde), — je crain-

drais d'en mal parler puisqu'il est notre maître[1], — est sur ce terrain de la dernière poltronnerie, et à faire vibrer cette fibre, on est, avec elle, à peu près sûr de réussir.

Semblable au spectateur qui des derniers gradins du cirque antique encourageait de ses acclamations le combattant de son choix, je voudrais que ma voix lointaine parvînt jusqu'aux champions du droit et de la liberté, et que mes sympathies les soutinssent dans ces grands combats où nos plus chères fortunes sont engagées.

---

1. « La pluralité des voix n'est pas une preuve qui vaille rien pour les vérités un peu malaisées à découvrir, à cause qu'il est plus vraisemblable qu'un homme seul les ait rencontrées que tout un peuple. » (Descartes, *Discours de la méthode*, 2e partie.)

CHAPITRE III

DE LA TRADITION EN MATIÈRE POLITIQUE.

Ergo vivida vis animi pervicit. 1, 73.

Si dans les pages qui précèdent, fidèle interprète des
sentiments que d'un travers de l'Europe à l'autre les
Français voyageant à l'étranger ont la joie de constater,
et sur ce point je prie que l'on veuille bien admettre
mon témoignage, je me suis efforcé d'établir la très
grande valeur de la société française, son extrême consistance morale et matérielle, sa force de résistance, ce
que j'appellerais volontiers, en style de physiologiste,
son excellente constitution organique, à Dieu ne plaise
que mon dessein ait été de flatter ce penchant à la vanité
si durement reproché à l'heure de nos désastres, si
chèrement expié par nous-mêmes! La vanité est assurément ridicule en elle-même, haïssable à ceux qui la
subissent. Et l'on doit malheureusement avouer que si
dans un groupe cosmopolite on rencontre un personnage homme ou femme qui manque de simplicité et de
naturel, qui tente par sa pose de fixer les yeux et l'attention sur lui, ce personnage, presque à coup sûr, on peut
gager qu'il est Français. Je sais de reste qu'à l'heure
présente la vanité ne nous sied pas. Je confesse humble-
ment que nos désastres sont mérités. Nous portons la
peine de nos fautes. Il ne sert de rien de dire : « Cette
guerre insensée et fatale où la France désarmée s'est
allée jeter sur l'épée de son plus mortel ennemi, ce n'est

pas nous qui l'avons voulue ni faite, c'est notre chef. »
Je n'accuse pas ici le chef, qui de sa personne valait
mieux que son système. J'accuse le système lui-même.
Et ce système qui l'a fait? qui l'a voulu? qui l'a soutenu?
Une fois fait, ne devait-il pas nécessairement produire
toutes ses conséquences, depuis la stupide stratégie
inspirée par des motifs de politique absolument personnelle, jusqu'à cet abaissement de caractère de chefs
d'armée mille fois odieux, que la plume de Dante saurait
seule stigmatiser, sacrifiant leur armée et leur patrie à
des combinaisons de grandeur individuelle. D'ailleurs
l'empereur est mort. Paix à sa cendre! Il ne manque pas
de gens qui s'efforcent de le faire revivre. Que ce fatal
système puisse se faillir à lui-même, que les mêmes
prémisses puissent ne pas engendrer une fois de plus les
mêmes conséquences, et que par une décadence continue
César puisse ne pas aboutir au byzantisme, nous savons
tous que cela ne saurait être. Ils le savent eux-mêmes.
Ils persistent. Ils ont raison. Ils ne sont que les instruments de la force des choses. Le vrai coupable, c'est
nous-mêmes, cette prostration morale qui a rendu le
système une fois, deux fois possible, nécessaire, qui le
ramènera peut-être une troisième si cet état de nos âmes
persiste. Or, à quoi tient-il? quelle est sa cause? Telle
est la question que je me propose d'examiner dans les
pages qui suivent.

Il n'est que trop vrai : le mal existe. Il est en nous-
mêmes. Nous en périrons peut-être. Voilà des points
qui ne sauraient se contester. Mais quel est ce mal? Pour
le combattre, il faut d'abord le connaître. Et c'est pourquoi, opérant par voie d'élimination, je me suis d'abord
attaché à constater ce qu'il n'est pas. J'ai dit, et je maintiens, contre l'opinion commune, je l'avoue, que notre
maladie n'est pas une maladie purement sociale. J'ai

donné pour preuve que notre société est très saine, très consistante. Même il est à remarquer que si dans les sommets les plus élevés de la pensée contemporaine, — je parle des sommets, non des bas-fonds toujours malsains, — si dans les sommets, dis-je, l'on veut trouver quelque attaque contre la propriété, ce n'est pas chez nous qu'il la faut aller chercher, mais en Angleterre, particulièrement dans les livres de M. Stuart Mill. Pour ma part, je ne connais pas d'attaque plus redoutable que celle qu'il a déduite de la théorie de la rente de Ricardo. En Allemagne, en Russie plus encore, nulle part moins que chez nous. Cependant qu'il y ait en France plus qu'ailleurs, selon l'expression admise, péril social, je ne le nie pas. Comment cela? Ce point mérite quelque lumière.

Dans le monde intellectuel contemporain, il y a, on le sait, forte tendance à appliquer à la science sociale les résultats de la science biologique, à systématiser l'une et l'autre dans une grande synthèse et considérer la vie comme régie par la même loi dans ses différentes manifestations. Sans accepter toutes les déductions que ce point de vue suggère à un éminent penseur anglais contemporain, je ne crois pas qu'il y ait lieu de contester de très grandes analogies entre les corps sociaux et politiques d'une part, les corps vivants organisés de l'autre. Un des points où cette analogie se révèle en caractère plus manifeste est la loi de solidarité de tous les organes du même système. Si l'un est atteint, les autres souffriront. Si l'affection se prolonge, elle s'étendra, et d'un organe se communiquera, se réfléchira dans un autre.

Il en est ainsi des nations elles-mêmes. Elles ont des maladies sociales et politiques très distinctes, qui, à la longue, se transformeront l'une dans l'autre. Ce serait

cependant une grande erreur et très fatale de les confondre, lorsque le mal est à droite de traiter à gauche,
lorsque le mal est à gauche, de traiter à droite. Dans la
diagnostique, il est nécessaire pour ne pas agir plus
tard au hasard dans le traitement médical, de connaître
le point initial d'où est parti le mal, le premier trouble de l'organisme, et en même temps d'en prévoir les
conséquences, lesquelles seront infailliblement pour une
maladie sociale prolongée une maladie politique, pour
une maladie politique prolongée une maladie sociale. J'appelle mal social celui qui, soit dans le domaine des faits,
soit dans celui de l'idée, s'attaque aux organes fondamentaux sans lesquels nulle société humaine n'a jamais
nulle part subsisté. J'appelle mal politique celui qui
s'attaque à ses institutions gouvernementales particulières ou aux idées d'où ces institutions procèdent. Il
n'est pas rare de rencontrer ici la société forte et la politique faible, plus loin le contraire. Même cela doit être
ainsi. Plus la société est faible, plus elle a besoin que
la politique soit forte, et c'est ainsi que le monde antique a vécu. A considérer la société anglaise, abstraction
faite de sa noble et glorieuse et forte politique, je ne
crois pas qu'elle soit en rien supérieure à la nôtre.
Chez nous, à l'inverse, j'admettrai qu'une politique insensée amènera une maladie sociale.

Pour ce long préambule, je demande grâce. Je veux
produire une idée que je crois juste et vraie, mais qui,
soit par un côté, soit par l'autre, est en opposition avec
celles d'à peu près tout le monde [1]. Sur la nature, la
cause, le traitement de notre mal, dans une vie à la vérité fort modeste et retirée, j'ai le malheur de ne ren-

1. Δίχα δ'ἄλλων μονόφρων εἰμί.

(*Agam.*, 761.)

contrer à peu près personne avec qui de tout point je
sois complètement d'accord. Cependant je crois être
dans le vrai. Je supplie donc que l'on me permette de
développer et défendre mon idée tout à mon aise [1].

Or, mon idée est que notre mal, dans son origine, sa
nature, est essentiellement politique, et pour le préciser,
qu'il provient surtout d'une fausse conception de la nature de la tradition, une fausse application de son rôle
en matière politique. Selon moi, notre maladie gît surtout dans les idées que les hommes intelligents et honorables se font en France de la nature, des fonctions
de la tradition, de la méthode de s'en servir.

Je m'adresse aux différents acteurs de notre scène politique, et, à l'inverse de l'échanson homérique qui
commençait toujours par la droite

$$\text{ἐνδέξια πᾶσιν}$$
$$\text{ὠνοχόει (I, 597),}$$

commençant par la gauche, je demande au premier que
je rencontre : « Que pensez-vous de la tradition en matière politique ? »

— « Rien de bon, me répond-il, et ce sera bientôt dit :
vous l'appelez tradition, moi je l'appelle routine. Elle
est la source du mal, et ma vie s'use à la combattre.
Citez-moi un abus qu'elle n'ait pas sanctionné et soutenu, une réforme qu'elle n'ait pas entravée de toutes
ses forces. L'esprit humain dans son essor vers le progrès n'a pas d'ennemi plus redoutable, plus implacable.
Sa tâche est de l'anéantir. Son destin est de l'étouffer ou
d'être étouffé par elle. »

— « Vous poussez trop loin les choses, dit un second.

―――――――――

1. Ἐπεπείσμην δ'ὑπὲρ ἐμαυτοῦ, τυχὸν μὲν ἀναισθητῶν, ὅμως δ'ἐπεπείσμην,
μὴ γράψοντ'ἄν ἐμοῦ γράψαι βέλτιον μηδένα (Coron., 221).

Vous exagérez. Vous vous placez trop exclusivement à votre point de vue radical français. En Angleterre, on ne consentirait pas à penser ainsi. Que la tradition ait fait et puisse faire beaucoup de mal, je n'en disconviens pas. Toutefois elle a du bon, si l'on sait le moyen et le moment de s'en servir. La vérité est qu'elle n'est en soi ni bonne ni mauvaise, mais devient telle uniquement par l'application que l'on en fait. C'est pourquoi la sagesse est de la juger, s'en servir s'il y a lieu, s'en passer s'il y a lieu, et en ce cas de la suppléer par la vraie et seule lumière de nos intelligences : la Raison. »

— « Je respecte profondément la tradition, dit un troisième, la tradition heureux apanage des nations jeunes et innocentes, mais de celles-là seules. Car on n'y rentre plus quand on en est dehors. En ce cas qui la suppléera ? La Raison, dites-vous. Comme si le peuple une fois souverain et sachant qu'il l'est, le lion lâché au milieu de l'arène, parler raison à cet être stupide et méchant qui n'a jamais compris que ses passions et ses appétits, à cette bête féroce qui a soif de votre sang, était œuvre d'hommes sensés. Là où la tradition manque, une seule chose peut la suppléer : la Force, et la force c'est moi qui l'ai. Ce n'est pas de l'esprit qu'il faut, c'est de la main. Je sais d'ailleurs charmer la bête, et bien que personne au fond ne pense si mal d'elle, et ne la méprise autant que moi, à nul elle ne se livrera si volontiers qu'à moi, parce que je sais par où la prendre. Je m'adresse à ses appétits. S'adresser à sa raison, quelle erreur ? elle n'en a pas. Je sais l'apprivoiser, la dompter et lui sauter sur le dos. Je suis dompteur de bêtes. Je viendrai à bout de celle-ci, n'en doutez pas et fiez-vous à moi. Et comme politiquement la France est le pays de la peur, ceux mêmes qui ne m'aiment pas,

qui me prenant pour ce que je suis en effet savent que
je suis un gouvernement de décadence, et de corruption,
et d'anéantissement final, radicalement impuissant à
donner satisfaction à d'autres besoins, à d'autres sentiments que les plus sots, les plus bas, les plus vils dont
notre nature humaine soit susceptible, par cela même
que je l'apprécie à sa juste valeur en la méprisant, par
peur, pour quinze ans de répit où je les engraisserai en
cage, viendront à moi. Tenez ceci pour certain. Vous ne
m'échapperez pas. »

— « Vous n'y entendez rien, dit le dernier à droite. Je
rougis des paroles cyniques que je viens d'entendre. Je
regarde autour de moi : j'aperçois un démagogue, un
sceptique et un caporal. Tous trois empiriques. Pour
moi, je veux avoir une méthode, et en ai une. Vous n'a-
vez pas de doctrine et marchez au hasard, sans point
lumineux et fixe pour vous guider et éclairer votre route.
Moi seul, sur cette question spéciale de la tradition en
matière politique, où tous vous n'êtes que des néga-
tions, moi seul je suis une affirmation. Moi seul j'ai une
doctrine, et cette doctrine permettez-moi de l'exposer.

« Ma foi politique se rattache étroitement à ma foi religieuse. Elle en est le fruit naturel. Entre l'une et l'autre
il y a corrélation intime. Je ne crois pas ma doctrine
viable ailleurs que dans un pays éminemment catholique. Ma façon de comprendre la tradition, une autre
tête qu'une tête catholique ne l'admettra pas. Une tête
catholique l'admettra d'emblée.

« Avant d'être Français, je suis chrétien catholique.
Avant d'être membre de la société politique, je suis
membre de la société religieuse, fils tendre et soumis
de ce bienfaisant et auguste Christianisme auquel nous
devons tout ce que nous sommes, source unique de
toute la civilisation moderne, qui a béni mon berceau,

bénira ma tombe, dépositaire des promesses divines sur lesquelles se fonde l'espoir de ma destinée éternelle, dont cette existence terrestre n'est qu'une heure fugitive.

« De même que l'homme est fait à l'image de Dieu, de même la société politique est faite à l'image et ressemblance de la société religieuse. Elle est fondée sur celle-ci, et, selon l'expression de Bossuet (*Politiq. tirée*, etc., l. III, art. 2, prop. 3) « elle est un écoulement de la première ». Elle en doit donc suivre le plan et reproduire le dessin. Plus le type de la société religieuse se reproduira fidèlement dans la société politique, plus celle-ci sera parfaite, et en quelque sorte divine. Les organes diffèrent. Mais le patron est un, et ne peut être qu'un.

« Vous me demandez quelle est la fonction de la tradition en matière politique. Voyez quelle est sa fonction en matière religieuse. D'autant qu'il n'est pas deux traditions. Il n'en est qu'une seule, appliquée tour à tour à la religion et à la politique, qui ne cesse pas d'être identique à elle-même.

« Vous conviendrez, ses amis comme ses ennemis s'accordent à le reconnaître, que la France n'est pas seulement chrétienne, elle est catholique. Elle-même ne se fait pas faute de le proclamer. Or, le caractère spécial et fondamental du catholicisme, ce qui le distingue de toutes les autres communions chrétiennes, est que l'autorité y est fortement organisée, officiellement constituée en une institution positive concrète, qui, de degrés en degrés, vient se résumer dans la personne du Souverain Pontife. Celui-ci, la source de son autorité est de remonter traditionnellement à l'institution divine du premier Chef de l'Église chrétienne dont il est l'héritier direct et légitime. Le principe constitutif du catholicisme est la tradition dont son chef est le dépositaire infaillible, sans laquelle il ne se justifierait pas, n'existerait pas. Il n'émane pas d'une conception rationnelle, mais de la tradition. Cette tradition d'où il émane, qui est son essence, la supériorité du catholicisme est de la personnifier, de la déterminer. Car en lui rien n'est livré à l'indétermination, ni dogme, ni autorité, ni tradition. Tout a son expression, sa formule, son organe, sa place, sa fonction. Tout est net. Par là rien de vague ni de flottant dans le commandement ni dans l'obéissance, rien d'individuel dans les croyances. Ce qu'il faut pratiquer, je le sais et le pratique ou cesse d'être catholique. Ce qu'il faut croire, on me le dit, je le sais, je le crois, ou cesse d'être catholique. Ainsi, et en lui seul, se réalise et trouve satisfaction ce premier, ce plus saint, ce plus impérieux besoin de nos âmes : l'Unité.

« Dans les jours néfastes où nous vivons, lorsqu'au milieu de tant de ruines, œuvre de la Révolution, les esprits élevés, les âmes honnêtes s'efforcent de toutes parts de relever l'autorité, de constituer l'unité, ce principe de la tradition je le recueille pieusement des mains du catholicisme, convaincu qu'il est la clef de voûte de tout le reste, que lui seul peut nous sauver.

« Tel qu'il est à sa source et dans son expression la plus haute, tel je m'efforce de le constituer dans le monde politique. Je le personnifie. Je le détermine. Sinon, je vous défie de constituer l'unité; vous n'aurez que de la poussière. La porte reste ouverte à la Révolution, et vous serez sa proie.

« C'est en ce sens que je dis : j'ai un principe et vous n'en avez pas. Mon principe est la tradition personnifiée et déterminée. Et de même que dans l'ordre religieux les ministres attitrés de la tradition, chacun à son degré, ont des pouvoirs surnaturels relatifs à la distribution des grâces spirituelles au moyen de certaines

formules déterminées que l'on nomme sacrements, de
même en politique le dépositaire attitré de la tradition, par là revêtu lui-même d'une sorte de sacrement,
ordonné en quelque sorte, a des pouvoirs particuliers
surnaturels pour fermer l'ère de la Révolution. Il n'est
pas un homme comme un autre.

...... φρονέω δὲ τετιμῆσθαι Διὸς αἴσῃ,

disait fort justement Achille (*Il.*, II, 608) : ce que je
suis, je le suis par la grâce de Zeùs.

« Sa force, son principe est d'exprimer dans toute sa
pureté la tradition, dont l'essence est de remonter d'antérieur en antérieur au primitif. Conclurez-vous qu'il
ne soit pas l'homme de son temps et de son pays? Le
tiendrez-vous pour ennemi de la société nouvelle et de
la liberté? Tout au contraire. Il l'a proclamé hautement,
et l'élévation de son caractère défend de suspecter la
sincérité de ses paroles. Il n'est pas de prince plus
noble, plus éclairé, plus libéral. Le témoignage una-
nime de tous ceux qui ont eu l'extrême honneur de
l'approcher est là-dessus positif.

« Comme lui, j'apprécie, j'honore du passé ce qu'il a
de bon. Mais, ce passé, si vous croyez que je prétende le
restaurer de toutes pièces, détrompez-vous. Je n'entends
ressusciter ni Louis XIV, ni saint Louis. Fils des gentilshommes du 4 août, je sais être homme de mon temps
et de mon pays. Donnez-moi le principe traditionnel
personnifié et sacramentalisé dans cette seule pièce de
l'organisme politique, la forme et la transmission du
pouvoir exécutif (car ses attributions je vous les livre),
et, à cette seule condition, je vous tiens quitte du reste.
Sur ce qui concerne la confection et l'application des
lois, les pouvoirs législatif et judiciaire, innovez, je
suis des vôtres, et pas des derniers. A cet égard j'ai

fait mes preuves, étant sous les auspices de feu M. de
Genoude, un des parrains du suffrage universel, jeune
sujet de grande espérance, dont j'espère faire l'éducation. Pourvu que vous renfermiez dans une arche sainte
inaccessible à toute main profane la forme et la transmission du pouvoir exécutif, et que par un désaveu
formel de la Révolution et de ses œuvres vous proclaь-
miez solennellement le principe de la tradition incorporé à jamais, incarné visiblement, sacramentalisé dans
la personne de son représentant légitime, seul investi
du pouvoir d'administrer la tradition politique, absolument comme dans le catholicisme le prêtre administre
les sacrements, à ces conditions vous êtes orthodoxe,
demeurant par ailleurs libéral tant qu'il vous plaira.
Sinon vous ne l'êtes pas. Il est aussi impossible de poser
la tradition politique en dehors de son représentant
légitime, que de poser la tradition religieuse en dehors
du pape. En ce sens l'on a eu raison de dire que notre
roi est un pape politique. Tout ce que le pape est en
religion, le roi l'est en politique. Il n'est pas un dogme
de ma foi religieuse qui, en politique, n'ait son corrélatif et son prolongement. Comme je crois à l'infaillibilité du pape, je crois à celle du roi, et me sépare
résolument de ces raisonneurs à courte haleine qui
prétendent n'avoir de religion qu'en religion. Pour moi
la vérité est une, la politique une branche de la morale,
la morale une branche de la religion, et ma religion est
le catholicisme. Ces points sont de rigueur. Le reste va
de soi. Moi-même je ne crains pas la liberté. Je l'aime
plutôt; et secrètement, dans le fond de mon cœur, je
vous avouerai que j'ai un faible pour elle, et ne suis
pas sans lui brûler quelques grains d'encens. Je dis la
vraie liberté, la liberté politique, celle de tout le monde,
et non cette pseudo-liberté de mon ami et allié le

catholique, qui a le tort de n'en pas vouloir d'autre
que la sienne propre, et la maladresse de le laisser voir.
Je prétends même la mieux comprendre, la mieux servir
que vous, monsieur le radical, et votre convention
de 93, vous surtout, monsieur le césarien, qui, du reste,
il faut vous rendre cette justice, n'y avez nulle prétention. Mais entendons-nous : entre la tradition et la
liberté il n'y a pas parité. Ce ne sont pas deux principes traitant l'un avec l'autre d'égal à égal. Principe,
il n'en est qu'un seul, la tradition. La liberté ne l'est
pas. Sa position est celle que les théologiens donnent
à la philosophie « *Philosophia theologiæ ancillans* ».
L'unique maîtresse du logis est la tradition. C'est
chez elle, dans son propre domaine que nous accueil-
lons avec empressement et distinction la liberté, semblable à cette Diotime du Banquet de Platon, la belle
et éloquente étrangère de Mantinée, à condition toutefois qu'elle s'y comportera convenablement ; sinon,
toute Diotime qu'elle est, belle et charmante, et traînant
tous les cœurs après soi, — moi-même je ne suis pas
un Caton, — nous serons forcés de la mettre à la porte.
Et elle ne devra se prendre qu'à elle-même de sa mésa-
venture. Chez soi l'on peut en une certaine mesure en
prendre à son aise. Chez autrui, dans la maison d'honnêtes bourgeois que nous sommes, on est tenu d'observer
les bienséances. Surtout s'agissant d'une hétaïre, puisque
aussi bien il faut convenir que la belle Diotime n'est
pas autre chose. Tâchons de lui faire comprendre, vu
qu'elle est un peu sujette à s'émanciper, que ce n'est
pas à une orgie que nous l'invitons. Avec ma respectable épouse, la tradition, αἰδοίη ἀλόχῳ, ce serait me faire
une très méchante affaire. Pas de scandale.

« Je viens, il est vrai, de l'ancien régime, mais je n'y
vais pas, et me lancer cette accusation pour ameuter

contre moi les préjugés et passions populaires, est une
méchante ineptie. Et c'est pourquoi, homme comme
vous, pétri de la même chair, pécheur, hélas! je n'ai
pas craint de vous confesser mes faiblesses. Mon illustre
père J. de Maistre, le grand catholique, le pontife imma-
culé de la tradition pure tant de fois trahie par moi,
me renierait comme un fils dégénéré. Je ne suis pas
digne de lui appartenir. Mais si dans la pratique je
laisse beaucoup à désirer, sur les principes vous ne me
ferez pas transiger. Ces principes, le temps, les circonstances en déduiront les conséquences. S'il se trouve
que notre esquif soit lancé sur un courant qui le ramène
à reculons vers le passé, ramez, hissez la voile, éver-
tuez-vous. Il y a des gens qui pensent que vos efforts
seront vains, et déjà à l'assemblée générale des catholiques de France, ne venons-nous pas d'entendre un
orateur plus zélé peut-être que prudent, avec cet à-propos
en toute chose qui caractérise ce qu'on appelle le parti
catholique, aux applaudissements de l'assemblée, nous
convier « à l'enterrement civil des immortels principes
de 89 ». Fâcheuse catastrophe, que je n'appelle pas,
que pour ma part, même, je regretterai. C'est à vous
de la prévenir en vous comportant comme il convient
dans le domicile de la tradition principe, la maîtresse
du logis, la dame de céans, où celle-ci vous fait l'honneur de vous convier. »

Pour le fond des idées et des sentiments, je crois mon
exposition exacte et fidèle. Si elle l'est, si j'ai résumé
les traits essentiels des idées de notre monde politique
sur la nature et les fonctions de la tradition, nous
sommes en présence de quatre opinions différentes : la
première fait de la tradition un mal que notre devoir
est de combattre, extirper, s'il est possible, — la seconde, une superfluité que l'on peut suppléer par la

raison, — la troisième, presque une nécessité, mais qui se peut suppléer par la force, — la quatrième, un principe tout à fait nécessaire, incorporé indissolublement en de certaines formes déterminées, sacramentelles, dont rien ne pourra plus le dégager, et incarné dans un homme. Ces quatre opinions sont absolument irréductibles l'une à l'autre. Pour ma part, c'est dans ce point précis, dans cette divergence des forces sociales et intellectuelles de notre pays que je place la vraie cause de notre mal politique, et, dans celui-ci, s'il se prolonge, ce que l'on appelle le péril social.

Aucune de ces opinions ne me satisfait pleinement. Contre toutes et chacune mon esprit soulève de nombreuses objections, dont la principale a pour objet la nature de la tradition elle-même. Je ne puis en aucune sorte me résoudre à l'envisager comme un principe. J'ai déjà dit quelque part mes raisons. On me permettra de les résumer brièvement.

Je ne conçois pas qu'un principe soit autre chose qu'une vérité, mais non pas toute vérité quelconque, vérité d'un certain ordre : celle qui ne passe pas, et en ce sens subsiste par elle-même. Qu'est-ce qu'un principe qui aurait besoin pour subsister de s'appuyer sur un autre principe, celui-ci sur un troisième, et ainsi de suite? Jusqu'à ce que vous soyez arrivés au principe initial, fondement de tous les autres, vous n'avez que des hypothèses [1].

La tradition a-t-elle ce caractère? Subsiste-t-elle par elle-même? Expliquez-moi une tradition qui ne s'applique à rien, pas même à un fait, et soit indépendante de tout postulat. Elle n'est pas même toujours une vérité. Plus d'une fois il lui est advenu de se pren-

---

1. Faut-il rappeler ici qu'en grec le principe est appelé ἀνυπό-θετον, ce qui n'est pas une hypothèse.

dre à des fictions, de consacrer de pures légendes.

Si elle n'est pas principe, et aucune tête un peu philosophique ne consentira jamais à lui reconnaître ce caractère, qu'est-elle ?

Elle est non pas objet, mais instrument de connaissance; non pas la vérité elle-même, mais un des moyens départis à l'homme pour entrer en possession de la vérité, proprement un organe.

L'homme ne vit pas seulement dans le monde des corps. Il vit aussi dans le monde des idées. De même que pour entrer en relation avec le monde matériel Dieu lui a donné des organes, des yeux pour voir par lui-même, des oreilles pour entendre ce qui lui est transmis par autrui, de même en ce qui concerne son intelligence il lui a donné des organes pour entrer en relation avec le monde immatériel, la faculté de voir par lui-même, la faculté d'entendre ce qui lui est transmis par autrui, ce que j'appellerais en quelque sorte l'œil et l'oreille de notre âme, la raison et la tradition. Ni l'une ni l'autre n'est principe, pas plus les yeux que les oreilles. Toutes deux sont proprement des organes, des facultés départies pour connaître le monde immatériel. Il y a des gens qui ne voient pas par eux-mêmes, qui ont simplement de très grandes oreilles, ce qu'on appelle vulgairement des oreilles d'âne, et vivent exclusivement de tradition. D'autres ont l'oreille très sourde, mais si vous le voulez, l'œil de ce Lynkeus qui, posté sur une cime du Taygète[1], scrutait d'un regard instantané toute la surface du Péloponnèse et découvrait Pollux embusqué dans un chêne creux pour lui dérober ses troupeaux. Heureux ceux qui ont de tels yeux ! Ils n'ont pas besoin d'oreilles. Mais je les crois fort rares, et considère qu'en général un sens

---

1. *Ném.*, X, 114.

nous a été donné pour suppléer à l'insuffisance de l'autre.

Alterius sic
Altera poscit opem res et conjurat amicè.

Ceux que la nature a créés sourds ou aveugles, à Dieu ne plaise que j'aie le mauvais goût, la cruauté de les critiquer. Je les plains. Mais ceux qui, doués par la nature de bons yeux et de bonnes oreilles, sur cette croyance que l'un de ces deux organes est plus excellent que l'autre, pour mieux entendre s'arracheraient les yeux, pour mieux voir se crèveraient les oreilles, qu'en penserions-nous ? A de tels personnages, qui de nous voudrait remettre le soin de sa fortune ? Rechercher et savoir de ces deux organes lequel vaut le mieux, me semble une thèse oiseuse. Tous deux sont excellents, chacun à sa place, à ses conditions, et dans ses fonctions naturelles.

An poterunt oculos aures reprehendere? An aures
Tactus? An hunc porro sapor arguet oris?
An confutabunt nares oculique revincent?
Non ut opinor ita est ; nam seorsum quoique potestas
Divisa est; sua vis quoique est. (IV, 488.)

Si les notions que je viens d'exposer sont admises, il en résulte qu'en ce qui concerne la tradition nous sommes dès maintenant en possession de deux idées fondamentales, l'une négative, l'autre positive. La première est que la tradition n'est pas un principe. La seconde est qu'elle est un organe de connaissance, une faculté de connaître, c'est-à-dire une force.

Je n'ignore pas qu'à proprement parler, et se renfermer dans une analyse philosophique rigoureuse, la tradition n'est pas force, mais instrument de force. Proprement, l'unique force qui nous appartienne et constitue notre être est la volonté libre ou plutôt la liberté de notre volonté, laquelle, comme le dit un de nos maîtres, n'est ni déterminée, ni indéterminée, mais déterminante. Le reste de ce que nous sommes, même l'intelligence, en est instrument. Toutefois dans l'usage, pour l'abréviation et la commodité du langage, on n'hésite pas à envisager comme force ses instruments. Et à considérer les forces physiques comme de simples dénominateurs d'une force unique, le langage usuel, même le calcul mathématique traitent de forces l'électricité, la pesanteur, etc., lesquelles à vrai dire ne sont que les lois d'après lesquelles la force opère, c'est-à-dire des instruments. Et l'on ne voit pas que la validité du raisonnement scientifique en soit altérée. Le tout est de déterminer ce que les mots veulent dire.

Force ou principe, querelle de mots, direz-vous. Cela revient au même. Poursuivons, vous verrez s'il en est ainsi.

Arrivé à ce point, la vraie nature de la tradition étant déterminée et connue, amené à la considérer comme une force intellectuelle, si j'applique la méthode platonicienne et envisage le monde matériel comme une image du monde immatériel, pour connaître et déterminer ses fonctions et la manière dont elle opère dans le monde politique, je serai induit à étudier les fonctions des forces physiques dans le monde, et la façon dont elles opèrent [1].

Avant de passer outre, je dois m'arrêter un instant pour faire remarquer aux esprits peu habitués à l'analyse que la doctrine appelée chez nous Légitimisme réside tout entière dans une certaine conception de la

1. Sur l'analogie des forces physiques et des forces morales, je trouve la pensée suivante dans l'*Essai* de Leibniz *sur la bonté de Dieu et la liberté de l'homme* : « La force est à l'égard de la matière ce que l'esprit est à l'égard de la chair. »

tradition, celle précisément discutée dans ce travail.

Le Légitimisme n'est pas, comme il le dit avec une emphase trahissant son inexpérience philosophique et aimerait assez à le faire croire, la tradition elle-même, le principe traditionnel, mais seulement une certaine manière particulière — très particulière — de concevoir et d'appliquer la tradition. Si je le comprends bien, il est la théorie politique qui place la légitimité des gouvernements non pas dans l'assentiment national comme quelques-uns, non pas dans un certain rapport avec un état général de civilisation comme quelques autres, mais dans un certain rapport avec l'antérieur ; et rapport soumis à une analyse philosophique un peu rigoureuse n'est pas tant de reproduire *de l'antérieur* qu'*un certain antérieur* déterminé. Philosophiquement la doctrine se résume dans ces deux simples mots : le Déterminisme de la Tradition politique.

Pourquoi, je vous prie, pas de roi en Suisse ? Pourquoi celui-ci en France, et nul autre ? L'essence du légitimisme est précisément de faire de la tradition un principe, de déterminer ce principe et l'incorporer indissolublement en de certaines formes.

Il ne vaut que par la tradition. La question est maintenant de savoir si la tradition ne vaut que par lui, et si cette fois encore, ce que l'histoire de l'humanité nous présente trop souvent, chaque fois qu'une idée s'est traduite en un symbole, il n'est pas advenu que ce symbole a effacé l'idée et s'y est substitué.

Le raisonnement m'amène à une doctrine très différente. Je me sépare de ceux qui veulent extirper la tradition, et les compare à ces insensés qui, pour mieux voir se crèveraient les yeux [1]. Je me sépare de ceux

1. « L'individu actuel n'est que le produit nécessaire (c'est un positiviste anglais qui parle ici et rend hommage à la tradition)

qui la tiennent pour une superfluité, puisque je la tiens
pour une des conditions essentielles, excellentes de
notre nature. Tous mes instincts se révoltent avec dégoût
contre ceux qui voudraient la suppléer par le césarisme

    Qui caput.....   ostendebat
    Horribili super aspectu mortalibus instans.

Enfin, je me sépare de ceux qui la conçoivent comme
un principe déterminé : je la conçois comme une force,
à la façon de l'électricité et de la pesanteur.

Allons si nous le pouvons au fond des choses. A ceux
dont l'intelligence ne s'effraie pas d'un peu d'abstraction,
je vais m'efforcer de présenter une démonstration directe,
générale, philosophique de cette thèse : qu'en politique
la nature même de la tradition répugne absolument à la
permanence des formes et au déterminisme, qu'elle est
non déterminée, mais déterminante. — Essayons.

Dans le développement progressif des sciences naturelles et la connaissance des règles qui gouvernent la
matière animée et inanimée, la plus grande à coup sûr
des lois qui se dégagent peu à peu de l'étude du monde
et se révèlent à nos esprits, est celle connue des savants
sous le nom d'unité de plan, qui nous fait voir l'un dans
le plusieurs, l'unité dans la pensée fondamentale, la
variété dans les moyens et les formes comme le dernier
mot de ce qui existe. Je dis la plus grande des lois, la
plus belle, la plus générale, la plus auguste, la plus
sainte, parce que c'est celle qui reporte le mieux nos
esprits du monde vers son créateur, et jusque dans la
nature physique retrouve le signe, en quelque sorte la

de ceux qui l'ont précédé dans le passé, et ce n'est que par l'étude
de ceux-ci que nous arrivons à l'expliquer lui-même suffisamment. »
    (Maudsley, *Physiologie et Pathologie de l'âme*, p. 73.)

figure et l'image de l'unité intelligente, infinie qui en est l'archétype.

A suivre le mouvement de la pensée dans le monde, on voit chaque jour apporter une démonstration, une généralisation nouvelle à cette grande loi des lois, et déjà peut-être n'est-il pas interdit de pressentir que son domaine ne s'arrête pas aux limites du monde sensible,

et extra

Processit longe flammantia mœnia mundi (I, 74),

qu'il se projette jusque dans le monde moral, et que la constatation, la démonstration des analogies qui rattachent ces deux mondes l'un à l'autre, analogies pressenties par le génie de Platon, sera la tâche et la gloire des esprits chercheurs de l'avenir. Il n'est pas interdit de pressentir que la recherche scientifique de l'unité vers laquelle il est manifeste qu'aux jours où nous vivons toutes les sciences gravitent, poursuivie inductivement sur des degrés et des aspects sans cesse élargis nous amenant à constater la projection des lois d'ordre moral jusque sur le terrain des faits d'ordre physique, cette unité dans la variété nous apparaîtra de plus en plus comme le signe de l'Être.

« Comme tout est lié dans le grand dessein de Dieu, il faut croire que le règne de la grâce est aussi en quelque façon accommodé à celui de la nature, de telle sorte que celui-ci garde le plus d'ordre et de beauté, pour rendre le composé de tous deux le plus parfait qui se puisse. [1] »

Hier encore, χθιζά τε καὶ πρώιζα, dans le domaine des

1. Leibniz, *Théodicée*, 118 : Grâce et Nature, monde moral et physique. — « La nature des âmes est en partie de représenter les corps. » (*Ibid.*, 130.)

sciences physiques, nos savants ont doté l'esprit humain d'une magnifique découverte appelée par eux loi d'équivalence des forces, laquelle n'est autre chose que la constatation de l'unité dans la variété des forces qui gouvernent le monde. Les formes de cette force sont multiples ; la physique en signale huit ; pesanteur, attraction, chaleur, lumière, électricité, magnétisme, affinité, cohésion. Mais elles se réduisent, se transforment, et ayant le même équivalent mécanique, peuvent se remplacer réciproquement et se ramener l'une à l'autre. En somme la force est une et ne semble autre que la chaleur émise par le soleil, Agni.

« Par la combustion, qui est un des modes de manifestation de l'affinité chimique, on obtient de la chaleur et de la lumière. La chaleur produit la vapeur, qui à son tour est changée en force mécanique. Cette force mécanique peut être consommée en travail utile, ou se transformer en chaleur par la friction. Elle peut de même reparaître dans la machine électro-magnétique sous forme de chaleur, d'électricité, de magnétisme, de lumière et de différence chimique. Une des transformations de force les plus fréquentes est celle de la chaleur en force mécanique et réciproquement. Par le frottement de deux morceaux de bois on obtient de la chaleur et du feu. Si, au contraire, on chauffe une machine à vapeur, on change la chaleur en friction et en mouvement.

« Dans la poudre à canon gisent à l'état latent des affinités chimiques. Dès que l'étincelle y tombe, ces affinités sont satisfaites, et la chaleur, la lumière et la force mécanique se manifestent[1]. »

Si la notion mère de ce travail est vraie, qui est de

---

1. L. Büchner, *Force et matière*, ch. III.

considérer la raison d'une part, la tradition de l'autre, non pas comme deux principes, mais comme deux forces, la belle loi physique de l'équivalence des forces a-t-elle son corrélatif dans le monde moral, et là encore pouvons-nous entrevoir quelques-uns de ces grands aspects de l'unité de plan? Il me semble qu'il n'est pas chimérique de le penser, qu'en ce qui concerne la tradition et la raison la loi de l'équivalence des forces subsiste, et qu'ainsi le monde physique se révèle encore une fois à l'image du monde moral. A plusieurs reprises, j'ai insisté sur les rapports de la tradition et de la raison tels que la tradition n'est en quelque sorte que la raison transmise, et que la raison elle-même opère par la tradition de la même façon qu'un industriel, un agriculteur, un commerçant opère par le capital préexistant sans l'aide duquel il ne saurait rien produire.

Il y a plus. Sitôt que de la science pure on descend sur le terrain de la science appliquée, de l'industrie, nous voyons que le procédé en général est de transformer une force dans une autre, par exemple la chaleur en mouvement par la machine à vapeur. Ici encore, l'analogie se projette dans le monde moral, ou pour parler plus juste, le monde physique ne nous présente que la répétition de son type immatériel. Dans toutes les sciences pratiques d'ordre moral, particulièrement dans la politique qui est une science d'application, nous voyons que le procédé constant de l'esprit humain est de rationaliser la tradition et de traditionaliser la raison, ramener la tradition à son élément rationnel, perpétuer cet élément par la tradition. Aveugles qui n'aperçoivent pas que telle est la marche de l'esprit humain et le procédé nécessaire de la politique!

Or, et c'est en ceci que gît la démonstration que je m'efforce d'atteindre, chaque fois qu'une force se transforme dans une autre, la figure sous laquelle elle se présente se modifie avec elle. La force est immatérielle. Elle n'a pas par elle-même de figure sensible. En ce sens, elle est indéterminée. Mais chacune de ses manifestations modifie la forme de son substratum. Ainsi procède la vie dans le monde. Chaleur, lumière, mouvement, électricité, autant de forces, autant de modifications du substratum.

Que l'on me dise comment concilier la transmutation des forces, cette loi constante et générale du monde politique autant que du monde physique, avec la permanence des formes. Pour moi, je n'aperçois pas que cela puisse être. Ou la permanence des formes est une loi sans fondement qu'il faut abjurer, ou sur ce point du moins la loi d'équivalence des forces n'existe pas, et l'unité de plan est rompue.

Qu'est-ce à dire ? Que comme toutes les forces, la tradition ne se manifeste qu'en s'incorporant, mais qu'entre elle et son substratum nulle solidarité n'existe. A la considérer elle-même et ce qui ne vaut que par elle, la forme matérielle politique à laquelle elle est momentanément engagée est de très petite conséquence. *Sicut vestimentum veterascent.* C'est la tradition elle-même qui vaut. Mais sa forme actuelle quelconque, que vaut-elle ? A peu près rien du tout, une guenille, sauf à penser à son égard un peu comme le Chrysale de Molière.

Connaissez-vous une force, une seule, qui ne survive pas à la dissolution de son substratum, qui ne soit pas par nature et par essence métamorphiste ? Et, par contre, connaissez-vous une forme qui n'ait pas commencé d'être, qui, partant, ne soit pas postérieure aux forces qui l'animent, et par là ne rende pas témoignage de leur métamorphisme ?

Suivant en ceci les tendances de l'école philosophique française contemporaine, je conçois donc la tradition comme une force en soi indéterminée, susceptible de mille formes diverses, qui s'incorpore — jamais indis- solublement — et se décorpore — je demande pardon de ce mot barbare, qui anime tout, pénètre tout, mais n'est solidaire de rien. Je la conçois comme un esprit actif et vivant, *Spiritus spiritans*, dirais-je dans le style de Spinoza, non déterminé lui-même, mais déterminant, semblable à cet Esprit de Dieu du chaos biblique — *Spiritus Dei ferebatur super aquas*, à cet esprit pauli- nien rompant avec toutes les anciennes pratiques et for- mules du judaïsme et du christianisme judaïsant. Dans quelque proportion que le problème se présente , pour les familles comme pour les peuples, je maintiens qu'il n'est pas plus possible d'emprisonner la tradition dans des formes toujours fragiles, pleines de fissures, mal gardées, que les vents de la mer dans cette outre confiée jadis à notre ami Ulysse. Cette fable, per- mettez-moi de n'y pas croire, ou plutôt, si elle a une signification, je vous déclare que c'est une ironie du vieil Homère à l'adresse des naïfs qui pensent tenir ces choses-là dans leur sac et, comme Ulysse, sur cette confiance s'endorment d'un sommeil fatal. Je demande pardon d'évoquer ici une vieille plaisanterie peut-être un peu risquée — quoique après tout Horace a bien parlé de ceux auxquels on attache une queue derrière le dos — mais tellement à sa place qu'il est difficile de n'y pas songer. Ces gens-là ne les avez-vous pas connus dans votre enfance ? Ne les reconnaissez-vous pas ? Ne sont- ce pas ceux-là mêmes que vous avez envoyés quérir la corde à tourner le vent ?

Concevant ainsi la tradition, j'ai la prétention de la mieux servir, plus fidèlement, plus pieusement, plus efficacement que ceux dont la doctrine est de la déterminer, par là de la mutiler. *Omnis determinatio negatio est.* Il ne manque pas de gens qui, après avoir arboré la tradition comme une cible pour qu'on tire dessus, quittes désormais de tout devoir envers elle, s'arrogent le droit de radicaliser tout à leur aise dans chacun des actes de leur vie privée. Ces gens, les regarderons-nous comme de fidèles serviteurs de la tradition? Je m'y refuse. Et veuillez remarquer ceci. Pour un acte politique, combien en faites-vous à simple titre d'homme privé? Dix, cent peut-être. Or, ma pensée est que chacun de ces actes soit inspiré en une certaine mesure des conseils de la tradition. Je prétends que la tradition, la juste considération de l'antérieur, des droits acquis, soit une méthode constante appliquée par nous non seulement à telle et telle forme, telle petite portion du pouvoir exécutif, et reléguée dans je ne sais quel petit coin de notre organisme politique, et là concentrée sous le plus petit volume possible, mais qu'il n'y ait pas une de nos lois, si grande et si petite qu'elle soit par son objet, pas un de nos actes privés qui n'en procède, et où elle n'intervienne pour sa part. A forte dose même, je le concède. Je l'envisage comme une force très analogue aux forces naturelles, non pas identique assurément, et sur cette distinction des forces morales et des forces naturelles je me rappelle cette excellente plaisanterie d'un de nos plus éminents penseurs sur cette femme qui, pour résister à une passion coupable, aurait une vertu de 40 chevaux, — je dis analogue aux forces naturelles, l'électricité, la pesanteur, l'affinité, lesquelles existent partout, mais ne sont fixées nulle part. Je me persuade qu'il en est ainsi de la tradition. Partout où je l'aperçois, je lui rends pieusement hommage. Partout où on l'emploie, je bats des mains. Mais je ne consens pas à la regarder comme solidaire d'aucune de ces formes périssables dont le monde se compose, et qui *semper fluunt, nunquam sunt*. A penser ainsi d'elle, je croirais lui manquer de respect, la trahir. Je veux de la tradition, beaucoup de tradition. Quel profit l'homme retire de l'emploi des forces physiques, vous le voyez. Pensez-vous que les forces morales soient moins fécondes? Mille fois plus. Dans ma modeste sphère, je tâche de n'y pas déroger. Mais la tradition sacramentalisée dans de certaines formules à la façon catholique[1], la morpholatrie de la tradition, le déterminisme de la tradition, je le tiens pour une doctrine grossière, subalterne, surannée, philosophiquement enterrée, qui peut encore se prévaloir d'avocats très diserts et de journalistes très habiles, deux choses qu'en un pays comme le nôtre on est toujours assuré de trouver pour toutes les causes, lesquelles partant, comme signe de la direction des esprits et de la valeur d'un système, ne prouvent rien, qui en politique proprement dite, par la très grande position sociale de ses adhérents, possède encore une très réelle importance (à condition d'aller chercher un chiffre significatif à gauche), mais qui depuis un demi-siècle n'a pas inspiré un seul livre de valeur, et qui dans le domaine de l'intelligence, sur ces champs de bataille de la pensée pure où se livrent les grands combats qui tranchent les destinées du monde et fixent l'avenir des nations, sur l'ordre du jour de la pensée philosophique peut être considérée comme ayant subi une radiation définitive. Manifestement impuissant, les événements l'ont assez prouvé, à fonder lui-même un gouvernement, en raison du vice de sa conception, comme appoint, en raison de

---

1. Il est entendu que je ne parle ainsi que de la tradition politique.

l'opulente dot d'esprit conservateur, de force traditionnelle qu'il apporte avec lui, le légitimisme a une valeur inexprimable, peut-être décisive.

D'autre part, lutter contre la tradition, la nier, la tourner contre soi me semble sotte mutilation de soi-même, suicide partiel, chimère insigne, faute extrême, et contre le radicalisme je ne trouverais pas de parole qui suffît à exprimer mon dédain. A ce point de vue, il en est encore des forces morales comme des forces naturelles, et de l'analogie jailliront naturellement, successivement toutes les conséquences. A les nier, vous ne ferez pas qu'elles n'existent pas. Tâchez plutôt de vous en servir, car si elles ne travaillent pas pour vous elles travailleront contre. Et si l'on prenait à tâche d'approfondir la notion de la tradition, peut-être entre elle et la pesanteur ne serait-on pas sans apercevoir des analogies. Elle résulte en somme d'une attraction vers le passé; elle est la force centripète qui rappelle à l'unité, opposée à la raison qui est la force centrifuge. Et toujours ce que vous retrouverez au dernier fond de tout ce qui existe : l'un et le plusieurs. Ici se révèle l'infinie supériorité du christianisme, l'incommensurable distance entre sa conception de Dieu, du monde et de leurs rapports, et toutes les autres. Voyez seulement et ouvrez les yeux : Une poignée de musulmans grossiers a conquis l'immense et intelligente Inde brahmanique, du même sang que nous. Pourquoi? Parce que le mahométisme qui ne s'écarte, dit Leibniz, d'aucun des grands dogmes de la théologie naturelle, qui est en somme une secte juive, distingue Dieu du monde, par là supérieur au brahmanisme qui absorbe l'un dans l'autre. Hindous et musulmans, une poignée d'Anglais les a soumis et les gouverne. Pourquoi? Parce que dans la conception dualiste de Dieu et du monde

des Juifs et des musulmans, le monde est écrasé par
Dieu, la force centrifuge anéantie. Dans l'homme le
ressort des caractères est brisé, la personnalité sans
laquelle pas de morale, démesurément affaiblie, et
l'équilibre rompu entre les deux forces qui font le
monde. On aboutit en principe à ce fatalisme indolent,
cette torpeur, cet engourdissement d'âme, ce λόγος ἀργός
de Leibniz dans sa *Théodicée*, juste l'opposé de l'ἐνέργεια
d'Aristote, cette force au repos qui ne produit rien,
qui n'est autre que la prédominance immodérée de
la force centripète.

Règle générale : partout où dans une certaine mesure
la force centripète, la force unifiante prédominera,
l'homme sera écrasé, la moralité tarie dans ses sources :
vous aurez une façon de Turcs. Hommes ou nations,
en conflit avec des gens d'une doctrine mieux équilibrée,
dans la bataille de la vie, ces Turcs seront infailible-
ment battus. Ils n'en mourront pas. En général les
grandes doctrines ne meurent pas. Le judaïsme n'est
pas mort, et ne mourra pas, ni le mahométisme, ni le
brahmanisme, ni le bouddhisme. Correspondant à de
certaines hypostases de l'âme humaine, ils dureront
autant qu'elles. Ce qui se modifie, ce qui meurt, c'est
leur position relative sur la scène du monde. Question
de prééminence, nullement de vie et de mort. La force
des choses est qu'à la doctrine qui exprime et possède
le mieux les équilibres du monde moral, l'hégémonie
du monde politique appartienne « ἀξιωτέρῳ », disait
Alexandre mourant, et que devant elle les autres bais-
sent pavillon. Cela a toujours été, cela sera toujours.

σὺ δὲ φράζεσθαι ἄνωγα (*Od.*, I, 269).

C'est à quoi il faut toujours songer et se persuader que
la source de la supériorité des nations chrétiennes est

dans leur conception de l'un et du plusieurs dans Dieu, d'où découle celle de ses rapports avec le monde. L'équilibre du monde moral, le foyer de l'activité qui fait leur force, n'est pas ailleurs, et un de mes étonnements a toujours été de voir la pente de certains grands esprits vers l'unitarisme, lequel ne me semble en somme autre chose que la forme philosophique du judaïsme, et les progrès que cette doctrine fait aux États-Unis dans les classes éclairées. Pour ma part, ce mouvement des intelligences, je ne puis me défendre de l'envisager comme un recul.

Un illustre prélat italien, Mgr Nardi, avec lequel je suis heureux de me rencontrer, dans une lettre récente adressée au journal *l'Univers*, exprimait de la sorte la même idée :

« ..... Sur la terre il y a deux juges (de la valeur des conceptions religieuses) : le premier s'appelle la conscience, et celui-ci, à la rigueur, on peut le faire taire ou même le pervertir. L'autre s'appelle l'histoire, et il n'y a pas moyen de faire taire ce juge ou de le faire mentir. Eh bien ! nous en appelons à ce dernier : qu'on compare le sort des États qui sont restés fidèles à l'enseignement de l'Évangile, avec celui des États qui s'en sont éloignés ; qu'on compare les différentes pages de l'histoire de France, le siècle de Louis XIV, avec le siècle qui a commencé par le reniement solennel des vérités chrétiennes. »

L'appréciation historique de Mgr Nardi est fort contestable, et peut-être y a-t-il naïveté à nous parler de notre prospérité dans la période de Louis XIV postérieure à la révocation de l'édit de Nantes. Donc, je laisse à Mgr Nardi la responsabilité de sa mineure. Mais sa majeure, l'idée générale sur laquelle il appuie son raisonnement, je la tiens pour absolument incon-

testable. De tous les ferments qui agissent sur l'âme
des peuples et développent ou paralysent leurs éner-
gies, aucun ne fut, ne sera jamais si puissant que les
religions. La religion n'est certes pas la politique ; il
les faut distinguer avec le soin le plus extrême, surtout
depuis le dernier concile du Vatican. Mais entre la religion et la politique il y a un lien de conséquence, et
c'est à leur politique que se jugent les religions.

Morpholatrie de la tradition, négation de la tradition,
deux erreurs à extirper de nos esprits, deux maladies
contraires, mais à peu près équivalentes, deux réformes
à opérer dans nos habitudes intellectuelles.

Par tournure d'esprit et de caractère, semblable à
ces cavaliers qui n'aiment pas mettre pied à terre, je
redoute en général le terrain pratique sur lequel je me
sens très faible, et m'y aventure le moins possible.
Cependant on m'y appelle. « Votre tradition, me
dit-on, présentement où la mettez-vous? Vous prétendez que sa nature est une perpétuelle métempsychose,
qu'elle émigre d'une forme dans une autre sans s'inféo-
der à aucune, et que dans le mécanisme politique elle
n'a pas de place fixe et déterminée. Dans les circonstances où nous sommes, la tradition exilée de son
apanage naturel, l'hérédité dans la transmission du
pouvoir exécutif, puisqu'il faut bien, vous le recon-
naissez, qu'elle soit quelque part, où voulez-vous
qu'elle soit? » Dans vous-mêmes, répondrai-je. Dans
vos cœurs, dans vos âmes, dans le cœur et l'âme de la
France. Si elle n'y est pas, si vous ne faites pas qu'elle
y soit, le reste est vain. Ne pensez pas qu'une forme
quelconque puisse en tenir lieu et marcher toute seule.
Si elle y est, je ne dirai pas, à Dieu ne plaise, que la
forme politique soit indifférente, ce qui excèderait de
beaucoup ma pensée. Mais comme le Sage d'Horace,

quelles que soient les circonstances, gardez votre sang-
froid. Ne vous troublez pas, ne vous alarmez pas, *nil
admirari*. Soyez certain que si la tradition vit dans le
cœur de la France, elle saura bien dans un temps donné
se faire sa place au soleil, et, pour emprunter un instant
le langage de Kant, si elle existe sujectivement elle saura
bien s'objectiver elle-même. Le tout est donc de faire
qu'elle pénètre dans les veines et dans l'âme de la France,

manet
In venas animumque meum.

Et pour cela, pour la lui présenter sous une forme qui
lui agrée, pensez-vous que le mieux soit de la condenser
en une pilule qui sente le moisi? J'en doute.

En fait de respect et d'entente de la tradition, nos
maîtres, tous le savent, sont de l'autre côté de la
Manche, et pour ce qui concerne la tradition politique,
nous pouvons nous mettre à l'école de la vieille Angleterre. Or, je le demande : connaissez-vous un instrument formel qui s'appelle la constitution anglaise
et ait pour objet d'y circonscrire et déterminer la tradition? cette constitution est-elle autre chose qu'un
esprit résultant d'une série d'actes antérieurs qui s'en
dégage par voie d'interprétation continue, une méthode
que l'on applique aux solutions quotidiennes de la politique tellement souple, tellement élastique qu'en ce
qui concerne la détermination des formes gouvernementales, il est absolument impossible de dire où elle
ira, où elle n'ira pas. Hormis changer une femme en
homme, et un homme en femme, l'axiome est que
le Parlement peut tout. Qu'est ceci, sinon tradition
esprit, variabilité de types, négation du déterminisme.

« Ne jamais innover nous dit Macaulay [1], excepté

1. *Guill.*, III, 1 vol.

lorsque le mal se fait sentir, ne jamais innover au delà de ce qui est nécessaire pour se débarrasser du mal, telle est la règle qui depuis l'époque du roi Jean jusqu'à celui de la reine Victoria a généralement guidé les délibérations de nos 250 parlements. »

La théorie de la tradition telle qu'elle est comprise et pratiquée en Angleterre est tout entière dans ces quelques lignes, et l'on remarquera que les limites de l'innovation n'y ont jamais été l'objet d'aucune détermination sacramentelle. « Ne jamais poser un principe plus étendu que le cas particulier auquel il est nécessaire de pourvoir, » dit encore Macaulay.

Les circonstances étant ce qu'elles sont, il n'y a pas lieu de modifier la forme du pouvoir exécutif, solution d'un cas particulier. Quelles que soient les circonstances, on ne saurait modifier la forme du pouvoir exécutif, règle générale.

L'opinion du grand penseur Thucydide est sur ce point analogue à celle de Macaulay. Voici le discours que dans son VIe livre (89 et suivants) il met dans la bouche d'Alcibiade parlant aux Spartiates, les traditionalistes de l'ancienne Grèce. — Alcibiade, mince autorité, direz-vous, le moins honorable des hommes. — J'en conviens. Mais intelligence supérieure, et ici est-ce Alcibiade qui parle ? N'est-ce pas plutôt Thucydide, Thucydide pour moi le prince des historiens politiques [1].

Je proteste qu'en ce qui concerne le sens, la substance, ma traduction, bien qu'un peu libre dans la forme, est cependant fidèle. A l'exemple des musiciens qui transposent un air pour l'accommoder à leur organe, et changeant les notes, conservent la mélodie, pour rendre

---

1. Sur ce discours d'Alcibiade M. Grote fait cette très juste observation que Thucydide, alors lui-même exilé et résidant à Sparte, dut assister à cette assemblée et entendre Alcibiade.

sensible leur application aux choses présentes, aux mots
et formules antiques j'ai dû substituer leurs analogues
contemporains.

> Licuit semperque licebit
> Signatum præsente nota producere nomen.

« Je suis d'un sang, disait Alcidiade aux Lacédémoniens, qui eut toujours la passion de la liberté, la haine
des tyrans, l'horreur du pouvoir absolu[1]. Tout gouvernement libre[2] qui n'appartient pas à un seul et s'exerce
au profit commun peut s'appeler république, et dans le
langage usuel en reçoit fréquemment l'appellation[3].
Mon dévouement à la cause libérale fut à Athènes la
cause de ma fortune politique et de mon crédit sur mes
concitoyens[4]. J'ai cru nécessaire de suivre le courant
de l'opinion publique en ce qui concerne la forme politique afin d'avoir action sur cette opinion[5]. Assurément notre forme politique, notre état social sont fort
loin d'échapper à la critique et d'être exempts de périls.
Il n'y manque pas, il n'y manquera jamais de ces gens
qui par fausseté d'esprit poussent les idées à leurs
dernières conséquences ou au profit de leurs ambitions,
flattent les stupides passions de la multitude[6]. Ces
gens, je n'en suis pas[7]. Je suis même plutôt leur victime[8]. Modéré par nature, si j'ai adhéré à la constitution

1. Τυράννοις ἀεί ποτε διάφοροί ἐσμεν.
2. Πᾶν δὲ τὸ ἐναντιούμενον τῷ δυναστεύοντι δῆμος ὠνόμασται.
3. Lafayette en 1830 : « Sire, vous êtes la meilleure des républiques. »
4. Ἀπ' ἐκείνου ξυμπαρέμεινεν ἡ προστασία τοῦ πλήθους.
5. Ἀνάγκη ἦν τοῖς παροῦσιν ἔπεσθαι.
6. Οἳ ἐπὶ τὰ πονηρότερα ἐξῆγον τὸν ὄχλον
7. Ἐπειρώμεθα μετριώτεροι εἶναι.
8. Οἵπερ καὶ ἐμέ ἐξήλασαν.

politique que les circonstances, les antécédents ont imposée à mon pays [1], c'est parce qu'en politique il faut s'accommoder au possible pour se l'accommoder [2], et que dans le domaine du possible l'essentiel est de sauver la liberté. Parmi les formes politiques possibles, la meilleure est celle qui, sans compromettre l'ordre, donne le plus de liberté [3], celle où selon la belle pensée de Kant le droit de tous qui est la sécurité sociale, et le droit de chacun, l'action politique individuelle atteignent en se faisant équilibre le niveau le plus élevé [4]. Cette forme politique, quelle qu'elle soit, mon devoir a été de la servir [5]. Je ne suis point aveugle à ce point d'en méconnaître les côtés faibles. Quiconque a des yeux les aperçoit [6]. Si je le croyais à propos, je ne serais pas embarrassé de faire son procès et lui dire ses vérités [7]. A quoi bon? Ces inconvénients nul homme sensé ne les conteste, et sur ce sujet il n'y a plus qu'à ressasser des lieux communs [8]. Mais les circonstances étant ce qu'elles sont, toute autre solution appartenant au domaine non du possible et du réel mais de l'utopie, l'alternative n'existant pour nous qu'entre ce que nous avons et la tyrannie, j'ai cru qu'il y aurait péril pour

1. Ὅπερ ἐδέξατὸ τίς.

2. Ξύμπαντος προέστημεν.

3. Ἐν ᾧ σχήματι ἐτύγχανε ἐλευθέρωτατη οὖσα.

4. Ceci est plutôt la conséquence de l'idée de Kant que son idée elle-même qui est celle-ci : « Le *droit* est l'ensemble des conditions selon lesquelles la liberté de chacun s'accorde avec la liberté de tous, selon des règles générales. » Les deux termes étant corrélatifs, si le *droit* est un certain équilibre de libertés, la *liberté* sera un certain équilibre de droits.

5. Τοῦτο ξυνδιασώζειν.

6. Οἱ φρονοῦντες τί.

7. Καὶ λοιδορήσαιμι.

8. Οὐδὲν ἂν καίνον λέγοιτο.

nous à faire en ce moment une révolution [1]. L'ennemi du dedans et du dehors [2], César et Bismark sont à nos portes. Nous n'avons plus une faute à faire. »

Tel fut le langage d'Alcibiade. Les Lacédémoniens acquiescèrent. Je crois qu'ils eurent raison.

Je ne voudrais pas me donner le ridicule de parler stratégie; cependant j'entends dire qu'une des règles de la tactique moderne est de se garder de mettre ses corps en évidence, vu qu'un corps apparent est promptement foudroyé, anéanti. Pourquoi? Parce que la guerre moderne opère avec des masses immenses et des moyens de destruction très perfectionnés. Or, je le demande encore : n'en est-il pas à cet égard de la politique comme de la guerre? Les masses y sont-elles moindres, les moyens d'attaque moins redoutables? S'il ne s'agissait que de l'innocente et puérile satisfaction d'afficher un principe de parade, vain et creux décor, passe encore. Mais si dans cette parade, en face d'un ennemi très habile qui n'en fait pas, vous engagez le salut de toute votre armée, si vous compromettez la tradition elle-même et prétendez la rendre solidaire de la forme, hélas! trop éphémère où vous croyez l'avoir incarnée, de quel nom vous appellerons-nous? Je n'admets pas que le tempérament de la France soit radical, et croirais plutôt que son caractère propre est conservateur, que même sur le terrain pratique il n'est que trop enclin à s'asservir à la routine. Ce n'est pas la tradition qui par elle-même l'effarouche et la rebute, mais bien le vêtement déterministe que prétendent lui imposer ceux qui se sont constitués ses champions. Dépouillez-la donc de ce fatal vêtement. Faites-en non

---

1. Οὐκ ἀσφαλές εἶναι τὸ μεθιστήναι αὐτήν.
2. Ὑμῶν πολεμίων προσκαθημένων.

pas telle ou telle institution concrète, non pas l'enve-
loppe de je ne sais quel archaïsme, ou le passe-port du
Césarisme, non pas une machine, un cheval de bois à
introduire dans nos murs,

Ἵν ἐνήμεθα πάντες ἄριστοι
Ἀργείων, Τρώεσσι φόνον καὶ κῆρα φέροντες (*Od.*, IV, 272),

faites-en un esprit, une méthode que, non pas selon
votre entente et votre procédé, Monsieur le Légitimiste,
non pas selon la vôtre, Monsieur le Césarien, — à pour-
suivre l'image, ce serait vous remettre la clef du cheval,

Inclusos utero Danaos, et pinea furtim
Laxat claustra Sinon... (*Æneid.*, II, 258.)

— mais que, selon sa propre guise, ses propres lumiè-
res, sa propre intelligence, chacun de nous doive appliquer à tous les actes privés et publics de son existence,
et affranchi de toute compromettante association, déli-
vré du cortège de fantômes qui l'accompagne et fait
épouvantail, vous verrez tous les cœurs, toutes les âmes
voler vers lui. En Angleterre, la tradition ne fait peur à
personne. Même elle est populaire. Pourquoi? Précisément parce que, mieux avisée que la nôtre, elle se garde
de s'assujettir au déterminisme. Telle est mon opinion.
Quelque jugement que l'on en porte, la doctrine que je
me suis efforcé d'établir dans ces pages en est indépendante. Elle subsiste et garde sa valeur.

Selon moi, le problème politique est, considérant la
tradition comme un esprit, non pas de figer cet esprit
dans une forme inerte et stérile, mais de s'en pénétrer
dans chacun de ses actes, et que ceux-ci ne soient en
quelque sorte qu'une suite de modalités de la tradition,
mais de la tradition se constituant librement elle-même
sans forme sacramentelle déterminée à priori. Je ne

craindrai même pas de faire ici un aveu. Nous savons
tous de quelle façon les protestants conçoivent la tradition et l'unité en matière religieuse : une doctrine commune librement acceptée par de libres intelligences et
livrée dans son application à l'appréciation individuelle
de chacun. En matière de tradition politique je me confesse protestant. Ce protestantisme politique, je maintiens qu'avec le catholicisme en religion il n'a rien d'incompatible, et si les bornes de cet écrit ne me semblaient
atteintes, je me ferais fort d'établir la démonstration de
ma thèse. Et à faire prévaloir l'opinion contraire, quel
profit l'on pourrait se promettre, je ne l'aperçois pas.
On détermine un principe parce qu'un principe est ce
qui ne passe pas. On ne détermine pas une force, parce
qu'une force est essentiellement métamorphiste, qu'elle
est non pas déterminée mais déterminante.

A considérer un peu à fond la chose et ne pas se contenter d'une analyse superficielle, on apercevra que ce
n'est pas la tradition elle-même qui est déterminée par
le catholicisme, mais qu'il emploie la tradition pour déterminer le dogme essentiellement permanent qui le
constitue. Le légitimisme au contraire détermine cette
tradition elle-même, son erreur fondamentale étant de
la considérer comme un principe.

Il est donc une fausse application du catholicisme à
la politique.

Et comme la tradition remonte et rentre au primitif,
c'est ici ce qu'Hégel appellerait l'idée qui se détermine
elle-même et rentre en soi, dernier terme et le plus parfait de l'évolution humanitaire. Nul doute que pour les
nations comme pour les familles la supériorité morale
constituée librement à l'état de tradition, quelle que
soit la forme politique et les vicissitudes de cette forme,
que cette tradition ait un instrument légal ou n'en ait

pas, ne soit l'unique et vive source de toute prospérité, de toute grandeur. OEuvre ardue, j'en conviens, que la plus nombreuse portion du genre humain aura toujours peine à comprendre. Il lui faut, comme aux Hébreux d'Aaron, « des dieux qui marchent devant elle », des principes qui soient forme, une tradition qui tousse, qui mange, qui crache. Autre elle n'y croira pas. Semblable aux Mégariens, de la Fable, il lui faut le cheveu d'or de Nisos : elle y attache son salut. Cette très nombreuse portion du genre humain, il ne s'agit pas de tirer l'épée et d'en tuer 23,000 en un seul jour comme Moïse, mais simplement de l'inviter à un silence modeste et passer derrière le rideau.

Θερσῖτ' ἀκριτόμυθε, λιγύσπερ ἐών ἀγορητής
... ἀτρέμας ἧσο, καὶ ἄλλων μῦθον ἄκουε [1].

Résumons ce travail issu tout entier de l'impression faite sur mon esprit par quelques vers d'Aischyle.

Dans la première partie, considérant le positivisme comme le mal philosophique du temps où nous vivons, je me suis efforcé d'établir qu'à tout prendre, moralement et matériellement, la société française est encore la plus exempte de ce mal, la plus saine, la plus vigoureuse de l'Europe actuelle, celle où il y a le moins d'idées fausses dans les fortes têtes, le plus d'intérêts engagés au corps social. J'affirme que les étrangers sont très frappés du spectacle que depuis plusieurs années elle leur a donné, subsistant par elle-même à la suite de catastrophes épouvantables, *mole sua stat*, à peu près sans organe gouvernemental, calme cependant et prospère. Dans ce fait extraordinaire, ils voient une preuve sans réplique tout à la fois de l'admirable vigueur du

1. *Il.*, II, 246, 200.

corps social et de l'extrême gravité du mal politique. Là
est la source de la sympathie dont ils nous honorent.

Dans la seconde, de ce que notre maladie n'est pas
sociale, concluant qu'elle est et ne peut être que politique, je me suis efforcé de connaître ce qui la constitue.
J'ai trouvé sa racine, sa cause efficiente dans la divergence des idées sur la nature et le rôle de la tradition en
matière politique. Là est en effet le point précis où les
esprits éclairés, les caractères honorables se séparent
pour ne plus se rencontrer et se combattre dans ces fatales luttes où s'épuisent nos forces.

Je ne prétends certainement pas que cette maladie politique soit la seule dont nous soyons atteints, et sais
que malheureusement l'énumération pourrait être longue. Je maintiens que parmi les idées politiques fausses
qui nous affaiblissent en nous divisant, il n'en est pas
de plus fondamentale ni de plus générale que celle-ci,
partant pas de plus redoutable.

Sur la nature et la fonction de cette tradition, j'ai
comparé et discuté les idées, le système de chacun de
nos partis politiques. Aucun d'eux ne satisfaisant mon
esprit, j'ai dû présenter une solution différant à de certains égards de toutes les autres, ayant cependant avec
chacune des points communs. Avec les hommes de gauche, je me refuse péremptoirement à faire de la tradition un principe. Avec les hommes de droite, je lui
rends hommage comme à l'une des bienfaitrices et l'é-
ducatrice de l'humanité. Contre le déterminisme positiviste, je suis pour l'indéterminisme de la volonté humaine. Contre le déterminisme morpholatrique, je suis
pour l'indéterminisme de la tradition politique.

Je regarde que ces deux déterminismes se rattachent
l'un à l'autre, que tous deux résultent en somme de la
sujétion de l'esprit à la matière, à des formes, à des cir-

constances antérieures, de ce qui est libre par essence
à ce qui ne l'est pas. Dans l'école de la tradition politique
déterminée, je crois reconnaître une certaine dose de
positivisme, et que dans une classification scientifique
des doctrines humaines celle-ci apparaîtrait comme un
rameau de la philosophie positiviste.

Étranger à tout esprit de parti, absolument dégagé de
tout fanatisme morpholatrique, puisque précisément
l'objet de ces pages est de réagir contre le formalisme et
le déterminisme, je n'ai voulu que traiter philosophiquement selon mes forces un point très spécial et tout à
fait théorique de doctrine politique.

Au demeurant, en fait de tradition, tout le reste est
une épée dans le fourreau, pour ne pas dire une arme
à déposer au musée de l'histoire. Celle-ci, quelque opinion que l'on ait de sa valeur relative, quelque préférence théorique que l'on garde pour une autre, dans les
circonstances présentes, est la seule arme dont nous
puissions faire usage. Fussions-nous à l'état de naufrage, ce que plusieurs prétendent[1], ce que pour ma
part je conteste formellement, dans un naufrage, la
première épave qui vous passe à portée, on s'y cram-
ponne et l'on attend ainsi ce que l'avenir vous réserve.
Épée ou épave, à l'heure présente, à la place où nous
sommes, le système que j'expose est le seul que notre
main puisse saisir. Nous n'avons plus le choix. Sur le
terrain pratique, le terrain du possible, il demeure seul.
Tout le reste a disparu. Ou il nous faut renoncer à la
tradition, et dans l'Europe que les événements nous ont
faite, en face de peuples encore nantis de ces deux organes, ces deux forces, la tradition et la raison, dans la
bataille de la vie nous poser réduits à une seule, comme

1. Voir le discours d'Ulysse, Préface, page II.

une armée de manchots allant combattre une armée
d'hommes à deux bras, ou, si nous voulions encore la
tradition, une tradition qui vive et qui agisse, et, philosophes contemplatifs, ne pas nous retirer, comme la fille
de Jephté[1], sur les montagnes, cette tradition il nous la
faut entendre et pratiquer selon le système de l'indéterminisme.

Je prie donc qu'on lise ce travail dans l'esprit où je
l'ai écrit : celui d'une simple et sincère recherche de la
vérité. Puisse celle-ci triompher, et l'avantage demeurer
à l'opinion la meilleure. Νικώη δ'ὅτι πᾶσιν ὑμῖν μέλλει συνοίσειν.

1. Juges, XI :

37. « Accordez-moi seulement, ajouta-t-elle, la prière que je
vous fais : laissez-moi aller sur les montagnes, afin que je pleure
ma virginité.

38. Jephté lui répondit : Allez... Elle allait donc avec ses com-
pagnes et ses amies, et elle pleurait sa virginité sur les montagnes. »

Pleurer sa virginité, cela veut dire pleurer de n'être bon à
rien.

DU

LIBÉRALISME CATHOLIQUE

———

Vers la fin de son *Timée*, Platon écrit les lignes suivantes : « A l'exemple de l'harmonie que nous avons
reconnue dans l'univers, il ne faut pas accoupler deux
ennemis pour qu'ils produisent dans le corps des
guerres et des maladies. Mais il faut produire la santé
par l'union des choses amies. »

Aux circonstances présentes si pleines de trouble, je
voudrais appliquer cette pensée de Platon et mettre en
quelque sorte ce travail sous le patronage de la grande
idée platonienne que, de même que du monde physique,
l'harmonie est la loi, la vie du monde de l'intelligence.
Car des deux mondes le Dieu est le même : un Dieu
bon qui, dans l'un et l'autre, s'est proposé une même
fin : le Bien.

Harmonie comporte rapport entre deux termes. A considérer chaque terme séparément, nous avons l'unité, à
considérer les deux ensemble, la diversité. C'est donc ici
en somme le rapport de l'un et du plusieurs.

LIVRE I

DU RAPPORT DES RELIGIONS

ET DES POLITIQUES

CHAPITRE I

QU'IL EXISTE UN RAPPORT ENTRE
LES RELIGIONS ET LES POLITIQUES

Le travail que j'entreprends repose sur l'idée d'un rapport entre les religions et les politiques. Avant d'étudier ce rapport, ma première tâche est de montrer qu'il existe. Donc, je ne traite pas ici des causes de cette relation, sa nature, ses conséquences. Quelle qu'elle soit en elle-même, je me borne à la constater. J'aborde, comme cela est mon droit, la thèse par le plus petit bout et le plus accessible. Si je parviens à établir qu'il existe un rapport entre les religions et les politiques, cela suffit à ma tâche présente. Le reste viendra plus tard.

Pour constater un fait, le mieux est de le voir. Partons en voyage.

Nous voici à Constantinople. Entrons à Sainte-Sophie.
Donnons-nous le spectacle d'un office religieux musulman. Combien le sentiment qui anime cette foule immense est profond et véritable ! Voilà des gens dont on
ne dira pas que la foi a défailli. Combien, à ce point de
vue, ces hommes sont supérieurs à presque toutes nos
sociétés européennes. Si l'on admet que dans un peuple
l'esprit religieux soit une force [1], il faut reconnaître que
ces gens la possèdent plus que nous. De plus, le Dieu
qu'ils adorent est en somme le Dieu véritable. Je ferai
voir qu'Allah n'est autre que le Dieu judaïque, le Dieu
d'Abraham, et prie que l'on me fasse un peu crédit.
Voilà donc des gens qui ont une religion très auguste,
un culte infiniment respectable. Cependant, sortis de
leur mosquée, eux ne le sont pas. Dans ce monde musulman, il en est de leur personne morale comme de
leurs villes. De loin, cela se présente bien, de près, c'est
hideux. J'ose dire qu'en général, sauf d'honorables
exceptions, le Turc de Constantinople du moins — car
le Turc des provinces reculées, le Turc primitif, patriar-
cal, je ne le connais pas et n'en parlerai pas, — le Turc
de Constantinople n'est pas respectable. Leurs femmes
moins encore. Tous les défauts, tous les vices, toutes les
souillures qu'engendrent l'ignorance, l'inertie, la vanité,
la misère jointe à la dépravation morale, se sont donné
rendez-vous dans leurs âmes. Ces grandes dames que
vous voyez circuler dans de brillants équipages, escor-
tées d'officiers de harem blancs et noirs, le sabre à la
main, étincelantes de toilette, ne sont au fond que de
vulgaires servantes gonflées de toutes les passions les
plus basses, les plus venimeuses qui puissent remplir
une âme féminine. — « Nos femmes, ne m'en parlez

1. Δεινὸς ὃς θεοὺς σέβει, dit le poète Aischyle, 581.

pas, » répondait un jour à un interlocuteur indiscret, avec une nuance d'ironie inexprimable, devant l'auteur de ces pages, un Turc parfaitement distingué et intelligent. Leurs enfants sont de petits vauriens. C'est une erreur de croire que dans le Koran Mahomet exclut les femmes de son paradis. Sa morale, à peu près toute hébraïque, et là où elle diffère de celle-ci, plutôt supérieure, grâce à quelques emprunts faits au christianisme, un certain esprit de douceur, de charité envers les faibles, les pauvres, même les bêtes, est assurément très belle. Cependant vous pouvez admettre que de cette troupe d'hommes et de femmes il s'en faut de peu que toute morale pratique puisse être considérée comme absente. Du haut en bas de cette société, des plus grands aux plus petits, et plus on monte, plus cela se gâte, des plus vieux aux plus jeunes, leur unique industrie est le vol. Mauvais métier qui leur réussit mal. Tout leur échappe. Sauf un petit nombre de puissants larrons qui, dans le maniement des affaires publiques, se sont amassés de scandaleuses fortunes, le reste est un tas de misérables sans industrie, sans capital, sans instruction, sans commerce, sans moyens d'existence. Toute affaire qui requiert un capital quelconque, une certaine activité intellectuelle, est aux mains des Grecs, des Arméniens, des Francs. A eux appartiennent ces steamers qui sillonnent les eaux resplendissantes de la Corne-d'Or et du Bosphore, à eux les voitures, les tramways, les magasins, les boutiques. Le Turc, s'il fait le commerce, n'a qu'une échoppe. Chez lui, dans sa propre maison, sa capitale politique, il est passé à l'état de prolétaire, mercenaire, valet salarié de l'Européen, que dis-je? de ses propres sujets. Voyez-vous ici un effet de race, de sang? Cela est fort commode d'expliquer ainsi les choses. Mais, en général, l'explication a peu de valeur.

« Peu de différence d'homme à homme, nous dit un très
grand penseur, très profond observateur de l'humanité[1].
Ce qui fait la force des uns, la faiblesse des autres, c'est
le système dans lequel ils se sont formés. »

Si Constantinople ne suffit pas pour vous donner à réfléchir, vous poser le problème du rapport des religions
et des politiques, allez au Caire. Même spectacle, mais
plus accentué. Toujours le même problème, mais écrit
en caractères de plus grandes dimensions, en majus-
cules telles que pour ne les pas voir il faut être aveugle.

Le sultan est assurément à Constantinople un haut et
puissant seigneur qui rejette tout dans l'ombre, absorbe
toute vie dans son écrasante personnalité. Toutefois, il
est manifeste qu'au Caire le khédive est à plusieurs
égards un plus puissant seigneur que son suzerain, en
ce sens que l'Égypte, cette terre merveilleuse, la plus
belle du monde, appartient au vice-roi plus que la Turquie n'appartient au sultan, malgré sa suprématie politique et religieuse. Il est quelque chose comme un duc
de Bourgogne. Et, d'autre part, ses sujets, descendants
directs de la vieille race gouvernée par ces Pharaons en
regard desquels Moïse est un jeune homme, ces pauvres
infortunés fellahs dont le visage reproduit fréquemment
le type de leur antique sphynx couché aux pieds des
Pyramides, sont encore plus abaissés, plus misérables,
plus corrompus que les prolétaires de Constantinople,
supérieurs toutefois en ces deux points, qu'ils sont doux
et laborieux. Leur travail, ils en profitent peu, les infortunés ! Il est admis par les personnes les mieux in-
formées que du fruit de ce travail obstiné sur la terre
la plus généreuse du monde, ce qu'on leur laisse pour

---

1. Thucydide, I, LXXXIV, 4. Pindare exprime la même pensée.
Isthm., III, 8.

l'entretien annuel d'une personne humaine, nourriture
et vêtement ne dépasse pas une valeur moyenne de
quinze francs. Quatre centimes par jour pour subsister. Le reste passe aux mains du gouvernement, c'est-à-
dire du khédive. Quel voleur[1] !

en a toujours été ainsi. Diodore de Sicile affirme
que de son temps il n'en coûte que 20 drachmes (environ, je suppose, 200 francs, valeur actuelle) pour amener
un enfant à âge d'homme. Et à la même époque, au
rapport d'Appien, le second Ptolémée laissa un trésor
officiellement constaté s'élevant à la somme fabuleuse
de 74,000 talents, ou 3 milliards 700 millions de
drachmes, valeur actuelle dix ou onze fois plus, c'est-
à-dire quelque chose comme quarante milliards. Voilà
de quoi faire pâlir les Allemands.

Terre maudite où le fort ne cessa jamais d'écraser le
faible.

Et en regard de ces deux uniques personnages
du monde musulman, le maître et l'esclave (je ne
compte pas comme personnages distincts les favoris, les
valets et les femmes), voici qu'un troisième acteur est
récemment entré en scène. Qui l'a introduit ? Le maître
lui-même. Pourquoi ? Ne pensez pas que ce soit pour le

---

1. Ces pages étaient écrites avant la déposition d'Ismaïl-Pacha.
Je n'y change rien, convaincu qu'avec ses successeurs, ce sera
tout pareil.

Tewfik-Pacha est cependant, tous l'affirment, un prince singulièrement honnête et respectable, qui, fervent pour sa religion,
nullement sceptique comme tant d'autres, vit à la chrétienne,
avec une femme unique, et, chose étrange pour un musulman,
mange avec elle.

Mais, sauf pour les hommes très supérieurs, la force de l'individu est impuissante contre celle d'un système.

Un souverain musulman de caractère honorable est une si rare
merveille que l'on ne saurait trop lui rendre hommage.

bien de son peuple, une telle pensée étant absolument
étrangère à la tête d'un prince musulman, de ces choses
ridicules, saugrenues qui ne se présentent pas sérieusement à l'esprit. Cela ne s'est jamais vu, ne se verra
jamais. Non, il s'agissait de tout autre chose. Fonder sa
grandeur propre, sa puissance politique, sa dynastie,
relâcher dans la mesure du possible ses liens de vasse-
lage. Les moyens matériels par lesquels se fonde une
puissance politique, on était assez intelligent pour s'en
rendre compte. La tâche était donc de mettre de l'ordre,
de l'honnêteté — denrée très inconnue dans le pays —
dans l'administration, de l'intelligence dans l'exploita-
tion de cet immense domaine comprenant la propriété
d'une très forte part de ce sol sans rival[1], d'organiser
une flotte, une armée, une finance, des travaux publics.
On fit appel à la science, l'activité, l'honnêteté[2], les capitaux de l'Europe. Ainsi évoqué, l'élément européen
est arrivé. A une époque déjà lointaine, dans un premier voyage, l'auteur de ces pages vit l'aurore de son
avènement. Après un long intervalle, en 1876, puis en
1879, il l'a retrouvé. Quel changement de scène ! C'était
un pygmée, c'est un géant. Le commis est devenu
maître, le maître, serviteur. Alexandrie est une cité européenne, même le Caire. Le splendide petit quartier
européen qui par le caractère des constructions fait
songer au Ring de Vienne, est la vraie ville, la *station*,
dirait un anglo-indien, dont la grande cité arabe n'est
proprement que le faubourg, l'appendice. A ce petit

1. En 1876 on m'articulait en chiffres que je n'ose répéter.
2. Pour être véridique et traduire fidèlement les renseignements
que l'on m'a transmis, je devrai peut-être en ce qui concerne un
certain commerce, atténuer ce mot en y joignant une épithète
assez fâcheuse, et dire « l'honnêté relative ».
Je ne parle ici que de l'honnêteté administrative.

point tout ressortit, tout s'y concentre, affaires, capitaux, administration. Il est la tête qui pense, qui commande, qui opère. Le maître de ce petit point microscopique, cet Européen étranger évoqué par vous, ne pensez pas pouvoir l'expulser. Vous n'êtes plus de force. Vous êtes le commandité, il est le commanditaire, le juge puisque ses tribunaux jugent et condamnent le khédive lui-même, qui, après les avoir appelés, serait, je crois, charmé de s'en défaire. Mais juges, juristes, barristers, avoués, toute la bande à la suite, garantis par des traités internationaux, ce sont gens dont on ne fait pas ce qu'on veut, dont il n'est pas facile de se débarrasser.

Comment en serait-il autrement? Si vous mettez en présence deux populations dont l'une ait l'activité, l'intelligence, la science, tout ensemble le capital produit et les facultés qui le produisent; l'autre rien de tout cela : où sera la force, où passera la puissance? Elles-mêmes ont désormais la conscience de cette supériorité et de leur propre déchéance. Mahomet au fond de son âme se reconnaît vaincu. Après avoir par une loi spéciale de son Koran prohibé toute reproduction sculptée ou peinte de la figure humaine comme outrage à son Dieu et invitation à l'anthropomorphisme, le voici qui, pour obéir à un sentiment tout européen, sur les deux grandes places d'Alexandrie et du Caire, a de ses propres mains érigé les deux statues équestres en bronze — très belles même — des deux fondateurs de la dynastie. Devant cet outrage à sa foi, son peuple passe, baisse la tête, soupire peut-être. Il me semble que ce silence est un hommage de l'esprit musulman à l'esprit européen.

Et puisque nous sommes en Égypte, comment ne pas remarquer que c'est ici véritablement et proprement la

terre des contrastes. Partout, en toute chose le contraste
se révèle aux yeux de l'intelligence comme à ceux du
corps, contraste entre l'absolue stérilité et une fécondité
sans rivale, — l'Égypte est une émeraude enchâssée
dans l'or du désert — contraste entre son ancienne
splendeur et son abaissement présent, entre l'écrasante
magnificence, la permanence de ses vieux monuments,
la caducité de ceux d'aujourd'hui, l'éternelle jeunesse
des pyramides et la précoce décrépitude de ses palais d'hier qui tombent en ruine, contraste entre l'extrême misère des sujets et l'extrême opulence du souverain, contraste entre cette opulence elle-même et une
position très dépendante, très semblable à l'indigence,
juste conséquence de ses prodigalités. Et au-dessus de
tous ces contrastes il en est un plus grand que tous les
autres qui s'empare fatalement de l'esprit et pose in-
cessamment son problème : j'entends le contraste entre
le monde musulman et le monde européen, quelle que
soit la valeur individuelle des gens par lesquels il est
ici représenté, doués à tout le moins de cette qualité
toute chrétienne, le diable au corps, parce que nulle
part peut-être ce contraste n'apparaît en traits plus nets,
plus saisissants. Plus loin je dirai pourquoi, ici, je me
me borne à constater le fait. Or, comme le monde européen est en somme un monde chrétien, il est bien
difficile que la constatation du fait ne lance pas l'esprit à
se poser le problème plus général de la nature du rapport qui rattache les religions aux politiques.

Hésitez-vous? A la suite d'un livre de voyages, enfon-
çons-nous au cœur de l'Afrique. Là, sur je ne sais combien
de théâtres, avec une constance qui donne à réfléchir,
se produit un fait fort remarquable : partout où dans ce
monde fort grossier, au milieu de peuplades fétichistes,
il s'en rencontre une qui embrasse l'islamisme, elle

deviendra maîtresse des autres. Ce phénomène a été si souvent constaté, est tellement général, tellement certain qu'il comporte nécessairement une cause générale. Et quelle cause, sinon la solidarité des religions et des politiques? Et veuillez remarquer ceci : par rapport à l'islam les rôles sont renversés. Au Caire il cède la place d'honneur, il la saisit un peu plus loin, et nous voyons les sociétés se superposer l'une à l'autre et se coordonner en raison de leur religion comme les liquides en raison de leur pesanteur spécifique. Soyez certain que d'aussi grandes choses ne se font pas sans de grandes causes, et que le mot profond d'Aristote sur les révolutions s'y applique [1]. Une majesté noire et son peuple, ce sont ici sans doute de bien humbles acteurs, un bien modeste théâtre, de bien petits faits. Sont-ils dignes d'attention? Ont-ils quelque chose à nous apprendre? Assurément. C'est dans les êtres les plus inférieurs que l'on étudie et découvre le mieux les lois de la vie.

Indiquer tous les lieux, toutes les époques, toutes les circonstances où ce grand fait de la solidarité des religions et des politiques s'est manifesté, ne saurait entrer dans le plan de ce travail. Bien que je n'aie touché que deux religions, et qu'au fond il y en ait trois dans le monde — pas davantage — je pense en avoir dit assez pour que le fait soit accepté comme incontestable. Encore une fois, je ne l'explique pas encore. Je me borne à le constater comme fait tellement général, qu'inductivement l'esprit est amené à l'envisager comme l'expression d'un rapport nécessaire, d'une loi.

1. Οὐ περὶ μικρῶν ἀλλὰ ἐκ μικρῶν (*Pol.*, V, III, 1).

CHAPITRE II

EN QUEL SENS LE RAPPORT
EST NÉCESSAIRE

La corrélation admise, la tâche est de connaître sa nature, ses causes, ses conséquences.

Montesquieu, n'est pas sans traiter ce sujet; une intelligence de cette portée ne pouvait passer à côté sans l'apercevoir et ne devait pas s'y méprendre absolument. Il y consacre deux livres entiers, XXIV et XXV, de l'*Esprit des lois*. Je confesse que cette partie de son œuvre me satisfait médiocrement. Les pensées vraies et profondes, les pages éloquentes n'y manquent certainement pas. On y rencontre de ces phrases dont il a le secret, semblables à ces médailles d'or très pur frappées pour l'éternité. Mais si je cherche une doctrine sur la source, les conséquences de cette relation, je ne la trouve pas. Une conclusion? Celle-ci peut-être : que la valeur des religions est relative et dépend pour une forte part de circonstances locales et historiques ; que de bonnes lois peuvent procéder d'une mauvaise religion, de mauvaises lois d'une bonne; que la tâche du législateur est de corriger l'une par l'autre. Voilà qui ressemble fort à de l'indifférence, du scepticisme. On se sent en plein dix-huitième siècle étranger à tout sentiment de fanatisme, d'enthousiasme religieux. Pour les plus sages la religion est un *instrumentum regni*. La politique peut marcher sans elle.

A la suite de Montesquieu, de fort bons esprits admettent entre les religions et les politiques une certaine relation, mais relation très élastique, pourvue d'une forte dose de complaisance, même d'arbitraire. Le temps, les circonstances, le climat, l'habileté des hommes ou leur sottise y font beaucoup. C'est ainsi qu'il n'est pas impossible de tirer d'une bonne religion de médiocres conséquences, de remédier par une bonne politique aux fâcheuses conséquences d'une religion médiocre. Rien de plus facile pour le législateur que d'échapper à la logique des religions. Telle est l'école de ces hommes distingués que nous voyons en ce moment entreprendre la cure du malade de Constantinople, et ne pas désespérer, grâce à de bonnes potions anglaises, de le remettre sur pied. Généreux rêve, auquel je crains fort que l'avenir ne donne un démenti.

L'insuffisance de cette partie de l'œuvre de Montesquieu, ce quelque chose de vague, d'incohérent, même de contradictoire qu'on y remarque, le sentiment de lacune qu'il laisse dans l'esprit après que l'ayant lu on cherche à s'en rendre compte, tout cela vient, me semble-t-il, de ce qu'ayant à traiter du rapport des religions et des politiques, il n'a pas commencé par ce qui eût dû être le commencement de tout: je veux dire une classification philosophique des religions. Cette classification, s'il l'eût faite, lui eût immédiatement mis entre les mains le fil conducteur. Elle lui eût révélé le mot du rapport, sa source, ses conséquences, et projeté une grande lumière sur sa nature.

Cette nature, quelle est-elle? Arbitraire? Non certes. Le monde proteste. C'est ce que je me suis efforcé de prouver tout à l'heure, racontant mes propres impressions de voyage, les pensées qu'elles m'ont suggérées. Nécessaire? Telle avait été ma première opinion. Un examen plus attentif, la méditation de la pensée platonienne qui préside à ce travail et lui donne en quelque sorte son thème, ont en une certaine mesure modifié ma première façon de voir et élargi mes horizons.

A considérer la pure logique, il est clair que le rapport ne saurait être que nécessaire. Telle religion se traduirait nécessairement en telle politique, ne se prêterait à nulle autre. Telle politique serait l'expression nécessaire de cette religion. Si la logique seule gouvernait les choses humaines, cela serait ainsi. Mais, dit Pascal, nous ne sommes ni anges ni bêtes : ni anges pour vivre dans l'éther de la raison pure, ni bêtes pour obéir passivement à des tendances. Nous sommes des êtres doués de liberté, par là susceptibles en une certaine mesure de résister aux tendances, et aussi malheureusement de déroger à la raison. Il faut reconnaître qu'à considérer l'histoire des hommes cette liberté morale, noble apanage de notre nature, modifie en une certaine mesure la tendance logique exercée par les religions sur les politiques. Cette tendance est nécessaire. Elle est un rapport nécessaire, donc une loi. Toute religion d'un peuple l'entraînera nécessairement vers une certaine politique. Mais la liberté morale de l'homme est une telle puissance qu'il ne lui est pas absolument impossible de combattre, même de vaincre cette tendance. Victoires, hélas! rares et éphémères, brillants et fragiles triomphes. Deux ou trois dans les fastes de l'humanité. Et pour combien d'heures : quelques siècles à peine, grâce à des circonstances très particulières, d'une grandeur pleine tout ensemble d'éclat et d'agitation, quelque chose comme une aurore boréale dans une nuit profonde.

Et c'est ici qu'intervient la doctrine platonienne. Pour tous les corps organisés, la santé a des conditions nécessaires, qui se résument en une harmonie de forces amies. En ceci rien d'arbitraire. Neutraliser une mauvaise religion par de bonnes lois, c'est rouler le rocher de Sisyphe. Entre la religion et la politique d'un peuple l'harmonie existe-t-elle? Les deux forces sont-elles amies, corrélatives? Vous êtes dans les conditions de la santé : *Mens sana in corpore sano. Sic itur ad astra.* Au contraire, existe-t-il conflit entre les deux forces accouplées à se combattre en vase clos, vous êtes atteint de maladie. Vos bonnes lois faites pour neutraliser une mauvaise religion, par cela seul qu'elles organisent le conflit organisent une maladie.

Le conflit procède-t-il d'une incompatibilité logiqu entre les deux adversaires, le combat se prolongera jusqu'à ce que le plus fort ait tué le plus faible. Je me propose de faire voir plus loin[1] que tel fut le fort de quelques peuples antiques, assez heureux pour avoir goûté de la liberté. La religion finit par y tuer la politique.

Le conflit procède-t-il non d'incompatibilité logique, mais de fautes de conduite, d'un mauvais régime, de simples malentendus susceptibles de solution amiable? Cela vaut beaucoup mieux parce que l'harmonie peut se rétablir sans passer par cette terrible crise d'une religion qui change sa politique, ou d'une politique qui change sa religion. Le dénouement fatal peut être évité. Mais tant que le conflit subsiste, la maladie subsiste également. Elle est guérissable, mais elle peut aussi mal tourner. Il y a danger de mort.

1. Ch. VII.

.... Ut hæres
Jam circum loculos et claves lætus ovansque
Curreret.

D'ordinaire, il y a même avancement d'hoirie. L'héritier s'empare de provinces à sa convenance.

CHAPITRE III

DES RELIGIONS DANS LEURS RAPPORTS AVEC LES POLITIQUES

Pour mieux comprendre la nature de leur corrélation, pénétrons jusqu'aux racines les plus profondes des religions et des politiques, remontons jusqu'à leur source première, parce que là nous saisirons la cause secrète des liens qui les rattachent.

Il n'y a de science que du général, nous dit Aristote. Je n'envisage donc pas une religion particulière, je les envisage toutes. Je recherche quel est le trait essentiel commun à toutes, que toutes possèdent, sans lequel nulle religion ne saurait être. Il me semble que ce trait essentiel est d'être un système de notions sur Dieu et le monde les rapports de Dieu et du monde, particulièrement de l'homme. D'où, par conséquence, les devoirs qui lui incombent. Toute religion a pour objet de faire connaître et prévaloir un système de notions sur Dieu et le monde. Une théorie sur ce qui n'est ni Dieu ni le monde considéré selon son rapport avec Dieu peut être un système de vérités, mais n'est plus une religion. Ainsi je parlerai du monde considéré en lui-même ; je ferai un livre de physique, de mathématiques ; je découvrirai une loi naturelle, ce ne sera pas un livre de religion. L'attraction universelle est une haute vérité, ce n'est pas un dogme de foi. Et d'autre part, vous ne trouverez pas

8

une religion qui ne présente un système sur Dieu et le monde.

Le propre d'une définition est de contenir un élément général qui détermine le genre, et un élément particulier qui détermine l'espèce. Le général est ici connaître Dieu et le monde. Or, cette notion, les religions ne sont pas seules à la posséder. Elle n'est pas leur propriété exclusive. La philosophie prétend aussi connaître Dieu et le monde, cette philosophie des causes premières qu'Aristote appelle philosophie première. De cette philosophie et des religions l'objet est identique. Mais si le but est le même, la voie qu'elles suivent pour l'atteindre est très différente. Leurs deux méthodes sont opposées. Tandis que l'une s'acharne péniblement sur une route longue, bordée de précipices, pas à pas, bête de somme, l'autre s'envole à tire-d'ailes vers son objet et s'y repose. Pour connaître Dieu, le procédé des philosophies est le raisonnement, le procédé des religions le mysticisme. Toute religion procède nécessairement du mysticisme. Les vérités qu'elle proclame, elle les a acquises par la voie du mysticisme, la plupart même de la révélation, forme suprême du mysticisme. Si ses vérités elle les possédait à titre non mystique, par simple acquisition rationnelle, ce ne serait plus une religion, mais une philosophie. Plusieurs de nos jours prétendent devenir religieux en repoussant le mysticisme. Ils se font illusion à eux-mêmes. La notion de la cause première serait la même — hypothèse fort admissible — chez le religieux et le philosophe, la doctrine de l'un sera toujours religion si elle procède de source mystique, la doctrine de l'autre philosophie si elle procède de source rationnelle.

Le caractère spécifique des religions, de toutes les religions, sera donc le mysticisme. L'élément général de leur définition sera d'être une doctrine sur Dieu et le monde ; le caractère particulier sera de posséder cette doctrine par voie et à titre mystique. En deux mots, toute religion est une métaphysique mystique. Le premier terme indique proprement la doctrine elle-même, les vérités que professe la religion ; le second terme indique la méthode, laquelle constitue plutôt les religions, puisque la doctrine est un apanage indivis dont elles partagent la jouissance avec la philosophie. Si vous voulez discerner une religion d'une philosophie, ce sera par la méthode.

C'est pourquoi il importe très fort de distinguer dans les religions leur doctrine, ce qu'elles appellent le dogme, qui peut leur être commun avec les philosophies et leur méthode qui leur appartient essentiellement, les constitue en tant que religions, fait que ces doctrines sont religions. Dans la réaction des religions sur les politiques, la fonction de ces deux éléments, l'élément doctrine et l'élément méthode est très dissemblable. Le premier n'opère pas comme le second, n'a pas les mêmes effets, la même valeur. Sans cette analyse préliminaire nous ne connaîtrons pas le rapport des religions et des politiques.

Par leur dogme, en tant que métaphysiques, les religions se confondent avec les philosophies : elles s'en séparent par leur méthode, le mysticisme. Par cette même méthode, toutes les religions sont semblables, toutes se confondent par leurs procédés : elles se distinguent les unes des autres par leur doctrine, leur métaphysique.

De cette observation se dégage une très grave conséquence : à savoir que les religions n'agissent pas sur les politiques en tant que religion par leur méthode, mais en tant que métaphysique par leur doctrine.

Car, puisque leur méthode est pour toutes la même, toujours et partout identique, si c'est par cette méthode qu'elles agissent sur les politiques, le résultat sera constant. Le facteur étant le même, le produit ne variera pas. Or, cela n'est pas. Il est patent que le résultat politique des diverses religions est dissemblable, profondément dissemblable. Donc elles agissent non par ce qu'elles ont de semblable, mais par ce qu'elles ont de dissemblable, leur dogme, leur métaphysique. Celle-ci est le facteur par lequel les religions agissent politiquement sur les sociétés. En d'autres termes, ce ne sont pas les religions elles-mêmes qui opèrent en tant que religions, perception humaine des choses divines. C'est le Dieu lui-même qui opère.

Quelle est donc la fonction des religions proprement dites en tant que religions? Elles sont un coefficient qui multiplie la valeur de l'instrument auquel on l'applique. Sur la plupart des hommes l'abstrait a peu de prises. En mettant à sa disposition le crédit qu'il possède sur l'âme humaine, le concret lui rend très grand service. Il s'empare à son profit du cœur, de l'imagination non moins que de l'esprit, de tout ce qui pense, tout ce qui sent, tout ce qui rêve, et entraîne dans son remous la foule immense de ce qui ne pense, ne sent, ni ne rêve.

Imitatores servum pecus.

Réduit à lui-même, l'impératif catégorique de Kant n'irait pas loin. La religion qui par les diverses avenues de l'âme pénètre jusqu'au sanctuaire de la volonté, met à son service une efficacité pratique dont, s'il est sincère, il se confessera dépourvu. La volonté de l'homme est une force pleine de caprices, de révoltes, de ruses, qui, semblable au Protée d'Homère, s'échappera si, après une lutte acharnée, on ne parvient à la saisir alors qu'elle dort au milieu de ses phoques, et la garrotter très étroitement. Pour la maîtriser, ce n'est pas trop de toutes les puissances de l'âme; souvent trop peu. Telle est la fonction des religions en tant que religions. Proprement le dogme, la métaphysique est la lame de l'outil qui opère. La forme religieuse est le manche de ce même outil, le bras de levier qui lui imprime sa force, sans lequel la lame seule, difficile à manier, ne saurait agir. Elle est la hache d'Hector qui ajoute à la force humaine,

΄Οφέλλει δ' ἀνδρὸς ἐρωήν.

Il va de soi qu'autant il est nécessaire que l'outil ait un bon manche pour qu'on s'en serve utilement, autant il importe que ce manche ne soit pas disproportionné, mais de juste longueur. Si le manche de votre hache avait dix pieds de long, vous ne pourriez plus en faire usage.

Plus encore que leur méthode, la forme administrative extérieure des religions est dénuée de toute action sur les politiques. Cette administration est un organe intérieur absolument indifférent aux choses du dehors, sans contact avec elles, qui peut même se constituer à l'état d'opposition directe sans que cela tire à conséquence. Ni la politique n'agit sur lui, ni lui sur la politique. Preuve : l'islamisme. Vous ne trouverez pas un État musulman dont la politique ne réalise le plus pur idéal du despotisme. Or la forme administrative de l'islamisme en tant que religion, s'il en a une quelconque, serait plutôt celle de la république fédérative. Elle serait autre que cela n'y ferait rien. Le type d'administration religieuse des religions est chose dont les politiques ne doivent ni s'inquiéter, ni se mêler, parce que n'y étant pas intéressées, cela ne les regarde pas. L'œil de la politique ne doit pas se fixer sur ce point, bien que fort

apparent, mais sur un autre point beaucoup plus intime
et caché, celui de la métaphysique, parce que là, et rien
que là, est l'unique ressort de l'action des religions sur
les politiques.

>   Ὡς δέρκεται πλέον τι τοῦ πεφασμένου [1].

Toutes ces choses que je tiens pour démontrées, je
les retrouverai plus tard et prie que l'on veuille bien
les retenir. Elles sont les prémisses des conclusions que
ce travail se propose de présenter.

[1]. Prométh., 843.

CHAPITRE IV

DES POLITIQUES DANS LEURS RAPPORTS AVEC LES RELIGIONS

De même que les religions, les politiques ont une métaphysique, et, quoi qu'en dise une certaine école, une métaphysique qui, je ne dis pas historiquement, mais logiquement, réflexivement, ne procède pas de celle des religions, et puisqu'elle est indépendante peut se trouver opposée.

Qu'historiquement toutes les politiques, toutes les sociétés sans exception aient débuté par une religion, je ne le conteste pas, étant sur ce point de l'école de Vico. Pour moi l'Asyle est la cellule élément initial de toute vie sociale. Il ne pouvait en être autrement, en vertu de cette loi de l'esprit humain que la perception spontanée devance la connaissance réflexive.

Le procédé primitif des politiques a donc été d'enter leur métaphysique sur la métaphysique religieuse et se calquer sur elle. Cela ne pouvait pas ne pas être. Dérivée de la religion, la métaphysique politique ne pouvait qu'être en parfaite harmonie avec sa source.

Une très forte portion de l'humanité, dans les sociétés les plus avancées un très grand nombre d'esprits en sont encore à cette phase de développement intellectuel. De très bonne heure cependant aux rives privilégiées du monde hellénique.

... Graves inter Graïos qui vera requirunt

de petits groupes d'hommes franchirent cette première étape, se demandèrent le comment et le pourquoi des choses et posèrent le fondement de la connaissance réflexive.

Dès lors une métaphysique distincte et différente de la métaphysique religieuse devint possible. Grand bien, grand mal tout ensemble. De cette divergence d'origine peut résulter un conflit de forces accouplées à se combattre. Mais d'elle procède la liberté.

La liberté pratique, légale, ne procède pas des religions, mais de la philosophie rationnelle. La métaphysique religieuse peut à merveille s'accommoder à la liberté, mais n'en contient pas le germe virtuel. Nulle liberté n'a jamais été produite dans le monde par nulle religion. Toutes ne reconnaissent que leur propre liberté et nient celle d'autrui, parce que pour elles autrui c'est l'erreur. Toutes sont rivées à l'antérieur par la tradition. Le libéralisme des religions les plus libérales n'est pas d'engendrer directement la liberté, que d'ordinaire même elles n'accueillent à sa naissance que contraintes par de douces violences, mais de préparer en quelque sorte le sol qui recevra la semence. Elles ne sont ni le sol lui-même, ni la semence. Elles sont la condition du développement de celle-ci, si l'on veut bien me permettre l'expression, le fumier de la liberté. Et sur cette idée, l'on sait qu'un très éminent professeur de la jolie ville de Heidelberg si fièrement assise aux poétiques rives du Neckar, va jusqu'à gratifier la religion du sexe féminin : l'état du sexe mâle. L'image est un peu forte, mais je crois à peu près l'idée juste. Une religion ne brise pas les vieux types, et souvent la liberté demande que les vieux types soient brisés. Et l'on sait que le sol le plus généreux, livré à lui-même, produit souvent une forêt de plantes malfaisantes. N'avons-nous pas vu ce phénomène dans quelques pays chrétiens trop exclusivement livrés aux influences purement religieuses?

Le titre constitutif de l'indépendance des politiques par rapport aux religions est en ce qu'une fois parvenu à la période réflexive l'esprit est contraint de commencer toute chose, même les religions, par la connaissance philosophique.

Je nie Dieu. Je nie le monde. Que pouvez-vous me parler de révélation, laquelle est un dialogue entre Dieu et le monde?

Donc, logiquement, toute révélation implique une connaissance préalable de Dieu et du monde et de leur rapport, c'est-à-dire ni plus ni moins qu'une métaphysique philosophique. Avant de me parler de révélation il faut que je sache si Dieu est, quel il est, si je suis moi-même. Ces choses-là sont de la dernière évidence.

De cette métaphysique entièrement indépendante des religions se déduira une morale, de cette morale une politique toute laïque[1].

Les notions qui précèdent donnent, je crois, la clef de quelques expressions du langage usuel que je voudrais serrer d'un peu près.

On parle de l'État laïque. Qu'est-ce que l'État laïque?

Est-ce celui où le pouvoir appartient à des laïques!

---

1. Lorsqu'on ouvre un livre de théologie politique, Suarez, Bellarmin, fût-ce même l'école de saint Thomas (de Régimine), il est difficile de ne pas se convaincre promptement de l'incompétence de la théologie en matière politique, et qu'en somme la liberté politique véritable ne saurait procéder de cette source.

Les religions sont le lest des sociétés. Ce n'est pas le lest qui fait marcher le navire. C'est la voile.

Ainsi compris, nulle difficulté. Bellarmin vous concedera tout. Il se contentera du pouvoir indirect.

Est-ce la distinction théorique de la société civile et politique et de la société religieuse, et leur limitation l'une par l'autre? Si ce n'est que cela, ici encore vous trouverez Bellarmin de très facile composition. Il ne se gênera pas à vous faire les déclarations les plus explicites, les plus rassurantes. Et il a raison de ne pas les marchander. Monnaie de singe.

Selon moi l'État laïque est autre chose que tout cela. Il est l'État procédant uniquement de la philosophie rationnelle.

Si, comme Bellarmin lui-même est forcé de le reconnaître, il existe une philosophie première, antérieure et extérieure à la révélation, à une révélation quelconque, il existera du même coup une politique procédant de cette philosophie première, logiquement antérieure et extérieure à toute religion, rattachée au même tronc et par là en une certaine mesure solidaire, mais en même temps indépendante de la même façon que deux branches du même arbre ne dépendent pas l'une de l'autre, vivant de sa propre sève et de celle qu'elle puise au tronc commun. Je me représente l'État laïque comme l'expression de cette politique.

Dans tout le monde antique, dans une partie du monde moderne, la politique est un rameau détaché de la branche religieuse. L'État laïque se rattache au tronc commun, la philosophie première, au-dessous du point d'où partent les religions, partant ne relève d'aucune, pas même de celles qui puisent à la même source.

Une comparaison éclaircira ma pensée. Dans le pays que j'habite existe, ou plutôt existait naguère, une forme très particulière de propriété nommée le domaine congéable, où le sol nu appartenait légalement à une

première personne, le capital engagé à une seconde. En
remboursant à celle-ci son capital désigné sous le nom
d'*édifices*, parce que les bâtiments ruraux en compo-
saient la meilleure part, le propriétaire du fonds avait
le droit de congédier l'édificier et devenait par là purement et simplement propriétaire de la totalité, fonds et
édifices.

La thèse de l'État laïque est que nul n'a le droit de le
congédier en lui remboursant ses édifices, qu'il n'est
pas simple édificier, que le fonds lui appartient.

Voilà précisément ce que Bellarmin ne lui concèdera
pas. Il invoque l'état de choses antérieur, la prescrip-
tion. Et c'est pour cela que, déclinant toute cocarde,
vous remarquerez qu'il n'est cependant pas exempt de
faiblesses pour la politique traditionaliste. Il expose
que c'est lui qui a rassemblé, constitué, gouverné toutes
les sociétés primitives. Cela est vrai. Il en déduit que
le fonds lui appartient. — « Non, répond l'État laïque.
Car j'ai construit ma maison avec des matériaux qui ne
vous doivent rien sur un fonds nouveau créé, découvert par moi-même. Votre colonie, c'est possible, ce que
les Grecs appelaient ἄποικος, mais votre colonie éman-
cipée, qui entend ne plus relever de sa métropole et
même se sent de force à lui appliquer la doctrine Mun-
roë. Je suis le nouveau monde. Ne pensez pas que je
subisse votre suzeraineté, cette position légale de vous
reconnaître propriétaire du fonds, me réduire à la condition d'édificier. Chez moi j'entends tout posséder,
fonds et édifices. En dehors de mon domaine vous avez
le vôtre où je n'ai nul droit de vous troubler : la conscience, le rapport de l'homme à Dieu selon telle ou
telle révélation. Il y a plus. Je reconnais que mon intérêt est de vous ouvrir amicalement la porte de ma
maison, vous accueillir, vous appeler. Car c'est vous,

vieille Europe, qui possédez le capital dont j'ai besoin, dont je ne saurais me passer pour mettre mon sol en valeur. Mais de quel coin de l'Europe vient ce capital, France, Angleterre, Allemagne, je ne m'en inquiète pas. D'où qu'il arrive, qu'il soit le bienvenu. Je ne connais pas les divisions européennes, je ne connais que le bon aloi des pièces que l'on m'apporte. De même pour les religions. Elles sont pour moi le vieux monde. Je ne connais pas leurs distinctions. Je ne connais que leur aloi.

« État laïque, réplique Bellarmin, votre nom est Révolution. Vous êtes Satan incarné dans le monde. »

Dans les conférences d'un très éloquent prédicateur, le P. Félix, le mot y est.

Écartons, s'il vous plaît, Satan, auquel M. Giosuè Carducci adresse ses poétiques hommages et qui, s'il n'est pas ici une figure de rhétorique et un pléonasme, n'appartient pas à la politique. Tenons-nous en au premier terme, Révolution. C'est bien assez. Dans la bouche de Bellarmin comprenons ce que ce mot signifie.

Sur toute la ligne de bataille il est le cri de guerre que les fils de Bellarmin opposent à l'État laïque : « Vous êtes, lui disent-ils, la Révolution. »

A quoi l'État laïque répond : « Et vous, êtes-vous la Contre-Révolution ? Êtes-vous l'Ancien Régime ? »

Si l'on venait à le croire, il n'en faudrait pas davantage pour perdre Bellarmin et son armée, et tout ce qu'il représente, sans retour, ce qui serait un extrême malheur, une irréparable catastrophe, absolument comme si, dans un cataclysme subit, l'Europe s'engloutissait au fond des abîmes de la mer. L'Amérique sait que pour elle le désastre serait immense.

Mais comprendre ainsi le mot Révolution, c'est faire injure à Bellarmin. Soyez certain qu'il ne se pro-

pose en aucune sorte le rétablissement de l'ancien
régime et du droit féodal. Il a peut-être le tort — car
c'en est toujours un — d'employer un terme qui dépasse sa pensée. En donnant à l'État laïque le nom de
Révolution il entend simplement exprimer cette idée
très incontestable qu'il est une dérogation à l'état de
choses antérieur où la religion possédait le fonds, la
politique seulement les édifices. Il n'entend nullement
faire de ce mot une protestation contre tous les résultats sociaux, même politiques, de notre Révolution de
89. Ce sens que s'efforcent de lui prêter certains partis,
afin d'exploiter l'équivoque à leur profit, vous n'aurez
pas de peine à le faire répudier par Bellarmin. Sans trop
se faire prier, ne doutez pas qu'il n'accepte très sincèrement la plupart des résultats civils et politiques de
notre Révolution. Il emploie ce terme dans le sens purement général, abstrait, nullement dans le sens concret
que vous lui prêtez. Son unique ambition est de vous
amener, par respect de l'antérieur et de la tradition, à
reconnaître son vieux droit de propriétaire sur le sol
où vous avez construit vos édifices, auxquels même il
ne fera nulle difficulté de vous autoriser à donner telle
extension, telle forme qui vous conviendra.

Ces bruyantes protestations, ces clameurs contre la
Révolution, dont on a, je crois, un peu abusé, dont s'est
emparé l'esprit de parti qui prend le mot dans son acception concrète afin d'enrôler Bellarmin contre une
forme politique et lui donner une cocarde, l'esprit
anti-religieux afin d'ameuter la société nouvelle contre
Bellarmin qui ne comprend le mot que dans le sens
abstrait — et ce mot, cher et terrible, combien de fois
chaque jour ne l'entendons-nous pas retentir? — au
vrai, je ne crois pas que l'on doive leur donner une
autre signification que celle-ci : revendication du vieux

droit des religions sur la propriété du fonds social.

C'est encore trop. N'espérez pas que la société politique subisse désormais une telle reconnaissance. Depuis qu'elle a conscience de soi, cela a toujours été une impossibilité logique. Cela est devenu plus impossible que jamais depuis que l'âme politique de l'Europe contemporaine orientée, cela est visible, vers la liberté a eu le spectacle du développement logique de l'esprit catholique opérant sur lui-même pour constituer son gouvernement intérieur, aboutir à la souveraineté absolue, la négation de la liberté. Depuis le 13 juillet 1870 l'antinomie est consommée.

Je déduis cette conclusion : que réduit à son sens véritable, le mot est politiquement inoffensif et en même temps chimérique, qu'il prête à des équivoques fâcheuses, que le mieux serait de le supprimer, l'effacer de nos polémiques contemporaines, puisque aussi bien il faut prendre son parti de l'indépendance américaine. A le rayer de notre vocabulaire, il y aurait avantage pour tous. J'engage de toutes mes forces Bellarmin à y renoncer par la raison que le profit qu'il en espère est chimérique et que l'on en abuse contre lui. C'est une faute de fournir gratuitement une cible à ses adversaires. Les bons navires de guerre sont à fleur d'eau.

Nous arrivons ainsi sur le terrain de la politique, étrangers à tout emprunt fait à la doctrine religieuse, affranchis de tout lien qui pourrait nous rattacher à une religion quelconque.

Là nous l'y rencontrons établie avant nous dans des forteresses où elle entend se maintenir. Quelles seront nos relations mutuelles, nos affinités, nos intérêts ?

CHAPITRE V

QU'IL N'EST PAS DE GRANDE POLITIQUE
SANS GRANDE RELIGION

La rencontre sera froide, pleine de réserve, empreinte de sentiments rien moins que tendres et confiants. La religion regardera l'État laïque comme un fils trop émancipé, à peu près révolté, bientôt peut-être un ennemi. L'État regardera la religion comme Pélage pouvait regarder les Maures, un tyran, dont il vient de secouer l'empire, un usurpateur établi chez lui.

Que la méfiance sourde dégénère en hostilité ouverte, duel à mort, la route est courte et glissante. Il y a une période très critique à traverser où, même sans mauvaise intention positive, une maladresse, un malentendu, une consigne mal observée, un excès de zèle, que sais-je un simple hasard, un nuage qui passe à l'horizon, peuvent provoquer d'irréparables malheurs.

On se juge sur les apparences extérieures, sur les souvenirs du passé, signes trompeurs qui peuvent égarer les esprits.

Les drapeaux sont différents, j'en conviens. Êtes-vous certains qu'au fond la cause ne soit pas la même ?

Les religions, ai-je dit, ont pour objet une métaphysique. Les politiques ont leur source dans une métaphysique. Si celle-ci et celle-là, la métaphysique mysti-

que des religions et la métaphysique rationnelle de la
politique sont opposées, incompatibles, rien à dire,
rien à faire. Il faut qu'elles se combattent jusqu'à extermination.

> Ἐπειδὰν αὐτοκτόνως
> Αὐτοδάϊκτοι θάνωσι [1].

Si au contraire les deux métaphysiques sont semblables la cause n'est-elle pas la même? Si le terme de l'une
est l'origine de l'autre, que gagneront-elles à se combattre ?

Le commun des hommes regarde peu à la métaphysique des choses, beaucoup à leur figure extérieure.
C'est une méprise. Il faut percer les apparences. Toute
chose est dans sa métaphysique. Le phénomène est une
illusion. Il n'y a de vrai et de permanent que l'idée.

Les hommes sont la matière de la politique. La politique ne fait pas les hommes. Elle les prend tels qu'ils
sont, tels que la société les lui fournit et se borne à les
mettre en œuvre. Tant vaudra l'homme, tant vaudra sa
politique. Vous ne ferez pas une grande politique avec
des hommes dénués d'une certaine trempe de caractère
et d'esprit, avec de plats imbéciles. Vous ne ferez pas
un peuple libre avec des hommes dépourvus d'une certaine éducation morale, de cette conscience de soi, cette
dose de sagesse et d'initiative, d'activité hardie que ré-
clame la liberté. Vous ne ferez pas un noble édifice avec
de vils matériaux.

Or, ces matériaux, ὕλη, ce sont les religions qui les
élaborent. Ce sont les religions qui font les hommes.
A suffire pratiquement à cette tâche la philosophie serait impuissante. Je défie l'impératif catégorique de

---

1. Eschyl., 719-720

tremper à lui seul l'âme d'un peuple. Pour opérer sur
une telle masse, le réactif est trop faible, agit sur trop
peu d'atomes. Il est lui-même trop coûteux, a trop de
valeur intrinsèque. C'est un réactif de laboratoire. Pour
opérer en grand sur une masse humaine, il ne faut rien
moins que l'action toute-puissante des religions sur les
volontés. Les religions seules déterminent le type des
caractères, lequel à son tour détermine le type des politiques.

En deux mots, les religions façonnent l'homme à leur
image. Les hommes ainsi façonnés, la politique les
saisit et les exprime.

L'action des religions sur les politiques est indirecte,
mais souveraine. Pas de bonne santé sans bon tempérament. Les religions sont le tempérament des politiques. Les grandes politiques, si elles veulent durer,
doivent avoir très grand souci non seulement des incidents journaliers de leur santé, surtout de leur tempérament, et ne sauraient s'affranchir du concours des
grandes religions mesurées à l'étalon de leur métaphysique, puisque c'est la métaphysique seule, je crois
l'avoir démontré, qui opère politiquement dans les religions.

Réciproquement les grandes religions auraient tort
de se croire étrangères aux vicissitudes de la politique et
d'envelopper les choses de la politique dans un dédain
superbe. Elles y sont peut-être plus intéressées, plus engagées au succès de telle ou telle expérience politique
qu'elles ne le pensent. Car dès lors que la solidarité
existe, les grandes politiques seront le signe extérieur
des grandes religions, quelque chose comme leur mano-
mètre, et je ne crois pas me tromper en affirmant que
l'esprit contemporain incline de plus en plus à juger les
choses à ce point de vue,

alterius sic
Altera poscit opem res, et conjurat amicè.

Les religions n'assistent pas aux choses de la politique de la même façon que les dieux d'Homère à ses batailles, par passe-temps, se donnant le spectacle de leurs péripéties, parfois même y intervenant de leurs personnes, mais sans discernement, au gré de je ne sais quelle fantaisie, aujourd'hui pour ceux-ci, demain pour ceux-là et contre ceux qu'ils avaient promis de secourir, susceptibles même d'y recevoir des blessures, mais blessures pour rire, guéries en un clin d'œil, dont vous les verrez se relever tout à l'heure plus que jamais frais et dispos, se rengorgeant dans leur gloire κυδεϊ γαίων.

Il n'en va pas ainsi des religions. Chacune est enrôlée à demeure au service d'une politique, et rivée pour jamais. Immortelles comme les dieux d'Homère, il y a ceci de particulier qu'alors même que les religions se tiennent à l'écart des batailles de la politique, elles y peuvent cependant recevoir des blessures graves, profondes, inguérissables, qui pour le restant de leurs jours les relèguent à l'hôtel des Invalides, à quatre sous par jour et une jambe de bois, — n'est-ce pas le sort de l'islamisme en Europe? — Religions et politiques ne sont pas l'une à l'autre pièces de marqueterie, tiroirs manœuvrables à volonté. Elles ne sont pas simplement superposées. Elles sont solidaires. Une pièce emporte l'autre. Une religion qui se contente d'une petite politique est une religion déshonorée. Vous ne disjoindrez pas l'évolution du fait du processus de l'idée. Si le fait et l'idée, la politique et la religion sont incompatibles, il faut que la plus forte tue la plus faible. Ou les conditions d'une bonne paix, ou une guerre d'extermination. Pas de milieu.

CHAPITRE VI

DE LA CLASSIFICATION DES RELIGIONS

En toute étude la classification est chose d'importance capitale.

Pour coordonner les religions il semble que l'exposant le plus naturel soit leur métaphysique. Toutes ont une métaphysique, et c'est cette même métaphysique qui distingue chacune d'elles de toutes les autres. De plus, dans un travail dont l'objet est d'étudier le rapport des religions et des politiques, n'est-on pas amené

prendre pour caractère classificateur l'organe par où seulement elles influent sur les politiques, et si l'on veut me permettre de revenir à une image qui résume ma pensée, n'est-il pas naturel de caractériser l'outil par la lame plutôt que par le manche? Les religions étant au fond des métaphysiques mystiques, je les classerai selon leur métaphysique.

Autant il y a de grands systèmes pour expliquer Dieu et le monde et leurs rapports, autant il y aura de religions. Or, il existe trois grands systèmes, pas davantage : celui qui n'aperçoit que l'Unité et confond Dieu et le monde dans le grand Tout (πᾶν); celui qui comprend Dieu, qui comprend le monde, l'Un et le Plusieurs, les distingue, mais ne les rattache pas l'un à l'autre; celui enfin qui comprend non seulement l'Un et le Plusieurs, mais l'Un dans le Plusieurs, le Plusieurs dans l'Un, et sans absorber Dieu dans le monde ni le monde dans Dieu, sans s'arrêter à la doctrine dualiste qui les distingue sans les rattacher, conçoit entre Dieu et le monde un médiateur : *Et Verbum caro factum est.*

Ainsi reliées aux systèmes philosophiques dont elles sont l'expression mystique, les religions manifestent en pleine lumière leurs efficacités politiques. Je m'efforcerai d'en esquisser les traits principaux.

CHAPITRE VII

DES RELIGIONS PANTHÉISTES

Je réunis sous cette appellation toutes celles qui absorbent Dieu dans le monde, ou le monde en Dieu. Numériquement la religion panthéiste est la première de toutes, puisqu'il y faut rattacher le fétichisme, lequel n'est autre qu'une forme très grossière du panthéisme. Le stupide nègre prosterné devant son Dieu-Serpent adore en lui la force de la nature. Les deux autres religions réunies ne suffisent pas à balancer l'importance numérique de celle-ci seule.

Cette grande et noble famille de religions dont le caractère propre est de confondre tout ce qui existe dans une synthèse absolue et qui à cette synthèse emprunte les prestiges grandioses de l'unité sur les intelligences, qui dans les temps anciens et modernes a fasciné et fascine tant de puissants esprits, qui sous des formes appropriées aux conditions de notre temps semble aspirer à conquérir l'Europe contemporaine, a sa source en Asie, son vrai foyer est dans l'Inde védique. C'est là que Dieu s'incarne dans le monde, non une seule fois, miraculeusement, comme dans notre dogme chrétien, mais par la loi nécessaire des choses, par voie d'incarnation continue. Là s'est écrit cet étrange poème du *Bhagâvat Gita* si remarqué par M. Cousin, si étudié en Allemagne, en regard duquel le grand Lucrèce lui-même est

pâle et timide, où la doctrine s'exprime avec une netteté,
étale ses conséquences avec une franchise, une ampleur qui, en aucun temps, en aucune langue n'ont été
égalées.

La métaphysique étant la même, le bouddhisme ne
se distingue pas philosophiquement du brahmanisme.
Il lui est en un certain sens ce que l'islamisme est au
judaïsme, ce que le protestantisme est au catholicisme.
Comme l'un, il supprime le monopole sacerdotal au
profit d'une caste, comme l'autre il rompt avec le mécanisme officiel antérieur, l'organisme administratif.
En matière de dogme il n'innove pas, mais il brise les
castes, proclame l'égalité des hommes, et sur cette égalité fonde une morale très étrangère au brahmanisme.
Cette morale, au dire de ceux qui l'ont étudiée, est d'une
beauté, d'une mansuétude extraordinaires, et, pour
ma part, je n'aperçois pas la statue indienne Çakia-
Mouni, je ne vois pas ce doux visage sur lequel le re-
cueillement de l'intelligence et la mansuétude du cœur
sont si fortement exprimés, sans le saluer avec un respect profond. En dehors de toute révélation, le christianisme admet parmi les élus de Dieu celui qui aura pratiqué sans faillir les préceptes de la religion naturelle. Cet
homme, s'il existe, sera-ce Socrate? Il a des taches que
sa splendeur incomparable, son génie, son héroïsme
ne parviennent peut-être pas à effacer. Le vrai saint de la
religion naturelle serait plutôt, semble-t-il, le doux et
austère et tendre Çakia-Mouni, qui vivait trois siècles
avant Socrate, et dont la vie tout entière est aussi admirable que la morale est pure. Dans la légende des saints
vous n'en trouverez pas de plus belle.

Le bouddhisme a donc une morale, même très belle.
Le brahmanisme n'en a pas. Dans ce qui constitue le
livre sacré des brahmanes, il n'existe pas une prescrip-

tion touchant les devoirs de l'homme envers ses semblables et envers lui-même. Théoriquement donc, à ce
point de vue, entre les deux sectes il existe une grande
différence. Pratiquement, il n'y en a pas. Les deux se
valent. Cette similitude fort étrange au premier aspect
s'explique facilement et se justifie par ce que j'ai dit [1]
de l'action pratique des religions qui réside tout entière
dans leur métaphysique. Çakia-Mouni et le Véda ont le
même Dieu, la même conception de Dieu et du monde,
la même métaphysique. Comme administration religieuse, les deux sectes sont fort différentes. L'une
possède un organisme puissant constitué à l'état de
caste dont le privilège se fonde sur la plus haute de
toutes les puissances : la science. L'autre, c'est à peine
si elle possède un organisme quelconque. Tout cela n'y
fait rien, la forme administrative des religions étant,
nous l'avons vu, tout à fait indifférente à la morale et à
la politique. Pour les deux sectes Dieu est le monde et le
monde est Dieu. Le grand Un est tout, dont vous et moi
ne sommes que des manifestations éphémères dénuées
de toute substance propre. La même métaphysique,
dis-je, si tant est que du panthéisme il soit vrai de
dire qu'il possède une métaphysique, qu'il n'est pas,
au contraire, la négation de la métaphysique, l'antinomie du surnaturel μετὰ φύσιν, qu'en d'autres termes
métaphysique panthéiste n'implique pas contradiction, puisque au fond sa métaphysique est de n'en
pas avoir, ne pas concevoir un Dieu extérieur au
monde, transcendantal. Et l'on doit penser que le nihilisme métaphysique du panthéisme est la vraie source
de son nihilisme moral. La morale ne se bâtit pas en l'air
comme la *Néphélococcygia* d'Aristophane [2]. Son fonde-

1. Ch. III.
2. 819.

ment logique, nécessaire, est une métaphysique. Elle est un fruit qui se flétrit sitôt que vous le détachez de la branche qui lui prête sa sève.

Τί δέ τις; τί δ'ού τις [1].

« Qu'est-ce que la vie? De l'être? du non-être? Vous n'êtes pas une personne, ni moi non plus. Le Plusieurs n'existe pas, mais seulement l'Un : « Je suis toi, » dit à Ardjouna le dieu Krishna. Vous n'agissez pas, c'est l'Un qui agit en vous conformément aux lois éternelles et nécessaires de sa substance. Vous n'avez donc pas la responsabilité de ce que vous appelez faussement vos actes. Le bien, le mal, la nature animée et inanimée, tout est un. La vie est un rêve perfide. Si vous voulez vraiment vivre, anéantissez-vous, absorbez-vous dans l'un. C'est quand vous ne vivrez plus que vous serez.

Avec de telles croyances on conçoit qu'il soit difficile de donner à l'homme des règles de conduite à l'égard des autres et de lui-même tout à fait impératives. On ne peut donner que des conseils dépourvus de sanction, ou si cette sanction existe, elle ne peut être que mon intérêt bien entendu durant les quelques jours de ce rêve qu'on appelle la vie. L'homme est le produit de ses idées. Là où le moi ne se distingue pas du non-moi, la conscience de soi ne saurait être. Il n'y a pas de personne morale. Dans de telles conditions, si vous êtes doux par caractère, par tempérament, vous continuerez à être doux. Vous conserverez le caractère dont la nature vous a doué. Il en sera de vous comme des animaux, du chien, du cheval, de l'âne, qui d'une certaine façon ont leur caractère propre. Si vous êtes actif, inté-

1. *Pyth.*, VII, 135.

ressé, vous demeurerez actif pour satisfaire ce besoin
d'action qui est en vous, et en vue du gain, de la sécurité de votre subsistance, comme les fourmis, vous tra-
vaillerez. Vous pourrez même arriver à vous fabriquer
je ne sais quelle petite morale terre à terre, complai-
sante, à la façon de la morale chinoise qui, dans de certaines circonstances, dans des conditions moyennes, feront de vous quelque chose d'à peu près semblable à
un honnête homme. Mais ce que je vous défie de faire,
c'est un homme fier, un homme ayant conscience de
soi, respect de soi, dévouement à un idéal. Vous m'ob-
jecterez qu'à Rome et en Grèce de tels hommes exis-
tèrent. J'en conviens. L'homme n'est jamais ni si bon, ni
si mauvais que ses idées. Les idées elles-mêmes ne sont
pas partout poussées jusqu'à leurs dernières conséquences. A Rome et en Grèce, dans les caractères, dans
les doctrines, sur un fond très positivement panthéiste,
je trouve une forte dose de protestantisme contre l'orthodoxie doctrinale, un indomptable sentiment de personnalité, *fatis avolsa voluntas*, II, 257. Ainsi s'explique
l'anomalie. Car pour moi, ce qu'on appelle le polythéisme
de la Grèce et de Rome est une expression très contraire
à la vérité. Ce polythéisme n'est rien moins que du vrai
et pur panthéisme, modifié en une certaine mesure par
cette forte dose de personnalité dont fut et demeure à jamais pétri le caractère hellénique, et à un moindre degré le caractère romain, toujours plus incliné vers
l'unité.

La science du langage a constaté les origines aryennes
des races helléniques et italiques. De la vieille source
d'un panthéisme fort antérieur à toute autre religion positive, il semble naturel de penser que le rameau
Pélasge ait rapporté en même temps que son idiome
une certaine somme d'idées et les ait transmises à ses

filles de Grèce et d'Italie. Ces notions aryennes primitives, la science moderne les retrouve successivement
dans l'étude et l'interprétation de leurs mythes. On
constate ainsi que la trame des religions grecque et
latine est une divinisation des forces de la nature. Leur
vrai Dieu est le Dieu Nature, et par là nous retombons
dans le panthéisme des père aryens. Mais sur cette
trame le génie particulier de la race réagissant contre
la logique du système, broda des ornements qui expri-
mèrent la protestation de sa propre personnalité contre
une absorption qui l'eût anéantie. C'est ainsi que ces
forces de la nature se transforment en personnes. Le soleil devient Apollon, la lune Diane, l'intelligence Athéné-
Menerfa, le feu, le vent, le printemps la force végétative
du sol (Saturne), Déméter ('Γῆ μήτηρ), l'oiseau sauvage
des forêts (Picus), bref, toute manifestation de force matérielle et morale est personnifiée (la victoire, la bonne
foi). L'éther qui comprend le monde est le roi des dieux
(Zeùs) et derrière toute la bande de ces personnes divines
un je ne sais quel Dieu mal personnifié, dont les traits
propres, la figure personnelle n'a jamais pu se dégager
nettement dans l'esprit des Grecs et de leurs doublures
les Latins, dont nul Homère n'a consacré le caractère,
nul Phidias n'a consacré les formes, les pousse tous
devant lui, leur commande à tous, le grand Pan (Πᾶν).

Dans son ensemble, cette mythologie n'est-elle pas la
vivante image de la protestation du caractère grec et
latin contre le panthéisme de leur religion? N'exprime-
t-elle pas la lutte de deux forces accouplées, selon l'expression de Platon, et destinées par leur incompatibilité
à un duel à mort? De la personnalité de leur caractère
dérive leur politique. S'il vous semble étrange, étant
donné l'accouplement de forces ennemies, non que la
Grèce et Rome aient succombé, mais plutôt qu'elles

aient vécu, que la liberté y ait eu quelques heures d'é-
panouissement, ou pour mieux dire son aurore, voyez
quelle conscience de soi, quelle hauteur d'âme chez ces
Grecs et ces Romains de la grande époque. Dans Homère,
quels reliefs de caractère, quel sentiment de soi-même
chez tous ses héros. Durant quelques siècles leur politique inspirée par les instincts du caractère lutte contre
les forces panthéistes de leur religion. Entre la métaphysique de celle-ci et la métaphysique de celle-là il
est clair que l'harmonie ne pouvait d'aucune sorte s'établir. L'équilibre était impossible. La plus forte devait
tuer la plus faible. En Grèce, ce fut la force unifiante
qui fut vaincue. Victime de l'exagération de sa personnalité, la Grèce échoua dans toutes ses tentatives pour
résoudre en une certaine unité la divergence de ses forces.
Elle ne put fonder l'harmonie ni dans la société, ni
dans l'état, ni dans la formation d'une hégémonie successivement tentée par Athènes, Sparte et Thèbes, qui
eût rassemblé ses diverses cités dans une unité politique supérieure. Elle périt victime de sa diversité. Telle
fut pour elle l'issue de l'accouplement de forces ennemies.

Je crois apercevoir la crise suprême du problème de
l'équilibre entre l'hégémonie et la liberté en Grèce dans
l'expédition athénienne de Syracuse, dont le merveilleux
récit de Thucydide, qui sans doute emprunte à cette
grande idée une part de l'impression profonde qu'il fait
sur les esprits, nous retrace les péripéties sur un théâtre
dont l'auteur de ces pages aime à évoquer le souvenir,
depuis le Plemmyrion, Daskôn, le fleuve Anapos aux
rives fleuries couronnées de papyrus, jusqu'à l'Eurya-
los encore debout, les Épipoles et ces funèbres Latomies
jadis témoins de tant d'horreurs, aujourd'hui parées de
toutes les grâces de la nature.

Dans leur effort pour fonder un grand État, les Athéniens, personnification la plus brillante, la plus accomplie du génie hellénique, échouèrent, non, quoi qu'en
dise le savant et judicieux M. Grote, parce que le premier successeur d'Alkibiade fut un homme médiocre,
— le second fut un homme supérieur — mais pour
une cause infiniment plus capitale : parce que la conception hellénique du problème de l'un et du plusieurs
fut essentiellement défectueuse. Dans de telles conditions
le succès était impossible, cela ne pouvait pas ne pas
mal finir. L'énergie des hommes fut prodigieuse, mais
les obstacles s'accumulèrent et devaient s'accumuler
hors de proportion avec les moyens d'en triompher.

Après quoi, c'en fut fait de la liberté. En attendant
un maître elle put vivoter quelques années, et bientôt
la Grèce fut mûre pour la servitude.

A Rome les éléments sont autres, la scène change.
Moins un vrai protestantisme qu'une doctrine mixte,
quelque chose comme un puséysme panthéiste. Plus
de règle, plus de respectabilité dans les caractères,
moins de personnalité dans les âmes. Quel effacement
des héros de Virgile en regard de ceux d'Homère. Il
semble que ce sol de Rome possède je ne sais quelle
attraction secrète vers l'unité et prédominance de la force
centripète. Le gouffre qui s'ouvrit au milieu du Forum,
Curtius ne le combla pas. Il existe.

Vous reconnaîtrez que la personnalité des dieux purement italiques avant les nombreux emprunts faits par
Rome à sa brillante sœur de l'Hellade, ces dieux romains, la Bonne Foi, la Santé, la Constance, ont une
personnalité singulièrement vaporeuse, indécise, en
regard de la vigoureuse personnalité des dieux helléniques.

De cet effacement de personnalité dans le génie de

Rome devait résulter un dénouement différent du drame historique de l'accouplement des forces. A Rome la force centrifuge devait succomber sous la force centripète, et dans la politique la liberté devait succomber sous l'autorité. De la même façon que l'histoire d'Athènes devait logiquement aboutir à la campagne de Syracuse et à Chéronée, l'histoire de Rome devait logiquement aboutir à César.

Étant donnés les éléments moraux de la Grèce et de Rome, ni chez la première ni chez la seconde l'équilibre des forces qui est la vie ne pouvait se constituer dans des conditions d'équilibre stable. L'une devait se perdre dans l'excès de la diversité, l'autre dans l'exagération de l'unité. Je crois que c'est ainsi qu'il faut comprendre l'histoire de la Grèce et de Rome, éclairant leur politique par leur religion. L'une et l'autre versèrent du côté où elles penchaient.

En somme, et nonobstant de rares et courtes exceptions dues à des causes très particulières, je pose la règle que les religions panthéistes sont incompatibles avec la liberté. Leur office est de briser le ressort de la personne humaine, de préparer ainsi de façonner les hommes à la servitude du dedans ou du dehors. Logiquement et historiquement la destinée des peuples panthéistes est d'être la proie du despotisme ou de la conquête. Ainsi finirent Rome et Athènes. Aujourd'hui même la Chine tout entière se prosterne platement devant le Fils du ciel. L'Inde brahmanique obéit à une poignée d'Anglais.

CHAPITRE VIII

DES RELIGIONS DUALISTES

J'appelle de ce nom les religions qui affirmant tout
à la fois l'Un et le Plusieurs, Dieu et le monde, distinguent cependant Dieu du monde mais ne les rattachent
pas l'un à l'autre par un médiateur. Un prophète, si
grand qu'il soit, n'est pas un médiateur, un Dieu incarné
dans le monde. Il n'est pas l'agneau de Dieu qui efface
le péché du monde. Étant lui-même du monde, il participe au non-être du monde — *omnis determinatio negatio est* — partant ne saurait l'effacer. Le Messie
tel que les juifs l'attendent (ce mot suffit à indiquer
que dans ce travail je me propose d'envisager le judaïsme
tel que le comprennent les juifs eux-mêmes, non tel
que l'interprètent les docteurs chrétiens), le Messie des
juifs, dis-je, n'est pas non plus un médiateur puisqu'il
n'est pas Dieu.

Il existe deux religions dualistes, le mosaïsme et l'islamisme, qui à elles deux, dans des proportions très iné-
gales, ne possèdent guère que la dixième partie du
genre humain, et à vrai dire se réduisent à une seule.
Philosophiquement, entre les deux religions vous ne
trouverez pas une différence. Leur conception de Dieu
et du monde est identique. Leur Dieu n'est pas simplement démiurge, ordonnateur du chaos cosmique : il est
créateur *ex nihilo*, idée absolument étrangère à la phi-

losophie hellénique qui a pour aphorisme *nullam rem en nihilo gigni divinitus unquam* [1]. Comme je l'ai déjà remarqué l'Allah du Koran n'est autre que le Javeh, ou plutôt l'Elohim de la bible. Un chrétien peut donc entrer dans une mosquée musulmane et y adorer le Dieu qui est en somme le sien, il peut s'associer à la prière musulmane autant que cette prière s'adresse à Allah lui-même, et n'est pas la glorification de Mahomet. A part quelques prescriptions morales empruntées à l'Évangile, par où la morale de Mahomet se trouverait supérieure à celle de son congénère Moyse, qui s'adressant à des hommes très barbares, très abaissés par un long régime de subordination, n'est pas tendre, il s'en faut, et ne plaisante pas, il n'est pas un point de la doctrine du Koran qui ne dérive en droite ligne et sans déviation de la bible. En somme les musulmans ne sont rien moins qu'une secte chrétienne, comme le mot en a été dit : ils sont purement et simplement des juifs.

L'exégèse philosophique de l'islamisme a discuté la question de savoir à quel point Mahomet eut connaissance de la doctrine chrétienne, et a conclu qu'il n'en connut directement que des livres apocryphes. Mais il me semble qu'outre la connaissance directe il y a la connaissance indirecte, outre la connaissance des textes, il y a la connaissance de l'esprit, des prescriptions morales et de leurs résultats. Cette connaissance indirecte de la morale chrétienne, je crois impossible de la dénier, en partie du moins, à Mahomet, par la raison que c'est à elle qu'il a emprunté tous les points par où sa morale se distingue de celle de Moyse et la dépasse, un plus grand respect pour les hommes, une plus grande pitié pour les faibles, une plus grande douceur

---

1. Lucr. I, 151.

pour les petits, quelque chose de plus tendre pour l'humanité, surtout un caractère plus général, puisqu'i s'adresse à tous les hommes, Moyse aux seuls fils de Jacob.

Et c'est précisément parce qu'il savait et voulait emprunter au christianisme une partie de sa morale que Mahomet a proclamé Jésus prophète, même prophète supérieur à Moyse. Là est à vrai dire la différence capitale entre les deux religions dualistes, si l'on tient absolument à ne pas les confondre, l'une traitant Jésus de vrai, l'autre de faux prophète, par suite l'une ayant le droit de lui emprunter sa morale, l'autre non. Mais cette différence toute théologique n'a philosophiquement aucune valeur. Que j'admette un seul prophète ou que j'en admette dix, si tous disent la même chose, si l'enseignement dogmatique sur Dieu et le monde est le même, la religion est la même.

A considérer humainement Moyse et Mahomet, la distance est incommensurable. Recueilli sur le Nil, comme son nom l'indique [1] (*Moya, eau, Moyse*), par la fille des Pharaons, élevé avec le plus grand soin dans leur palais, initié à toutes les sciences de la vieille Égypte, beaucoup plus étendue, on le sait maintenant, que nos pères ne l'avaient présumé, Moyse, homme de très haute culture intellectuelle, qui n'avait cependant pas la parole facile [2], s'élève au-dessus de ses congénères beaucoup plus que Mahomet au-dessus des siens. Il a pleinement le sentiment de son immense supériorité. Parfois même serait-on tenté de trouver qu'il l'a trop. Il les domine par son extraordinaire hauteur d'âme, plus encore que par sa supériorité intellectuelle. Bie

1. *Exod.*, II, 10.
2. *Exod.*, IV, 10.

qu'il se dise lui-même le plus doux des hommes qui demeuraient sur la terre [1] (tout est relatif), pour sûr il n'est pas tendre, nullement humanitaire.

Un problème non dénué d'intérêt à résoudre par les savants, serait de déterminer si la métaphysique de la vieille Égypte fut en somme dualiste ou panthéiste. J'aperçois le jugement des âmes. Mais la destinée des justifiés est de s'absorber dans Osiris. Ce n'est donc pas ici proprement persistance de la personnalité. Il en résulterait que la doctrine dualiste de Moyse lui appartient [2], et n'est pas d'emprunt.

Ne parlons pas de la politique juive puisque nulle part dans le monde tel qu'il est, les Juifs n'en ont une qui soit à eux. Nulle part, ils ne possèdent un État dont la politique soit une émanation et une conséquence de leur conception religieuse. Partout ils sont entrés dans l'organisme politique de religions étrangères, gardant de leur doctrine propre tout ce qui a trait au rapport de l'homme à Dieu, s'accommodant pour le reste, dans l'ordre civil et politique, aux institutions du pays où ils ont vécu, fussent-elles dérivées d'une autre source que de la leur. Jadis Moyse les a bien tirés d'Égypte. Il semble que le résultat final de sa loi soit de les ramener *in populo barbaro*. Mais ils y savent se pourvoir d'oignons qui leur fassent oublier ceux d'Égypte, même de Chanaan, auxquels je ne crois pas que les plus intelligents parmi eux songent beaucoup. Je crois qu'ils ont désappris de pleurer *super flumina Babylonis*. De même que leur ancêtre, Joseph, intendants des fortunes publiques, princes de la bourse, ils se sont fait à Babylone de très grandes et puissantes

1. *Nombr*, xii, 3.
2. Ou plutôt à Abraham.

positions sociales. Néanmoins, à tout prendre, c'est
ici un phénomène des plus étranges, et qui donne
beaucoup à réfléchir. Ce qu'a pu Mahomet, Moyse
très supérieur à Mahomet y a échoué. Dans cette bataille
pour la vie du monde moderne, il n'est pas parvenu à
se faire sa place au soleil, se mettre dans ses meubles,
monter son ménage, devenir une raison sociale, fonder
une politique, un État qui soit à lui. Il semble même
avoir définitivement renoncé à bâtir les murailles de
Jérusalem[1]. Moyse a pris son parti de loger en garni.
Quelle est la cause de cette insuffisance? Car rien n'existe
qui n'ait une cause. Le problème ne manque pas d'intérêt. Je me borne à le poser, et regrette que Montesquieu ne l'ait pas abordé et résolu.

La politique musulmane existe. Elle a eu de grandes
destinées. A de certaines heures elle a balancé, presque
dominé la fortune du monde chrétien. Avant les Anglais elle a possédé et gouverné également avec une
poignée d'hommes leur immense empire de l'Inde et
ses populations si intelligentes du même sang que
nous. Elle y a laissé de très belles œuvres d'art, des
noms retentissants. Qui se serait douté que le nommé
Papillon, dont parle Macaulay dans son histoire devait
à bref délai remplacer le grand Mogol? Sauf quelques
îlots de population européenne, elle est en voie de
s'approprier l'Afrique tout entière.

> Tua sectus orbis
> Nomina ducet.

Sur cette terre du fétichisme le plus grossier, partout
où elle s'implante, qu'elle soit un bienfait pour l'humanité, il faut bien l'admettre, puisque partout elle

---

1. Est-ce tout à fait vrai? Je renvoie à la fin de ce chapitre.

donne à ses croyants une irrésistible supériorité. En
Asie, elle enfonce également de profondes racines.
Dans l'Inde anglaise, politiquement vaincu par le
christianisme, sur le terrain de la propagande religieuse l'islamisme remporte d'éclatantes victoires. Les
conquêtes des missionnaires chrétiens de toute secte se
comptent par milliers : celles de l'islam par millions[1].
Qui sait si dans un certain avenir l'immense Chine, la
race jaune tout entière, rebelle, semble-t-il par son
impuissance absolue d'abstraction, son inaptitude philosophique à une conception métaphysique plus haute,
n'est pas destinée à lui appartenir? Le gouvernement
décrépit des Mandarins s'épuise sans nul succès à
la combattre. Le christianisme serait assurément beaucoup meilleur à la Chine elle-même. Mais une Chine
chrétienne est-elle possible? Ferez-vous entrer la métaphysique chrétienne dans une tête chinoise? Comment
vous y prendrez-vous? L'islamisme est plus abordable,
plus à la portée d'intelligences peu susceptibles, comme
celle de John Chinamann, d'aborder sans naufrage à l'é-
cueil des grandes abstractions, et pour ma part, si je le
compare au panthéisme bouddhique, je le crois supérieur. Admettant que le culte de Fô, le bouddha des
Chinois, soit pour eux une vraie religion, admettant
qu'ils aient une religion quelconque, qu'ils comprennent
quelque chose à la doctrine tout arienne de l'un absolu, à une métaphysique quelconque, à ce qui n'est
pas immédiatement d'usage pratique et concret, je crois
le dualisme supérieur au panthéisme et regarde comme
progrès le passage de celui-ci à celui-là. A plus forte
raison est-il supérieur au nihilisme. A se placer à un
point de vue purement humain, l'on ne peut donc

1. 40 millions de musulmans dont 20 millions Indiens convertis.

qu'applaudir aux succès de l'islamisme, aux dépens des éléments panthéistes de l'Afrique, même de l'Asie.

La morale de Moyse et de Mahomet, quoique peut-être inférieure à celle de Çakia-Mouni, empreinte d'un caractère de dureté dont celle-ci est affranchie, est assurément très belle. Mais en politique la valeur purement théorique d'une morale a peu de poids, pour ne pas dire aucun et n'agit qu'en raison de son rapport avec la métaphysique. Pour agir sur les masses humaines, le poids de la conscience ne suffit pas si l'on n'y ajoute celui de l'intelligence. Les deux ne sont pas de trop. Et encore bien de la peine. Or, quels sont les caractères de la politique musulmane?

Elle en a un très général, très universel, absolument sans exception, que vous rencontrerez partout, à tous les degrés non seulement de la société politique, mais de la société civile, et que je résumerai d'un seul mot. l'écrasement du faible par le fort. S'est-il jamais vu une société musulmane grande ou petite, empire, tribu, famille, dont le souverain, le chef n'ait pas écrasé ceux qui dépendaient de lui, n'ait pas été absolu? Dans la famille musulmane, le père n'écrase-t-il pas les enfants? Qu'est-ce que la polygamie, sinon l'écrasement de la femme par l'homme? D'une telle organisation de l'État et de la famille, quels sentiments, quelles habitudes, quelles mœurs, en dépit de leur très belle morale, sont résultés dans les masses, serait un sujet fort triste à traiter, dont je m'abstiens. Je constate que cet écrasement est une conséquence naturelle, nécessaire de la métaphysique qui n'admet pas de médiateur entre Dieu et le monde, pour laquelle la conception de ce médiateur est le blasphème le plus épouvantable, qui à l'entendre s'affirmer déchire sa robe. En face l'un de l'autre, dans leur système, le fini et l'infini n'ont rien qui les rapproche et les constitue en harmonie. Allah écrase le monde. Ce qu'Allah est au ciel, le sultan le sera dans l'État, le père dans la famille. Il ne peut pas plus y avoir de médiateur entre le Souverain et son peuple qu'entre Allah et le monde. Moyse et Mahomet, distinguant Dieu et le monde, constituent il est vrai la personne. Mais immédiatement ils la réduisent à néant. Voyez ce musulman prosterné devant Allah : il ne lève pas les yeux au ciel comme le chrétien qui s'efforce de prendre son essor vers l'infini. Il baise la terre, la frappe de son front. Allez au Caire, vous le verrez se faire écraser sous le sabot du cheval qui porte le représentant de son Dieu, de la même façon que l'Hindou sous la roue du char de Djagghernaût. Ainsi sera-t-il devant son souverain. De la même façon que Dieu est le sultan du monde, le souverain est l'Allah de la politique. Ainsi abordera-t-il toutes les choses de la vie. De cette source dérive l'inertie des musulmans, leur fatalisme, ce que Leibniz appelle le *fatum Mahumeticum,* et de leur inaction leur indigence. A quoi bon opposer de vains efforts à la toute-puissance d'Allah, et m'épuiser dans une lutte sans espoir, impie? Suis-je de force? Donc j'attendrai, je subirai ma destinée, et que ce qui est écrit s'accomplisse. Puisque je n'y puis rien, il est superflu que je me tourmente. Qui sait si je ne trouverai pas un trésor[1]? C'est ainsi que le monde musulman se fond et se dissout dans la pauvreté, toutes les impuissances, tous les vices que la pauvreté traîne à sa suite. *Quod non agit non existit.* Il ne vit pas! il sommeille. Il rêve. Il est vêtu de loques. Ses maisons se délabrent, s'effondrent. sans qu'il les répare. Il fume, prie, dort et meurt.

---

1. *Banco di lotto,* disent les Italiens.

Me permettra-t-on comme illustration de ce qui précède, d'introduire ici un conte très musulman connu de tous, celui de *la Lampe merveilleuse?* Quelle morale au fond? Fortune, loterie. Qui l'a est maître du monde. *Regina Pecunia*, S. M. l'Argent. Simple conte, direz-vous. Non. Témoignage d'un certain état moral. Plante malsaine qui révèle la nature du sol où elle a poussé. Hymne populaire à l'oisiveté, le hasard et la richesse. Écrasement de l'homme, de son activité par le *fatum*.

Les juifs ne sont pas très différents. A le bien comprendre, le Livre de Job, ce sublime cri de désespoir, n'est-il pas encore le témoignage de l'écrasement de l'homme par Dieu?

Je ne disconviens pas que le vrai sens de la vie humaine, le mot de l'énigme, l'immortalité de l'âme et la rémunération future n'y soient quelque peu indiquées dans les discours de Job lui-même : ce qu'il en faut pour donner prise à l'interprétation chrétienne. Mais pour qui ne possède pas cette clef, l'indication de Job est tellement vague, obscure, que ses quatre amis n'en comprennent pas le premier mot, ne s'y arrêtent pas, et les uns après les autres ne se donnent pas la peine d'y répondre. Et le sens général du livre déterminé par la marche de la discussion et le dénouement est tout autre. « Vous êtes frappé, lui disent les amis, parce que vous avez péché. » — « Non, dit Job, je n'ai pas péché. » Et là-dessus s'échappent de sa bouche sur la justice de Dieu des paroles dont l'amertume effleure le blasphème. Jéhovah prend la parole : « A quel titre te dois-je compte de mes volontés? Suis-je justiciable envers toi? Le cheval est plus beau, le crocodile et l'hippopotame plus forts. Leur dois-je quelque chose? » Job s'humilie, reconnaît son néant. « Mon serviteur Job a bien parlé. » Et pour finir d'une façon qui semble donner raison à la théorie des quatre amis — la rémunération présente — Jéhovah lui rend sa prospérité.

Ne voyez-vous pas dans le livre ainsi compris en dehors de l'interprétation chrétienne, tel que les quatre amis ont dû en tirer conclusion, la thèse de l'écrasement de l'homme par Dieu? Pour comprendre le sens de la vie, vivifier le ressort de l'activité humaine, tremper les âmes dans l'effort, je n'aperçois pas que Job soit supérieur à Aladin. Deux contemplatifs de la même famille, l'un bédouin spiritualiste, l'autre citadin légèrement incliné vers le sensualisme.

En général, ces Juifs sont gens peu sympathiques. Ce qui leur manque à tous, c'est l'élévation d'âme, ce que les philosophes appellent la conscience de soi. Dans son langage le christianisme exprime la même idée en disant que ce fut le Christ qui envoya le Saint-Esprit à ses apôtres.

Je prends un des plus grands noms de l'histoire hébraïque, David. Lorsque vous le voyez se mettre à l'état de nudité pour gambader de toutes ses forces devant l'arche, ne pensez-vous pas que Michol, la plus respectable de ses nombreuses épouses, est un peu fondée à lui reprocher de faire rire de lui les servantes[1]? Et à le juger par ses sentiments, que pensez-vous de sa dernière parole, qui est une recommandation à son fils de faire périr un de ses officiers pour de vieux péchés pardonnés[2]? L'on se croirait au sérail. Combien est plus belle, je dirais volontiers plus chrétienne, la mort du grand Périclès. « Je n'ai fait prendre le deuil à aucun Athénien[3]. »

1. Rois, II, vi, 20.
2. Rois, III, ii, 8.
3. Οὐδεὶς γὰρ, ἔφη δι' ἐμὲ τῶν ὄντων Ἀθηναίων μέλαν ἱμάτιον περιεβάλετο.

Je fais une exception pour Moyse. Celui-là fut positivement un héros, héros de première classe, possédant toutes les grandeurs de l'héroïsme, y compris la plus rare et la plus haute : l'abnégation personnelle. Il se subordonne lui et sa descendance à son frère aîné, homme des plus vulgaires, des plus médiocres. Le caractère particulier de Moyse est qu'aimant les hommes de sa race — ceux-là seuls — jusqu'au dévouement, on sent qu'il les méprise souverainement, et en somme il a raison. C'est là ce qui donne à sa figure ce cachet de supériorité si fortement exprimé dans l'immortelle statue de Michel-Ange.

Toute cette pacotille des femmes de la Bible, je me réserve d'en parler plus tard.

Le monde mulsuman, que je ne distingue pas du monde juif, étant ainsi la proie de tous les vices, toutes les souillures, toutes les misères que peuvent engendrer l'oisiveté, le dénuement, l'affaissement d'âme, résultat de l'écrasement du faible par le fort dans la famille, l'état, la religion, comment se fait-il que nos juifs de France, d'Angleterre, d'Allemagne, lesquels ne constituent proprement qu'une branche particulière de l'islamisme, soient des membres si honorables, si actifs, si importants de nos sociétés occidentales?

Si je ne me trompe, la solution de ce petit problème est en ce que pour ceux-ci les conséquences politiques et civiles de leurs dogmes religieux ont été interceptées par nos lois civiles et politiques, auxquelles, je l'ai déjà remarqué, on les a contraints de se soumettre, et ils se sont soumis fort sincèrement, leur patriotisme étant en général du meilleur aloi. Leur métaphysique religieuse n'a donc pas pour eux développé ses conséquences, et ce sont ces conséquences politiques qui ne valent rien.

Depuis quelques années, grâce à de certaines circonstances, grâces surtout aux nombreux et magnifiques établissements de bienfaisance fondés par l'inépuisable générosité des opulents israélites de Paris et de Londres, il se produit une remarquable accumulation de juifs à Jérusalem, presque un petit exode. Aujourd'hui dans une ville de plus de trente mille âmes, leur nombre dépasse la moitié de la population. Pour un tiers ces hébreux viennent d'Espagne, expulsés par Ferdinand le Catholique : ils ont trois siècles de résidence. Les deux tiers viennent de Russie et leur exode qui dure toujours ne date que de ces dernières années. MM. de Rothschild, Sir Moses Montefiore semblent se proposer d'encourager cette émigration en construisant pour eux de vastes casernes partagées en un grand nombre de petits appartements où les familles fort rapprochées les unes des autres—trop peut-être—trouvent un logement gratuit. Sur la route de Jaffa ces constructions d'un style particulier forment comme une nouvelle ville en dehors de l'ancienne. On dirait une cité qui prend essor.

Promptement le voyageur se convainc que cet essor n'est pas celui de la prospérité. Rien de plus triste, de plus morne que ces pauvres hébreux désœuvrés, rongés de misère, au regard sombre, abattu, abject, que l'on voit se promener le long des jours silencieux, misérables, autour de leur vieille patrie. Les enfants eux-mêmes n'y connaissent plus la vivacité naturelle de leur âge. Ils marchent lentement avec des yeux dont l'expression ressemble à celle des chameaux. L'année a perdu son printemps. Cela se conçoit. Leur misère est extrême. En de certaines choses les aptitudes de cette race sont assurément merveilleuses. Mais prenez garde que de même que leur intelligence susceptible

DES RELIGIONS DUALISTES. 155

de s'élever très haut a toujours été fort étroite, ses aptitudes se sont toujours emprisonnées dans un cercle
des plus restreints. L'hébreu a le génie du commerce,
surtout de la banque. A l'humble échoppe de saraf (chan-
geur), on en montre qui ont accumulé de grosses fortunes. A manier l'argent et l'or il est sublime. Mais ne
lui demandez pas le travail agricole ni aucun de ceux
qui exigent de larges mouvements corporels. Ses vê-
tements eux-mêmes, sa longue robe flottante vous in-
diqueront qu'il les récuse. L'hébraïsme ne comporte
qu'un très petit nombre de professions, est lui-même
quelque chose comme une profession. Or, si une ville
quelconque se composait pour moitié d'hommes appartenant à une seule profession, médecins par exemple
ou avocats, quel serait leur sort? Tel est celui des israélites à Jérusalem.

Le commerce et la banque d'une ville perdue au
désert comme celle-ci se réduisent à de minimes proportions. Aussi de tous les juifs qui y résident, n'en
cite-t-on qu'un seul qui soit à peu près riche. La presque totalité vit des aumônes de leurs coreligionnaires
d'Europe, et quelle vie! Voici authentiquement le repas
principal d'une famille de sept personnes, non dénuée
de quelques ressources : une livre de pain, un oignon,
un œuf, hachés en miettes et assaisonnés d'un peu
d'huile et de vinaigre.

Pour la plupart, les juifs venus de Russie ont renoncé
à la nationalité russe, et adopté la nationalité musulmane. Leur système est de garder leur passeport en
poche, et, tant que la chose est possible, louvoyer entre
deux eaux. Mis au pied du mur ils optent pour la souveraineté du Sultan. Trois cents familles seulement ont
gardé la nationalité russe.

Il ne semble cependant pas jusqu'ici que le choix qui

les rattache à l'État musulman soit dicté par le dessein
de renoncer à la famille chrétienne. Presque tous l'ont
conservée. Quelques infractions mormoniennes com-
mencent cependant à se produire. En cas de stérilité de
sa première femme, Agar est reçue dans la maison
d'Abraham après qu'elle lui a donné un fils. Jusqu'à
ce moment la règle est qu'elle réside sous un toit
étranger.

Nonobstant leur triste condition présente leurs illusions sont incommensurables. Depuis qu'ils ont vu un
homme de leur race être premier ministre de la reine
Victoria, ils se persuadent que le monde est sur le
point de leur appartenir. Mieux encore. Je ne sais sur
quel fondement — probablement la bienveillance que leur
témoigne la grande âme de ce souverain, — ils s'attendent à voir sous peu l'empereur François-Joseph embrasser leur foi et passer à l'hébraïsme. Voilà le Messie
trouvé.

En attendant, autant que leur illusion, leur abjection
passe toute mesure. On m'affirme, cependant, qu'un
ancien capitaine de l'armée française a déposé l'épau-
lette pour venir reprendre parmi eux la vie, la position
sociale, le costume de ses coreligionnaires. Un de ces
jours où ils viennent pleurer le front collé à ces vieilles
dalles salomoniennes, débris sacré de tout ce qu'ils
ont de plus cher, devant un rassemblement de peut-
être cent hébreux absorbés, la Bible à la main, dans
leurs pensées et leur douleur, un drogman armé d'une
houe vandale et sacrilège frappait à grands coups ces
blocs majestueux et sacrés pour en détacher des lam-
beaux réclamés par de stupides touristes comme il y
en a tant. Spectateurs muets et indignés de cette pro-
fanation, ils y assistaient sans trouver une parole, sans
avoir la pensée, le cœur de s'y opposer. Un chrétien

d'Europe survint qui arrêta le drogman. Ils lui laissèrent la main.

A travers celte longue série de souffrances cruelles, d'outrages, d'espérances toujours déçues, quelle pensée les appelle et les retient sur ce sol ingrat, stérile, arrosé de tant de larmes? La pensée pieuse de vivre là où reposa l'arche de leur alliance avec Dieu, de mourir et déposer leur cendre là où dorment les cendres de Jacob? Assurément. Rien en ceci qui ne soit digne de respect. Joignez-y, je le présume, le secret espoir de relever le trône de David et donner à leur race une existence, une personnalité politique perdue depuis les temps de Titus. Ils sont l'avant-garde de l'armée d'Esdras. Qu'ils aient à eux des hommes assez puissants pour donner corps à ce rêve très naturel, très honorable, acheter s'il lui en prend fantaisie à son maître débile et besoigneux, Jérusalem, toute la Palestine, y appeler les juifs disséminés sur la surface du monde *ut ædificentur muri Jerusalem* et y relever le trône de Salomon, cela ne fait pas l'ombre d'un doute.

Toute hypothèse est licite. Admettons qu'un jour, de même qu'il en a la puissance, M. de Rothschild ait la fantaisie, nouvel Esdras, de ressusciter l'État israélite, quelle sera la valeur, quelle sera la fortune, quelle sera l'âme de ce nouvel État? quel horoscope?

D'abord, je le concède, de très brillantes destinées. Je ne doute pas qu'assis sur le trône de David M. de Rothschild n'y fît très grande figure, ne fût un roi très éclairé, très brillant, qu'il n'y portât une âme très haute, à plusieurs égards supérieur à Salomon lui-même. J'admets que pour ses plus proches héritiers il en serait de même. J'admets que la société israélite tout entière encore pénétrée des influences, des institutions de cette société chrétienne au sein de laquelle

elle a vécu si longtemps, de cette bénédiction du
Christ qui de force s'est épanchée sur elle, semblable à
ce groupe de juifs espagnols et russes de Jérusalem qui,
sujets musulmans, ont conservé jusqu'à ce jour la famille chrétienne à peine souillée par quelques légères
taches de mormonisme; j'admets, dis-je, que cette société hébraïque avec ses grandes qualités naturelles,
ses merveilleuses facultés de persistance, d'enthousiasme qui se prête au négoce, nous donnerait durant
une certaine période le spectacle d'une grande prospérité, d'une grande civilisation fort analogue à notre
civilisation chrétienne dont elle a reçu l'empreinte, dans
le moule de laquelle elle s'est figée. D'ordinaire, l'œuvre des siècles ne se dissout pas en un jour. J'admets
même,—concession peut-être hasardée,—que la politique de ce nouvel État serait à son aurore libérale,
non seulement libérale dans sa constitution intérieure,
mais aussi dans ses rapports avec le dehors, le non-moi.
Autant Jacob a souffert de l'esprit exclusif des étrangers à son égard, autant dans sa propre maison il aurait
à cœur de leur donner des leçons de tolérance et de
largeur d'idées. Jadis ce n'était pas précisément son
apanage. De sa nature il ne fut jamais ni doux, ni facile,
ni tendre, ni magnanime. L'adversité apprend beaucoup
de choses aux hommes intelligents. J'admets donc qu'au
jour de son triomphe Jacob serait assez fort, assez
généreux pour refouler au fond de son cœur tout ce
que les iniquités, les outrages qu'il a soufferts y ont
accumulé de ressentiments.

Mais ce que j'affirme avec certitude, c'est que le temps
faisant son œuvre, qui est de développer successivement toutes les conséquences d'un principe posé, après
quelques générations encore imbues des sentiments
déposés par la civilisation chrétienne à laquelle il a

dû se plier, le régime civil et politique de l'État israélite obéissant à de secrètes forces déposées au fond de
ce qui constitue son être, déclinerait progressivement
vers le régime civil et politique du monde musulman
et finalement se résumerait comme celui-ci dans l'écrasement du faible par le fort. L'État hébreu ressem-
blerait trait pour trait à l'État turc, le fils de Jacob vau-
drait celui d'Ismaël, et l'héritier de M. de Rothschild le
sultan de Constantinople.

Pourquoi cela? Parce que, comme je crois l'avoir démontré, les religions agissent sur les politiques exclusivement par leur métaphysique et, qu'en somme, la
métaphysique juive est identique à celle de Mahomet.
Après quelques générations consacrées à expulser les
infiltrations étrangères, retrempée dans sa source primitive, elle coulerait dans le lit où coule la politique
musulmane, et arroserait des mêmes eaux les mêmes
rivages.

J'ai rendu hommage à la grande honorabilité de la
société juive européenne. Mais je maintiens que cette
honorabilité, elle ne l'a pas tirée de son propre fonds.
Elle ne l'a pas dérivée de sa propre source. C'est nous
qui lui avons imposé bon gré mal gré nos lois civiles
et politiques. C'est nous qui lui avons donné la propriété chrétienne, la politique chrétienne, la famille
chrétienne et toutes les sécurités, toutes les activités,
toutes les vertus qui en dérivent. Toutes ces choses,
livrée à elle-même, ne pensez pas qu'elle les pût
indéfiniment retenir. Le sort qui l'attend est de verser
dans le despotisme mormonien.

De ce qui précède, quelques conséquences me semblent se dégager que je ne m'abstiendrai pas de signaler.

Durant de longs siècles l'Europe chrétienne s'est
épuisée à assimiler les quelques hébreux disséminés

parmi nous par voie de contrainte, de persécution, les convertir, disait-on, dans le langage mystique du temps. A quels résultats est-elle ainsi parvenue? visiblement ces odieuses rigueurs sont demeurées stériles. De guerre lasse, quelques nations se sont résolues à en finir avec ces malheureux juifs par de barbares lois d'expulsion en masse et se sont ainsi mutilées elles-mêmes, se sont privées d'un élément de force. Cette politique cruelle, insensée, rappelons-nous qu'elle fut en plein dix-septième siècle celle de notre Louis XIV. D'autres plus éclairées renonçant à imposer aux hébreux une loi religieuse se sont bornées à leur imposer leurs lois civiles et politiques. L'expérience a pleinement réussi. La fusion d'intérêts et de sentiments suffisante pour amalgamer les éléments divers dans un même bloc social et politique s'est opérée. De la sorte, ce qui fut une faiblesse est devenu une force. Il n'existe pas en France de patriotisme de meilleur aloi que celui de nos israélites.

Ceci posé les horizons s'élargissent. Mon esprit se reporte vers nos sujets musulmans d'Algérie, lesquels ne sont, en somme, qu'une secte juive. Pourquoi, je le demande, la solution qui a si merveilleusement réussi pour les uns, ne serait-elle pas aussi la vraie solution théorique pour les autres?

Je ne me dissimule pas les très grandes différences pratiques dans les données du double problème, ni les difficultés qui en dérivent, ni les ménagements qu'elles comportent. Je n'envisage la question qu'au point de vue purement spéculatif. Je ne méconnais pas qu'il n'en saurait être des musulmans d'Alger formant un corps compact dix fois plus nombreux que les colons européens comme de ces quelques juifs isolés, noyés dans les flots de la population européenne. Un État brisé

d'hier ne se traite pas comme un État dissous depuis
des siècles. Je n'ignore pas que ce qui fut relativement
facile avec ceux-ci serait pour ceux-là une révolution
radicale, terrible, que l'on ne saurait aborder qu'à une
certaine heure, et avec des ménagements extrêmes. De
cette heure, je ne suis pas juge. Je comprends que
cette révolution exige chez celui qui l'entreprendra une
force irrésistible, chez qui la subira le sentiment de
l'inanité de toute résistance. Toutes ces questions de
fait, encore une fois, il ne m'appartient pas de les juger.
Mais je dis que le jour où l'on sera assez fort, la solution du problème de gouverner les musulmans d'Alger,
leur assimilation dans la mesure du possible à l'élément européen par la création d'intérêts identiques qui
en fasse, pour leur profit et le nôtre, des membres
utiles de la société française, je dis que cette solution
théorique véritable n'est autre pour les musulmans
que celle qui appliquée aux juifs dans tous les États
civilisés d'Europe a si merveilleusement réussi.

Dans l'Inde, la situation des Anglais est beaucoup
moins bonne. J'admets que nous n'ayons pas encore la
force d'aborder dans l'Afrique française la grande révolution. Mais il est évident que le jour viendra où nous
l'aurons. Je ne crois même pas que ce jour soit très
éloigné. Pour les Anglais dans l'Inde, malheureusement
il ne paraît pas qu'il puisse jamais venir. Leur empire
est trop vaste, leur force militaire trop restreinte. En
politique le prestige a sans doute une très grande valeur, mais il ne faut pas que tout repose sur lui seul,
parce que si vous le supprimez un seul instant, tout est
perdu. Il est reconnu que devant un soulèvement général de son immense empire, l'Angleterre, dans l'état
actuel du moins, est impuissante.

Cette grande et intelligente Angleterre qui remplit le

monde de son nom et de sa bienfaisante influence,
n'est pas sans avoir le sentiment de la vraie solution.
Elle en aborde même prudemment, timidement quelques détails. Laissant aux Hindous musulmans et brah-
maniques leur législation civile, elle en intercepte cependant les applications manifestement contraires à
l'humanité. Elle prohibe les Suttees et autres barbaries
odieuses. Fort bien. Mais ce n'est pas assez pour créer
une fusion d'intérêts qui amalgame les deux sociétés.
Cet amalgame, le veut-elle? cela est douteux. Les qualités et les défauts de son caractère s'y prêtent mal. En
tout cas pour l'obtenir, dans cette voie d'intercepter les
conséquences civiles des croyances religieuses de ses
sujets hindous, ses quelques pas sont insuffisants. Il
faut s'avancer beaucoup plus loin. Elle ne s'expose pas,
il est vrai, à une révolution qui soulève contre elle le
monde qu'elle gouverne. Même elle atteint un certain
résultat moral, non dénué de valeur, assurément. Mais
le résultat politique est nul. A ce point de vue, ce
qu'elle fait est ce que nous appelons en France du tatil-
lonnage. Et il est triste de penser qu'une action plus
radicale, plus profonde, semble à jamais reléguée dans
le domaine des impossibilités.

Les horizons s'élargissent encore. La dissolution du
monde musulman partout où il est en contact avec
l'Europe chrétienne est, à coup sûr, un des grands spectacles du temps où nous vivons. Cette dissolution rapide, progressive, est un fait éclatant comme le soleil.
Partout la pénétration de l'islamisme par les capitaux,
la science, l'activité européenne est un phénomène qui
se développe selon une progression géométrique, chaque résultat acquis possédant une puissance généra-
trice semblable à celle qui l'a créé lui-même. L'Europe
s'infiltre par toutes les fissures, tous les pores de ce vaste

corps sans cohésion. Déjà les intérêts européens engagés dans ce monde décrépit sont trop importants pour que les politiques puissent en faire abstraction. Elles sont amenées par la force des choses à appesantir de plus en plus leur main sur ces gouvernements sans honnêteté, sans intelligence. Et l'aurore apparaît du jour où cette force des choses les contraindra d'y établir leur prépondérance directe ou indirecte, ouverte ou latente. Bon gré mal gré elles y viendront. Déjà à Constantinople où l'Angleterre prétend réformer l'administration turque — tentative héroïque — en Égypte surtout où j'écris ces pages, n'en voyons-nous pas quelque chose?

Dans une circonstance récente le phénomène s'est produit d'une façon très éclatante qui montre la progression dans le rapport des forces. En ces mêmes lieux où il y a six siècles un des plus grands rois de France dut se rendre prisonnier avec toute son armée, sans remuer un soldat ni un canon hier il a suffi de quatre mots dits à l'oreille du souverain par un consul nommé M. Tricou, plus fort que saint Louis, pour que ce souverain baisse la tête, parte pour l'exil et fasse son paquet — ne le plaignez pas, on affirme qu'il a su le bien remplir.

Exterminer les musulmans lorsqu'on aura charge de les gouverner, les expulser d'Europe comme les Espagnols de Ferdinand chassèrent jadis les juifs et les Arabes d'Espagne et Louis XIV les protestants de France, même les pousser à la porte doucement par les épaules comme les Russes semblent aujourd'hui le vouloir faire avec leurs juifs, n'est pas une solution, c'est une barbarie.

Or, je dis que la nation qui la première saura découvrir et appliquer un peu en grand la vraie solution du gouvernement du monde musulman par le monde

chrétien, qui saura appliquer à cet immense *caput mortuum* un réactif qui le transforme en un corps vivant,
se prépare à elle-même de grandes destinées. Ce sont
les grandes idées poursuivies avec énergie et persévérance qui font les grands peuples. La grandeur, le drame
est dans les idées. Les nations ne sont que de simples
acteurs que l'on a le droit de siffler ou d'applaudir.

De toutes les nations d'Europe, mon pays est le premier qui sut appliquer aux hébreux l'assimilation civile.
En Afrique, pour l'appliquer un jour aux musulmans
sa position est excellente. Car déjà une insurrection générale serait une crise grave, redoutable, qu'il y aurait
témérité à provoquer, qui nécessiterait d'énergiques
efforts, mais dont l'issue ne serait plus douteuse. Il ne
s'agit que d'attendre l'heure psychologique.

Je souhaite qu'il soit dans les destinées de mon pays
d'appliquer un jour le premier cette solution et d'en
recueillir les fruits.

Si d'autres plus heureux, moins entravés par les difficultés intérieures où nous nous usons,

  Græcia barbariæ lento collisa duello,

l'abordent avant nous, si dans son empire Indien la
grande nation anglaise la tente la première — je ne
parle pas de la Russie qui ne sait pas même encore
chez elle appliquer la solution aux chrétiens non or-
thodoxes — notre devoir de nation civilisée sera de ne
pas lui envier sa fortune et de l'imiter selon nos forces.

L'avenir du monde est au concours des nations civi-
lisées vers la civilisation.

CHAPITRE IX

DU CHRISTIANISME

Le christianisme emprunte ses traits principaux aux deux religions panthéiste et dualiste, et cependant s'en distingue profondément. Comme la seconde, il sépare Dieu du monde. Comme la première, il incarne Dieu dans le monde, non par une incarnation continue qui aboutit à les confondre, mais une seule fois par voie de miracle. Le caractère propre du christianisme est sa conception du Médiateur entre Dieu et le monde. La messe catholique, la consécration de l'hostie, ne sont que son incarnation mystique. Dans la conception chrétienne le monde est distinct de Dieu, n'est pas lui-même Dieu, mais est rattaché à Dieu par le Médiateur qui étant Dieu, c'est-à-dire l'Être, anéantit le non-Être qui réside dans le monde par cela seul que le monde est une détermination, en s'y incarnant. Il est donc vrai de dire que par lui le péché du monde, c'est-à-dire son non-être, est effacé. Dans la conception dualiste, le péché subsiste. Dans la conception panthéiste, il n'a jamais existé, puisque le monde est Dieu.

Toutefois la grande innovation du christianisme, la révolution apportée par lui dans le domaine de la pensée religieuse, sa caractéristique comme religion, n'est pas son médiateur, son dieu incarné dans le monde, puisque le dieu du panthéisme ne cesse de s'y incarner.

La grande idée religieuse qui lui appartient en propre
est sa conception de Dieu.

Comme pour les deux autres religions, son dieu est
le grand *Un*, l'Un absolu, l'Un infini, l'Être sans limites. Et en même temps il est aussi le Déterminé, le
Verbe, le Plusieurs. Le Verbe, le Déterminé a toujours
existé *In principio erat Verbum*; il est Dieu comme l'Un,
Et Deus erat Verbum. Donc, entre l'Un et le Plusieurs
il y a équilibre. Les grands aplombs de tout ce qui
existe sont fondés. « Sans le non-être pas de distinction.
Tous les genres rentreraient les uns dans les autres ; la
pensée s'évanouirait avec l'Être[1]. »

La morale théorique, si belle qu'elle soit, a peu de
valeur pratique par elle-même et n'agit que par sa corrélation avec la métaphysique du système auquel elle
se rattache. A ce point que l'on pourrait presque aller
jusqu'à penser que la corrélation agit plus que la morale elle-même. C'est par où la morale chrétienne,
abstraction faite de sa supériorité théorique sur toutes
les autres, demeure absolument sans rivale. Elle ne
parle aux hommes de leurs devoirs qu'après avoir
constitué la personne par son idée de Dieu, relevé sa
dignité par la conception de son Médiateur, et c'est sur
le fondement de la responsabilité qu'elle pose l'édifice
du devoir.

Tous ces grands et nobles sentiments qui ont leur
source dans le respect de la personne humaine, l'égalité des hommes, la pitié pour les faibles, le pardon des
injures, l'amour des ennemis, l'amour passionné de
la justice, tous ces devoirs que le christianisme impose
envers soi-même et autrui, le respect de notre personne, la conscience de notre être propre et de notre

---

1. Paul Janet, *Causes finales*, l. II, ch. IV; Platon est du
même sentiment.

responsabilité, tout ce qui retire la créature humaine
du néant où vous la voyez dans la religion panthéiste,
de l'écrasement où vous la voyez dans la religion dualiste, si vous en cherchez l'origine première, je ne crois
pas que vous la puissiez trouver ailleurs que dans la
métaphysique chrétienne.

Si le Plusieurs ne peut pas être en soi, le monde distinct de Dieu ne peut pas être. Si le Plusieurs n'est
qu'une émanation, un mode de l'Un, le monde est une
émanation de Dieu. Donc le Déterminé existe en soi. Le
Verbe est Dieu. Donc Dieu lui-même étant Plusieurs en
même temps qu'Un, le monde devient possible, un
monde déterminé qui ne se confonde pas avec Dieu.

Dès lors devient également possible une incarnation
de Dieu dans le monde qui, tout en effaçant le non-être
du monde, ce que la théologie appelle le péché du monde,
maintienne la distinction de Dieu et du monde, et relevant
la personne humaine par la notion du Médiateur, fonde
la conscience de sa responsabilité sur la distinction de
l'être du monde et de l'Être de Dieu. Dès lors je ne
suis pas une parcelle de Dieu comme dans le panthéisme.
Je suis un être distinct, très faible, très misérable, très
borné, non cependant écrasé par Dieu comme dans le
dualisme, relevé de mon non-être par la participation
à l'Être du Médiateur. N'étant pas une partie du Dieu-
Monde, je ressortis à une autre loi que celle du *fatum*, en
d'autres termes je prends conscience de ma liberté.

Jamne vides igitur quanquam vis extera multos
Pellit, et invitos cogit procedere sæpe,
Præcipitesque rapit, tamen esse in pectore nostro[1]
Quiddam, quod contra pugnare obstareque possit.

1. II, 277. Ce *quiddam in pectore nostro*, Descartes le constate également, *Princip.*, 1re partie, art. 41.

Lucrèce lui-même rend hommage à ce sentiment intime, cette évidence morale de notre liberté. L'explication qu'il en donne est pitoyable, j'en conviens. Mais il la constate, cela suffit. Si je suis libre, je suis responsable. Voici la morale fondée, et son impératif catégorique : Vous pouvez me parler de mes devoirs.

Et aussi la liberté politique. Ses racines sont également dans la liberté morale et la responsabilité personnelle. Sauf les Chinois dont l'incontestable activité est une anomalie assez étrange, un phénomène peut-être plutôt physique que moral, un peu du même ordre que celle de la fourmi, vous ne trouverez de société active que celle où le sentiment de la responsabilité personnelle est fort développé. Vous ne trouverez de sociétés riches que les sociétés actives, et où fleurissent les vertus de l'économie politique, lesquelles, on l'a remarqué, tiennent par un lien très intime, très étroit, à celles de l'Évangile, et n'en sont, à vrai dire, que la traduction dans l'ordre des intérêts matériels et la constatation. « Ce ne sont pas les richesses qui font les hommes, disait Périklès, mais les hommes qui font les richesses [1]. » Et la richesse, une fois créée, est prompte à comprendre que sa meilleure sûreté est dans la liberté. Si dans le dualisme vous n'avez pas d'intermédiaire, si le souverain est un Allah politique de la même façon que Dieu est le sultan du monde, s'il écrase son peuple comme Dieu écrase le monde, dans le christianisme vous aurez un Médiateur entre la puissance gouvernementale et les gouvernés. La liberté sera possible, et par elle la puissance politique, le rayonnement de cette puissance au dehors. « Zeùs Eleuthérios ! » s'écrie Pin-

---

1. Th. I, xliii, 5, οὐ γὰρ τάδε τοὺς ἄνδρές, ἀλλ' οἱ ἄνδρές ταῦτα κτῶνται.

dare au début d'une de ses odes [1]. Ce Zeùs Eleuthérios, père de l'heureuse fortune σώτειρα Τύχα, source des prospérités de la paix et des triomphes de la guerre, de la sagesse dans les conseils, κάγοραι βούλαφόροι, mentionné également par le profond Thucydide, est-ce se méprendre que d'y voir chez ces Grecs si intelligents, qui pressentirent tant de vérités, quelque chose comme l'aurore de cette grande idée que le fondement de la liberté et des grandeurs qui l'accompagnent, n'est pas ailleurs que dans une certaine conception de Dieu. Elle est le premier anneau d'une chaîne dont tous les termes se tiennent et procèdent du précédent. Un peuple pauvre, à moins que son âme ne soit très haute et très fière, n'aura ni la pensée, ni le goût, ni le besoin de réclamer des garanties.

D'autre part, le système de garanties ne subsistera que s'il est accompagné d'une certaine consistance morale, d'un certain ressort dans les âmes. Avec les débiles personnalités du panthéisme et du dualisme, rien de plus difficile que de faire un peuple libre. C'est ainsi que la liberté, comme elle est dans le monde moderne l'apanage exclusif du christianisme, comme elle est la source de la puissance des nations chrétiennes, par cette puissance même chez des foules inintelligentes, est sa plus éclatante auréole et le signe de son excellence. Tout le reste se niera de lui plutôt que ceci. Car il n'y a pas à se méprendre. Il commande, il gouverne. Et c'est ainsi que le monde moderne a sa racine dans la doctrine du Verbe. *Et mundus per ipsum factus est.* Appliqué au monde physique, cette doctrine est rigoureusement vraie, puisque le monde est un ensemble de déterminations. Pour moi, elle a un autre sens, plus

1. *Ol.* XII, 1.

haut : ce n'est plus seulement le monde physique, c'est le monde moral, c'est le monde politique qui ont été faits par le Verbe.

Comme fait historique, la philosophie ne peut que constater le Médiateur de la même façon qu'elle constate tout grand fait, en y appliquant les règles de la critique historique.

Comme doctrine morale et politique, elle ne peut que rendre hommage à son incomparable efficacité, nulle autre doctrine n'ayant autant fait, n'étant capable d'en faire autant pour relever l'homme, le rendre digne et lui donner le goût de la liberté, fonder la dignité, la responsabilité de la personne humaine.

Comme métaphysique mystique, elle ne peut que reconnaître sa propre impuissance à atteindre elle-même une telle conception des rapports de Dieu et du monde. Je ne crois pas la philosophie impuissante à parvenir par elle-même à connaître la personnalité de Dieu. Je crois même qu'une psychologie bien conduite ne doit pas désespérer de connaître la Trinité. Mais l'incarnation chrétienne, les lois de sa nature le lui interdisent absolument, par la raison que la donnée première, essentielle de cette incarnation, est un miracle, et que la philosophie ne connaît pas de miracle, mais uniquement des lois. Elle ne traite que du général. L'on m'arrête. « La science moderne, me dit-on, rejette tout miracle [1]. » Est-ce vrai ? Selon moi, la formule, mélange de vrai et de faux, veut être comprise. Voici comme je l'entends.

En ce sens que la science ne donne pas de miracle, la formule est certaine. Est-ce à dire qu'elle rejette tout miracle dans la région du mythe, qu'elle n'en ad-

---

1. Fouillée, *Justice réparative.*

mette aucun dans le domaine du fait? Ici je conteste.

Avec ses éléments la science est parvenue à nous composer une matière toute semblable, identique à la matière vivante. Mais cette matière, produit de la science, vit-elle? Non. Qu'est-ce que la vie? Miracle. Entre l'être et le non-être il y a un *hiatus* que la science est demeurée jusqu'ici, on en conviendra, je dis sera toujours impuissante à franchir. Elle opère sur ses atomes. En peut-elle créer un seul? Qu'est-ce qu'un atome? Miracle.

La science nous donne les lois qui gouvernent les orbites des sphères du monde. Mais ces sphères, qui leur donna le mouvement initial? La chiquenaude de Pascal. Qu'est-ce que cette chiquenaude? Miracle. Vous me démontrez la permanence de la Force. Mais cette force elle-même quelle est-elle? D'où vient-elle? Miracle. La faites-vous? Pas plus une chiquenaude de force qu'un atome de matière. L'expliquez-vous? Éternelle, dites-vous. Qu'est-ce que votre éternité? Le mot dont vous recouvrez votre ignorance devant l'Inexplicable, l'Inconnaissable, dit M. H. Spencer[1], c'est-à-dire le miracle. En le niant, vous le confessez.

Si pour mettre en branle le monde physique, vous devez recourir à une chiquenaude, vous en passerez-vous dans le monde moral? Qu'est-ce que le miracle de l'Incarnation sinon cette chiquenaude qui donne le branle, la vie au monde moral?

Si vous admettez l'existence de la première, pourquoi pas de la seconde?

Le vrai, me semble-t-il, est ceci. Par elle-même la science ne donne pas de miracle, mais n'en rejette pas

---

1. « De toute nécessité l'explication doit nous mettre en face de l'inexplicable. Nous devons admettre une donnée qui ne peut être expliquée. »
Herbert Spencer, *Essays. Mill versus Hamilton.*

a priori l'existence, et là où il lui est prouvé qu'il existe, s'en empare, en déduit les conséquences et formule les lois selon lesquelles il fonctionne. Ainsi procèdent les sciences physiques. Pourquoi pas les sciences morales?

La formule « la science rejette tout miracle » doit donc être interprétée. En un sens, elle est vraie. Mais dans son expression elle est peu exacte, partant peu scientifique. Poussée à bout, elle signifierait que la science rejette le Dieu transcendantal et libre. Grâce au ciel, ceci n'est pas. Un très grand nombre de nos savants, de nos philosophes les plus autorisés, les plus illustres, s'inclinent devant le Dieu-Créateur du monde.

Employée dans le sens absolu, la formule ne signifie donc rien de plus que ceci : « Mon Dieu est le Dieu Immanent », et alors elle vaut ce que vaut celui qui l'emploie.

Donc, ce qui distingue le christianisme de toutes les philosophies rationnelles, c'est sa conception des rapports de Dieu et du monde.

Ce qui le distingue de toutes les autres religions, c'est sa conception de Dieu.

Nulle part l'idée propre et la conséquence des religions, ce que je serais tenté d'appeler leur caractère individuel, n'apparaissent mieux que dans leurs saints respectifs, et contre l'hypothèse qui ferait de tous leurs membres autant de saints, je ne vois pas qu'elles pussent soulever d'objection. La sainteté n'est-elle pas leur idéal à toutes? Ne se proposent-elles pas précisément la sanctification des hommes? Voyons comment elles comprennent cet idéal, le type de la sainteté pour chacune d'elles.

Le saint panthéiste est le fakir. Sa vertu est de ne pas se livrer au rêve de la vie, renoncer à sa personne et s'absorber tout vif dans le grand Tout. Le monde n'existe

pas pour lui, ni ce qui est du monde, ni lui-même. Il
renie l'action. Pense-t-il? C'est douteux. Immobile, in-
sensible à la douleur, les yeux clos, les jambes repliées
sous lui-même, le buste découvert, il ne fait pas un
mouvement pour chasser l'essaim d'insectes qui rongent
son corps. Ne lui demandez pas un service quelconque.
Vous n'existez pas. Pour vous dégager d'un péril de
mort, il n'aurait qu'à lever le petit doigt, il ne le ferait
pas. Est-ce vivre? Une société de fakirs vivrait-elle !

Le saint musulman est le santon, le marabout. Quiconque a parcouru la Turquie ou simplement notre
belle Algérie n'est pas sans avoir remarqué de nombreuses constructions funéraires de toute dimension,
recouvertes d'une coupole, le plus souvent minuscule.
Si ce petit édifice, peu gracieux par lui-même, construit
de matériaux grossiers empâtés dans un massif de
chaux, où dans une sorte de chapelle intérieure les dévots viennent prier, se dissimule sous l'ombrage touffu
d'un bouquet d'oliviers ou de sycomores séculaires, où
roucoulent les tourterelles de Barbarie, si quelques pal-
miers dans le désert élèvent près de lui leur panache,
l'ensemble ne manque pas d'une certaine valeur pitto-
resque. Invariablement ces monuments sont un hommage à la mémoire d'un marabout. Car dans le monde
musulman actuel vous trouverez beaucoup plus de ces
saints personnages morts que vivants. Ceux-ci je ne
me rappelle pas en avoir rencontré ailleurs que dans la
haute Égypte.

Qu'est-ce qu'un marabout? A peu près un fakir. Il ne
ferme pas les yeux. Il chasse les mouches. Par ailleurs
il n'agit pas davantage et peut-être ne pense pas plus.
A tous, leur histoire est la même. Retirés dans une solitude, ils ont prié comme Hélie au Carmel et saint Jean
au désert. Ils ont vécu de sauterelles. Mais en géné-

ral leur bouche est demeurée muette et de la plupart on ne saurait dire qu'ils aient crié dans le désert. Quelques-uns font exception. Ils crient. Mais ce sont les cris furieux du fanatisme poussant les hommes à l'extermination. Généralement le marabout évite les choses de la vie, craint de s'y mêler. Il aime que les corbeaux le viennent nourrir. Plus il se retranchera de la société des hommes, plus il sera vénéré. Infirme de corps ou d'esprit, sale, estropié, épileptique, idiot, signe de sainteté éminente. Vous ne trouverez pas une œuvre utile aux hommes à laquelle un marabout ait attaché son nom. Plusieurs ont été des énergumènes sanguinaires. Dans la ruche humaine ils sont absolument inactifs. Leur élément est la contemplation. Si tous étaient tels, la ruche n'irait pas loin.

Le saint chrétien est de toute autre sorte. En général son but est l'action. Il est vrai qu'à l'origine, dans le monde oriental toujours incliné vers la contemplation, en Égypte, en Syrie, le christianisme encore à l'étroit dans les vieux moules du monde romain ou le chaos du monde barbare, non encore parvenu au plein développement de son caractère, présente des exemples de Stélites différant peu des marabouts, même des fakirs. Je sais qu'aujourd'hui encore dans l'orthodoxie orientale par son action extérieure le caloyer des météores se rapproche très fort du type musulman. En Occident, de nos jours, ce style est démodé, et l'on peut se hasarder à prédire que l'on ne verra pas notre Église canoniser beaucoup de saints fainéants. Ses saints de goût sont des hommes d'action qui, comme créateurs, comme instruments, se sont dévoués à une œuvre, qui n'ont pas nié le monde comme le fakir, ne l'ont pas dédaigné comme le marabout, mais se sont proposé d'agir sur lui dans un certain sens. Plusieurs sont moines. Mais

cela ne tire pas à conséquence. Si parmi ces moines il
s'en trouve qui songent à appliquer à la société civile le
ferment de socialisme qui gît au fond de toute règle
monastique, réduire la grande société au type de socialisme monacal, et comme au treizième siècle les disciples
immédiats de saint François, Jean de Parme, Joachim da
Fiore, qui rêvent de je ne sais quel évangile éternel plus
parfait que le nôtre, on sait avec quelle rigueur les papes
les frappèrent. Ils les envoyèrent rêver dans un cul de
basse fosse. Les papes, les grands papes veulent bien
des couvents à leur service, mais n'entendent pas que le
monde soit un couvent. L'État chrétien tel que le
rêvent quelques docteurs, serait-il autre chose? Je ne
demande cependant pas qu'on les dépose dans des culs
de basses fosses. Il y eut une période de l'histoire européenne où le vent souffla au mysticisme. La société
écrasée par le désordre politique d'une époque de tran-
sition, accablée de maux, au désespoir de la vie présente
ne chercha de refuge qu'au ciel. Il y eut des siècles où,
renonçant à l'action on envisagea la vie à travers une
sorte de fatalisme inerte, à la façon des musulmans.
Alors nous vint d'Orient, sa patrie d'origine, ce qu'on
appelle le style gothique de nos églises, si merveilleusement adapté à l'expression de cet état moral de l'homme
qui succombe sous le poids de ses maux et s'affaisse
devant Dieu. *Matre pulchra filia pulchrior.* On peut
considérer cette période européenne comme close. A
prendre nos sociétés en général, elles ne sont plus mystiques. Suffisamment heureuses en ce monde, elles
n'éprouvent plus le besoin de partir pour l'autre. Peut-
être tombent-elles dans l'excès contraire et n'y songent-
elles pas assez.

Ζῆνα γὰρ οὐ τρομέων
Ἰδίᾳ γνώμα σέβει
Θνατοὺς ἄγαν, Προμηθεῦ [1].

Elles sont essentiellement, fiévreusement actives, ce
que Voltaire appelait le diable au corps. Nous vivons
beaucoup plus sur cette terre, beaucoup moins dans le
ciel que nos aïeux. Cela ne veut pas dire que le sentiment religieux n'existe pas en nous. Il est d'une autre
sorte. Il s'élève vers Dieu, aspire à l'infini, mais en passant par le fini. Il n'est plus passif et contemplatif. Il a
ses désirs, ses craintes, ses idées pour lesquelles il
adresse sa prière à Dieu. Souvent même il ne craint pas
de l'invoquer pour des objets d'un ordre très vulgaire,
ce que l'on appelle les biens de la terre. A cet esprit
social universel nos saints participent. A vrai dire le
saint n'est pas retiré du monde. Il y en a dans toutes
les conditions sociales, depuis les plus élevées jusqu'aux
plus humbles. Vous en trouverez qui ont été, qui sont
peut-être en ce moment d'excellents hommes d'affaires.
Même il semble que la sainteté chrétienne consiste à
pratiquer pleinement en vue du bien général et de Dieu
les devoirs de son état, étant entendu que l'état de chacun est celui où compte fait de ses facultés intérieures
et extérieures il peut faire le plus de bien. Nos plus
grands saints sont ceux qui ont accompli avec le plus
de dévouement et de succès les plus grandes œuvres, et
cette grandeur souvent, c'est à notre propre mesure
que nous la rapportons, justifiant ainsi le vieux mot de
Protagoras.

Une société composée d'hommes dévoués sans réserve
au plus grand bien de tous, c'est-à-dire de saints selon

1. *Prom.*, 542.

l'idée chrétienne, non détachée du monde comme les
fakirs et les marabouts, rattachée tout à la fois à Dieu
et au monde, ne pensez-vous pas qu'elle serait promptement maîtresse de l'univers? Je fais une petite réserve :
qu'à ces saints vous donnerez la liberté politique « la
liberté qui vient des bois ». Car le saint n'est pas naturellement libéral, ni le libéral naturellement saint. De
part et d'autre ce ne sont pas biens patrimoniaux, ce
sont biens d'acquêt.

Cela est si vrai, que sans être tous des saints, il s'en
faut, sans pousser le christianisme jusqu'à son idéal,
par cela seul que nous sommes chrétiens, il est visible
que nous sommes les maîtres du monde : au Christ sur
la montagne sont échus les royaumes de la terre.

Pour moi, parmi tous les grands événements dont les
hommes ont eu le spectacle, je n'en aperçois pas qui me
semble aussi grand, qui ait produit d'aussi immenses
conséquences que l'élaboration de la doctrine du Verbe,
et la rédaction en formule du dogme de la divinité du
Verbe incarné dans le monde. Les circonstances de
cette élaboration furent étranges. Elle se développa
ayant contre elle le monde intelligent et savant. Les
hypostases du dieu de la philosophie alexandrine n'ont
rien de commun avec la Trinité chrétienne. A part un
très grand homme, un héros par l'âme et l'intelligence, ses promoteurs ne sont pas tous honorables et
sympathiques, il s'en faut. Ses patriarches intrigants
et ambitieux, ses moines armés de gourdins s'abat-
tant sur la ville par bandes énormes, semblables à la
populace de nos faubourgs dans les journées de la révolution pour y assassiner, y mettre en pièces ceux
qui ne pensaient pas comme eux, sont assurément de
tristes personnages. Autant on éprouve de respect pour
la belle et savante et chaste Hypatie, autant on éprouve

de dégoût pour ses sales et ignobles assassins. Et cependant, contre cette noble Hypatie, contre ces grands et profonds professeurs nourris de la moelle de Platon, ces moines sales, brutaux, ignorants, vile et odieuse canaille, avaient raison. Les premiers sont dans le faux : les seconds dans le vrai. Ils sont les ouvriers de la plus féconde, la plus heureuse révolution qui ait jamais modifié les conditions de l'existence humaine. Ils sont les fondateurs de la liberté. Ils sont les bienfaiteurs de l'humanité.

Lorsque le voyageur parcourt les abords de la grande et encore aujourd'hui populeuse cité égyptienne, fondée par Alexandre, où tout ce qu'il y a de noms retentissants par-dessus tous les autres dans les fastes de l'histoire, César, Auguste, Napoléon, sont venus faire étape et marquer leur trace, où tant de drames se sont accomplis, tant d'images gracieuses, brillantes, glorieuses s'offrent à la mémoire, où à cette même place où s'élance aujourd'hui la grande colonne solitaire, l'intelligence humaine trouva un de ses plus brillants foyers, où la combinaison du génie hellénique avec celui du peuple des vieux Pharaons donna naissance à l'une des cités les plus illustres du monde antique par la population, la richesse, la culture de l'esprit, lorsque dans ces espaces encore à peu près vides, souillés de décombres et d'ordures au milieu desquels gisent çà et là des débris antiques, des tronçons de colonnes muets témoins des splendeurs d'un autre âge, sur l'emplacement de ce brillant Bruchion, aux bords de l'Eunostos, il évoque le souvenir de toutes les gloires qui passèrent par là, de tous les événements qui s'accomplirent dans ces lieux jadis si pleins de vie, aujourd'hui si mornes, une pensée envahit graduellement son esprit, domine et efface toutes les autres. Il a sous les yeux l'aiguille

qui porte le nom de la grande enchanteresse Cléopâtre.
Mais Cléopâtre pâlit. Pompée, Auguste, César lui-même,
Napoléon, Alexandre peut-être le plus grand de tous [1],

1. Parce qu'il avait du cœur, les deux autres non. Vous ne citerez pas d'eux comme de lui un de ces mots partis du cœur.

Bien que l'éducation d'Alexandre ait été faite par un homme
qui compte à peine des égaux dans le monde de l'intelligence,
j'incline à croire que le plus parfaitement bien élevé, le plus gentle-
man de façons et de caractère, le plus distingué de sa personne,
fut Cœsar. Homme charmant. Regardez son admirable buste à
l'entrée du musée de Naples : quelle grâce aristocratique dans ce
souriant visage ! — Ne vous y fiez cependant pas — que de race !
En outre un sens littéraire exquis. Celui de Napoléon, faux. Ce
qui est toujours l'indice d'une lacune d'esprit. En outre, pas de
cœur et mal élevé.

Un peu plus loin, dans ce même musée de Naples, arrêtez-vous
quelques instants à considérer le portrait du grand Hannibal,
belle figure d'un tout autre type grave et triste.

Le voyageur qui foule les ruines de Carthage s'interroge lui-
même et se demande si ce fut un bien ou un mal pour les hommes,
pour la civilisation, que, dans son duel contre Rome, ce grand
homme ait succombé; s'il n'eût pas mieux valu que dans le
monde antique l'idée sémite (Hannibal était neveu de Jacob) eût
triomphé de l'idée gréco-romaine.

Quelque respect que l'on porte à la grande mémoire d'Hannibal,
de cet homme prodigieux qui à lui seul mit en échec la fortune de
Rome, je crois qu'il en faut venir à donner raison à l'histoire, et à
Scipion (celui-ci n'était rien moins que beau), contre Hannibal.

Quiconque parcourt les ruines de Carthage se convainc promptement de l'infériorité esthétique du génie sémite comparé au
génie aryen. Voici un des plus puissants États du monde antique,
dont d'un bout à l'autre de sa longue carrière de prospérité vous
ne citerez pas un écrivain, pas un penseur, pas un poète, pas un
historien. Ce que nous savons d'eux, c'est par d'autres.

Quo.tot facta virum toties cecidere, nec usquam
Æternis famæ monumentis insita florent (V, 329).

Peuple de marchands et de capitalistes, étranger au monde de
l'art, âmes terre à terre. Pour le développement de l'esprit -h=

dont le corps repose sur cette terre que je foule, et
sans doute y gît encore, tous pâlissent. Que penser
d'eux? Dois-je les louer ou les maudire? Ont-ils fait le
bien ou le mal de l'humanité? L'un et l'autre. Peut-être
eût-il autant valu pour les hommes qu'ils ne fussent pas
nés. Si je me prosterne devant les héros, que ce soit
ceux qui se dévouèrent, non ceux qui firent litière des
hommes. Mais ici, sur cette terre, s'est produit un
événement plus grand à coup sûr que tous ceux auxquels
prirent part les fondateurs d'empire et les conquérants
du monde, un événement dont les conséquences mille
fois bénies subsistent encore, se développent tous les
jours, m'ont fait ce que je suis, moi, mon pays, le monde
entier. Sur ce point les guides en général fort bien composés — surtout les Anglais — que les voyageurs ont

main, rien. Je ne crois pas que leurs cousins de Jérusalem, très
supérieurs par le génie poétique, aient été pour le reste beaucoup
mieux doués. Je crois à un art arabe très mystique, assez subalterne, où le sentiment du fini, de la proportion, est par trop écrasé
par le sentiment de l'infini; même si l'on veut à un art hébreu,
bien que, je dois le dire, la vue des lieux n'en donne pas haute
idée. Je refuse de croire à un art carthaginois.

Que l'on me pardonne ces lignes inspirées par le souvenir de
ces affreux magots, ces animaux grimaçants, seuls restes qui nous
soient conservés d'un art vraiment carthaginois. Je ne parle pas
de quelques beaux débris d'architecture civile et militaire, lesquels
témoignent de la puissance de Carthage, mais sont étrangers au
monde de l'art.

Qu'il y a loin des ruines de Carthage à celles d'Athènes, même
de Rome!

Dans les ruines, ce ne sont pas les pierres que l'on regarde
c'est l'âme des peuples que l'on cherche à pénétrer. Dans les
grandioses palais de Louksor, comme dans le radieux Parthénon, c'est elle qui parle. Du Parthénon comme de l'Iliade se
dégage certainement ce qu'on appelle un air de famille des plus
accentués.

coutume de consulter sur chaque chose, qui leur donnent le signal et la mesure de ce qu'ils doivent admirer
et sentir, ces guides gardent le plus complet silence et
ne parlent pas plus de ce fait que s'il n'eût jamais
existé. C'est en ces lieux que s'est formulée la doctrine
du Verbe. C'est d'ici qu'elle s'est épanchée sur le monde.
Si au milieu de la tourbe de mendiants et de fripons
qui l'assaille, l'Européen lève fièrement la tête, s'il lui
est impossible de ne pas avoir le sentiment de sa force,
de son irrésistible, incommensurable supériorité, à qui
la doit-il?

Puisque l'auteur de ces pages n'a pris la plume que
pour être avec lui-même de la plus entière sincérité, il
confessera qu'à ces idées d'autres pensées d'un ordre
différent, très inférieur viennent aussi s'allier. Il est
fort mortifié d'avoir à confesser qu'en même temps
qu'à saint Athanase il a songé à Théocrite, qui place ici la
scène de sa plus charmante poésie. Bien que Théocrite
soit en somme un très aimable poète de second ordre et
de décadence, il est si peu connu de ceux qui ne peuvent le lire en sa propre langue, et ses *Adoniazouses*
nous présentent un tableau [1] si étincelant de verve de la
société grecque d'Alexandrie, que je ne résiste pas au
désir de donner ici la traduction de son Idylle XV.

---

1. Εἶδος, tableau, εἰδύλλιον, petit tableau, idylle.

CHAPITRE X

LES ADONIAZOUSES

GORGO.

Praxinoa est-elle chez elle?

PRAXINOA.

Chère Gorgo, que vous venez tard! Me voici. A force de vous attendre, je désespérais. Approche pour elle un siège, Eunoa, et un coussin.

GORGO.

Mille grâces.

PRAXINOA.

Asseyez-vous.

GORGO.

Ouf! quelles épreuves j'ai dû subir! j'ai eu besoin de courage. Je m'étonne, Praxinoa, d'avoir pu sortir vivante d'une telle foule, d'un tel torrent d'équipages. Partout des militaires. Partout des uniformes. La rue en est défoncée. Et il faut avouer que vous demeurez terriblement loin de moi.

PRAXINOA.

C'est bien pour cela que mon étourneau de mari est venu me caser au bout du monde, dans ce que je n'appellerai pas une maison — un trou de crapaud,

afin de nous éloigner l'une de l'autre, tout exprès pour
m'être désagréable, comme toujours.

GORGO.

Chut! ma chérie. Ne parlez pas ainsi de votre mari
Dinon en présence de votre fils. Voyez déjà de quels
yeux il nous regarde.

PRAXINOA.

Allons, mon petit Zophyre, mon doux trésor, ce n'est
pas de votre papa que je parle.

GORGO.

Par Proserpine, la petite cruche a de grandes oreilles.
Ton papa est beau, mon enfant.

PRAXINOA.

Ah! oui, beau. Tantôt (façon de parler) ayant à
m'acheter de la pommade, il m'a apporté je ne sais
quelle drogue. Un grand faiseur d'embarras.

GORGO.

Le mien, Dioklidas, tout pareil. Et de plus, bourreau
d'argent. Ne vient-il pas de payer sept drachmes cinq
vieilles peaux de chiens, à recouvrir des besaces, des
loques, à ne savoir par quel bout les prendre. Mais,
voyons ; prenez votre mante, ma chérie, et votre agrafe.
Je vous emmène au château du roi, le riche et puissant Ptolémée [1]. Venez voir Adonis. La reine, dit-on,
a fait merveille.

---

1. Il l'était en effet, il s'agit ici du second Ptolémée, précisément l'homme aux 40 milliards d'Appien.
Il y a là de quoi éblouir des dames comme celles-ci.

PRAXINOA.

Aux riches, tout à souhait. Quand on a vu de belles choses, le plaisir est ensuite d'en parler à qui ne les a pas vues.

GORGO.

Voici le moment de partir. Ensuite viendra le temps de parler.

PRAXINOA.

Eunoa, apporte ma mante, et pose-la comme il faut. Gare aux chats, qui cherchent de bons endroits pour dormir dessus. Allons, mademoiselle, pressons-nous. Un peu de vivacité. Va me quérir de l'eau. C'est d'eau que j'ai besoin pour commencer. Maladroite ! Voyez de quelle façon elle porte ma mante. Donne pourtant. Pas tant d'eau à la fois. Ah ! malheureuse ! ne vois-tu pas que tu verses sur ma robe ? Assez, me voici lavée à la grâce de Dieu. Et la clef de mon grand écrin, apporte-la-moi.

GORGO.

Praxinoa, voici une toilette qui vous sied à ravir. Tout compris, combien vous coûte cette mante ?

PRAXINOA.

Ne parlons pas de ceci, Gorgo. Plus de 200 drachmes d'argent fin [1], et en outre tout ce que j'y ai mis de mon savoir-faire et de mon intelligence.

---

1. En valeur actuelle mettez plus de 2,000 francs. Il ne s'agit donc pas ici tout à fait de petites bourgeoises.

GORGO.

Mais vous devez être contente. Vous avez bien réussi.

PRAXINOA.

Je suis de votre avis. Apporte-moi mon écharpe et
mon parasol. Attention à la bien poser. Toi, petit, reste
à la maison. Le cheval te mordrait. Une autre fois, tant
que tu voudras. Je ne veux pas risquer tes membres.
Phrygia, prends le petit. Rappelle le chien dans la cour,
et ferme la porte à clefs.

O dieux ! quelle foule ! quel chaos ! quand et comment
la pourrons-nous traverser ? Il n'y a pas tant de fourmis
dans une fourmilière. O Ptolémée ! vous êtes un grand
homme qui avez fait de grandes choses. Depuis que votre
père est allé dans l'Olympe prendre possession de sa
divinité, il n'y a plus en Égypte de brigands qui détrous-
sent les voyageurs, un tas de voleurs, de filous [1], de
vauriens, faisant leur joie du mal d'autrui. Gorgo, ma
chérie, qu'allons-nous devenir ? Les chevaux de bataille
du roi. — L'ami, je vous demande grâce. Ne me passez
pas sur le corps. — Oh ! ce cheval bai ! Voyez comme il
se cabre ! qu'il semble méchant ! Prends garde, Eunoa.
Retire-toi. Il va tuer son palefrenier. Ah ! que j'ai bien
fait de laisser mon fils à la maison.

GORGO.

Courage, Praxinoa. Nous voici dans le bon courant.
Tout va bien.

PRAXINOA.

Je reprends mon sang-froid. Mais c'est plus fort que

---

1. L'auteur de ces pages atteste que ceux-ci y sont revenus.

moi. Les chevaux et les serpents, cela m'a toujours donné le frisson. Hâtons-nous, quelle foule en mouvement autour de nous !

GORGO.

Eh? la mère, appartenez-vous au service du château ?

LA VIEILLE.

Oui, ma fille, j'en suis.

GORGO.

Y a-t-il moyen d'entrer ?

LA VIEILLE.

Avec de la persévérance les Grecs sont bien entrés à Troie. Vous êtes de belles filles. Je ne crois pas que rien vous soit impossible.

GORGO.

Voici une vieille qui parle comme un oracle, et disparaît.

PRAXINOA.

Les femmes savent tout, devinent tout. Il n'y a pas de mystères pour elles.

GORGO.

Voyez quel encombrement autour de la porte.

PRAXINOA.

Incroyable. Gorgo, donnez-moi la main. Et toi, Eunoa, prends celle d'Eutychis. Tiens bon, ne lâche pas, pour ne pas te trouver perdue. Entrons toutes ensemble, d'emblée. Ferme, Eunoa, tiens-toi à nous. Ah ! malheur ! on écharpe déchirée en deux. Que les dieux vous soient propices, monsieur. Aidez-moi à sauver mon écharpe.

L'ÉTRANGER.

C'est plus fort que moi. Toutefois j'essaierai.

PRAXINOA.

La presse est grande. Ils poussent comme des co-chons [1].

L'ÉTRANGER.

Courage, madame. Nous sommes sauvés.

PRAXINOA.

O vous, cher mortel, homme de bien et compatissant, qui nous avez protégées, que le bonheur vous accompagne à présent et toujours. Eunoa est emportée par la foule. Allons ! pousse ferme et passe de force. Bien. Comme à la noce quand on a fait entrer la mariée. Tout le monde dedans.

GORGO.

Praxinoa, venez ici. Regardez ces étoffes, quelles broderies ! quelles teintes ! quelle souplesse ! quelle grâce ! on dirait l'œuvre d'une main divine.

PRAXINOA.

O divine Athéné ! quelle habileté chez celles qui les ont tissées ! quel art chez ceux qui ont tracé les dessins de ces broderies ! quelle vérité ! on dirait que cela vit et se meut. Ce ne sont pas des étoffes, c'est de la réalité vivante. Vraiment, par son intelligence, l'homme est grand. Et lui-même tout aimable sur son lit d'argent,

---

1. Ωθεῦνθ'ὥσπερ ὗες, 72.

les joues à peine ornées du premier duvet de l'adolescence, comme il repose, ce cher Dieu, le trois fois aimé
Adonis, toujours adoré, même aux enfers.

UN ÉTRANGER.

La paix! et silence, ô femmes, qui roucoulez des non-
sens comme les tourterelles, et assommez le monde
par votre flux de paroles.

GORGO.

Foin de l'homme! que lui importe si nous babillons?
A qui vous appartient donnez vos ordres. Donnez-vous
des lois à Syracuse? Et pour que vous le sachiez, nous
sommes de race corinthienne comme Bellérophon. Nous
parlons le dialecte du Péloponnèse. Doriennes, vous
nous permettrez de parler dorien.

PRAXINOA.

Douce Proserpine, faites que nul homme ne me commande sauf un seul. Ce n'est pas vous, monsieur, qui
boirez dans mon verre.

GORGO

Silence! Praxinoa. La fille de l'Argienne, cette virtuose qui chanta la mort de Sperchis, va nous faire entendre sa voix et chanter Adonis, ce sera très beau. La
voici qui s'agite. Elle va commencer.

LA CANTATRICE.

O déesse! vous qui chérissez le séjour de Golgos et
d'Idalie, et les sommets de l'Eryx, blonde Aphrodite,
tel après douze mois d'absence vous revîtes Adonis ra-
mené des bords de l'infranchissable Achéron par les
Heures à la marche silencieuse, les Heures, lentes dées-

ses, aimables pourtant, vers lesquelles s'élancent les cœurs, qui apportent aux mortels toute grâce, toute beauté,

Déesse de Chypre, fille de Dionée, vous qui d'une seule goutte d'ambroisie transformâtes, on le sait, Bérénice de simple mortelle en compagne immortelle des dieux,

Tel aujourd'hui, pour vous rendre hommage, à vous que dans de si nombreux sanctuaires on adore à tant de titres, la fille de Bérénice, Arsinoé belle comme Hélène [1], nous rend Adonis orné de toutes les splendeurs de la nature.

Près de lui, dans des corbeilles d'argent, s'étalent les fruits les plus savoureux, les plus brillantes fleurs des jardins. Dans l'albâtre incrusté d'or déborde la myrrhe de Syrie. Toutes ces friandises délicates, ces merveilles de l'art féminin où la plus pure farine se mêle au parfum des fleurs, à l'huile, au miel exquis, revêtent pour vous, ô Adonis, la forme des oiseaux du ciel, des bêtes qui foulent la terre. Voyez ces retraites, ces frais ombrages où s'entasse la verdure. Voyez ces jeune amours qui folâtrent par dessus, et semblables à des rossignols volent de branche en branche, essaient leurs ailes et se posent au sommet des rameaux. Voyez cet ébène, cet or qui ruisselle, cet aigle portant vers le trône de Zeùs le bel enfant qui lui servira d'échanson. Voyez ces tentures de pourpre qui semblent l'inviter au sommeil, ainsi que cela se pratique à Samos et à Milet. Voyez ces deux

1. Elle était en effet d'une beauté extraordinaire. L'on voit son portrait dans un camée du cabinet impérial de Vienne.

Son père, le fondateur de la dynastie, dont on voit également le portrait dans un autre très beau camée de la même vitrine, a la figure vulgaire de ces généraux, qui à la suite d'un maître n'ont souci que de pousser leur fortune.

lits : sur l'un repose la déesse de Chypre, sur l'autre le
bel Adonis aux bras vermeils, son bel époux de dix-huit
ou dix-neuf ans. Les baisers de la déesse ne font qu'ef-
fleurer sa bouche dont la barbe naissante n'est encore
qu'un fin duvet. Avec lui qu'Aphrodite savoure les
joies du mariage. Pour nous, dès que l'Aurore versera
sa rosée, toutes nous acheminant vers le rivage, vers les
flots écumants, la chevelure aux vents, les seins décou-
verts, toutes ensemble chanterons à haute voix :

O bien-aimé Adonis! nul autre que vous parmi les
demi-dieux et les héros ne vit tour à tour sur la terre
et aux enfers [1]. Ce que le Destin refuse à Agamemnon, au
grand Ajax, le héros aux sombres fureurs, à Hector, le
plus vaillant des vingt fils d'Hécube, à Patrokle, à
Pyrrhos, le vainqueur de Troie, ce que n'obtinrent ni les
Lapithes, ni les fils de Deukalion, ni ceux de Pélops, ni
les Pélasges, premiers habitants d'Argos, vous seul revi-
vez et mourez tour à tour. Soyez-nous propice, cher
Adonis, et que la joie renaisse pour vous avec l'année
renaissante. Nous t'aimons, Adonis, et quand tu revien-
dras nous t'aimerons encore.

GORGO.

Praxinoa, que dites-vous? n'est-ce pas beau? Heureuse
cette femme pour ce qu'elle sait. Plus heureuse pour
les doux accents qui sortent de ses lèvres. Mais il est
temps de rentrer chez moi. Dioklidas n'a pas dîné.
Dans de telles conditions mon mari est un vrai vinaigre.
A jeun, il n'est pas abordable. Adieu, cher Adonis. Heureux les mortels que tu visites.

---

1. On sait que dans l'exégèse religieuse, Adonis est un dieu
solaire et figure le printemps.

CHAPITRE XI

DE LA BEAUTÉ DES FEMMES

Prenons congé de nos aimables dames grecques si mal mariées. Qu'elles aillent, très malgré elles, préparer le repas de leurs sots et désagréables maris. Je ne quitterai cependant pas les dames sans rendre hommage à leur beauté et après avoir parlé des rapports des religions aux politiques, je parlerai du rapport de ces mêmes religions à la beauté des femmes. Sur ce sujet, peut-être trop négligé par nos philosophes, j'ai quelques idées que je crois justes. Ce n'est pas ici un hors-d'œuvre, cela se rattache étroitement à mon sujet, la grande politique des hommes et la beauté des femmes dérivant selon moi de la même source.

Parmi mes nombreuses connaissances de voyage nulle ne m'a laissé de meilleurs souvenirs qu'un jeune officier anglais des Royal horse guards, aussi intelligent qu'instruit et bien élevé, M. le captain Frederic Burnaby, aujourd'hui major Burnaby, qui depuis, par un voyage vaillamment accompli et spirituellement raconté dans un livre rapidement parvenu à sa septième édition, a conquis dans son pays une grande et juste notoriété. Que l'on me permette de raconter une de nos conversations. C'était à Rome, dans l'hiver de 1872, le lendemain d'un bal chez son ambassadeur Lord Paget. — « Expliquez-moi ceci, lui dis-je. Nul plus que moi ne rend hom-

13

mage à la singulière beauté de vos misses. Jeunes, rien
de plus charmant; vieilles, c'est fini. Tout est disparu,
même cette trace que la beauté laisse après elle. » —« Il
est certain qu'arrivées à un certain âge nos dames anglaises ne savent plus comment s'habiller, et puisqu'il
y a de certains rapports entre la toilette d'une femme
et son caractère, son esprit, je dois reconnaître qu'à
une certaine heure, chez elles, quelque chose se dis-
loque. Je ne conteste pas votre observation, comment
l'expliquez-vous? » — « Selon moi c'est votre faute.
Chez nous il n'est pas absolument rare de voir de belles
vieilles dames de grand air sur le visage desquelles, de
même que dans toute leur personne, un peintre de
talent saurait saisir le signe de cette je ne sais quelle
beauté permanente qui, traduite par l'art, illuminerait
une toile et fixerait sur elle les yeux de la foule. Je ne
veux pas dire que dans nos salons, nos familles très
modestes assurément, très bourgeoises en regard des
vôtres, ces vieilles beautés se rencontrent fréquemment.
Partout et toujours la beauté est rare et précieuse. Je
dis qu'en France vous rencontrerez des dames qui embellissent à vieillir. Or, chez vous, c'est à peine si je m
rappelle avoir vu une seule vieille dame anglaise qu
fût belle [1]. J'en ai vu de ridicules. » — « Possible, pourquoi cela? » — « Selon moi la cause est dans la différence de la position civile des femmes dans notre société et dans la vôtre. Chez vous, c'est à peine si la
femme possède, hérite, dispose de ce qu'elle a. Veuve,
chargée de famille, elle ne peut même pas faire le com-

1. Cependant une seule qui avait été très belle et à cinquante e
un ans l'était encore.

Le 28 octobre 1879. Je note le fait pour sa singularité et ne
pense pas qu'il infirme mon observation générale, ni la théorie
que je me propose d'en déduire.

merce, signer un billet. Comparez la position qu'une
mère occupe dans sa famille en France et en Angleterre.
Chez nous elle possède d'ordinaire autant de fortune
que son mari, elle en peut librement disposer. Chaque
jour en France nous voyons des familles relevées par
des femmes tutrices de leurs enfants. Elles ne reluisent
pas d'un éclat emprunté comme la lune. Elles sont
de petits soleils qui possèdent leur propre lumière. De
vos dames anglaises il semble que vous ayez pris à
tâche de ne faire que des lunes. Tout ce que la loi
civile peut accumuler de forces sur une tête humaine,
vous vous l'êtes réservé. Vous en avez fait votre apanage. Tout ce que cette même loi peut accumuler d'in-
capacités sur une personne libre, vous en avez fait le
lot de vos femmes. Vous avez résolu le problème de les
subalterniser, de réduire à peu près à zéro leur personnalité. Directement, elles ne peuvent presque rien. Leur
action au dehors, même au dedans, ne peut être qu'indirecte. Elles ne peuvent agir que par leur influence
sur l'esprit des hommes. Aussi leur ambition, cette ambition naturelle et légitime de toute âme humaine de
réagir sur ce qui l'entoure, n'a-t-elle d'issue et d'instrument que de vous donner dans l'œil. L'effort de leur
vie s'y concentre. Jeunes, comme la nature les a faites
charmantes, elles y réussissent merveilleusement. Avec
les années, les grâces printanières s'envolent. On les
retient obstinément, parfois même, selon notre remarque,
trop tard par les artifices et la toilette. Vos dames sont
futiles, dites-vous. Je le crois, cela doit être. Leur rôle
le comporte. C'est vous-mêmes qui les forcez à l'être.
Enfin le jour arrive où cette vieille dame dont vous
avez fait moins une personne humaine véritable qu'un
accessoire de votre propre personnalité doit accepter et
subir la fonction, l'âme, la physionomie d'une comparse.

Étonnez-vous maintenant que l'insignifiance, la subalternité de la position que vous lui avez faite, du rôle que vous lui avez départi dans la vie, vienne se refléter sur son visage et dans l'air de sa personne. N'est-ce pas le privilège du visage de l'homme, le signe de son excellence, d'être en quelque sorte le miroir de l'âme et d'en révéler le diapason. Si la mesure des choses de l'art est l'expression, qu'y a-t-il de plus beau que cette face humaine si merveilleusement expressive, sur aquelle l'élévation ou la vulgarité des sentiments, même des pensées, se gravent en traits à la longue indélébiles. Si parfois nos dames embellissent à vieillir, les vôtres jamais, c'est que nous avons élevé les nôtres jusqu'à nous et que vous avez pris à tâche de subalterniser les vôtres. Vous payez la rançon de vos orgueils. Si j'étais Anglaise, si j'avais l'âme assez haute pour ne pas subordonner toutes les choses de la vie aux vanités de la fortune, je vous déclare que mon ambition serait de me marier en France. A vos nobles et puissantes ladies nos modestes bourgeoises se sentent à tout prendre supérieures en dignité, et sur leurs visages, empreints de je ne sais quelle sérénité douce et austère, expriment le sentiment de cette supériorité. »

Quelques années après cette conversation, l'auteur de ces pages était à Athènes. Sous des formes différentes, il y retrouvait le même problème.

Lorsqu'après s'être livré tout à son aise aux éblouissements du passé et vécu quelques jours comme plongé dans cette société antique que sur ce sol, sans rival dans le monde, tant de muets témoins, monuments de son génie, semblent faire revivre sous ses yeux, lorsqu'après avoir évoqué la grande âme de Périklès au pied du Vima[1]

1. Le Βῆμα de Périklès n'était pas, paraît-il, tout à fait celui de Démosthènes, mais presque contigu.

d'où sa voix se fit entendre, lorsqu'après avoir lu
l'*Agamemnon* assis sur les gradins de marbre de ce
même théâtre où ce drame, le plus beau peut-être qui
soit sorti d'une tête humaine, fut livré à l'admiration
des Athéniens, et sur les marches du Parthénon relu le
Canon homérique, ce tableau si vivant de la Grèce héroïque, suivant de l'œil aux divers points de l'horizon
la direction des vers mentionnés par le poète, lorsqu'enfin, fatigué en quelque sorte d'admiration pour ce passé
évanoui, *lassa non satiata,* le voyageur se résigne à
rabattre son regard sur le monde présent et les hommes
qui l'entourent, la chute est rude, j'en conviens. Toutefois, là même encore le spectacle n'est pas dénué d'intérêt. Des compatriotes de Platon et de Thémistocle, ces
hommes chez lesquels vous ne rencontrerez peut-être
ni le génie de l'intelligence, ni l'héroïsme du caractère,
sont cependant les fils légitimes, la pure descendance;
et vous pouvez en sécurité saluer en eux l'âme, un peu
diminuée, je l'avoue, de leurs pères. Comme toujours,
l'individualisme du caractère, d'un caractère qui, sans
doute par la faute des circonstances, s'est développé
peut-être moins dans le sens de ses qualités que de ses
défauts, mais conservant toujours la marque des uns
et des autres dans ce qu'ils ont de plus subjectif, s'est
accentué à vieillir. Si pour traduire ma pensée j'emprun-
tais un moment la langue un peu barbare d'Abeilard, je
dirais volontiers que dans le grec moderne il y a plus
de *grécité* que dans le grec antique. Durant le cours des
âges, beaucoup de sang barbare s'est assurément mêlé

Le merveilleux épitaphien ne fut pas prononcé en cet endroit,
mais près de la gare actuelle, en une tribune improvisée.
(*Thuc.,* II, xxxiv, 8.)

Pour l'élévation d'âme et la profondeur de pensée, ce discours
est pour moi incomparable.

à la source hellénique. Les grossiers Romains sont venus, les Slaves, les Bulgares, les Turcs, que sais-je ? Il
en est advenu comme dans ces races très nobles d'animaux qui après quelques générations expulsent les éléments étrangers et rentrent dans leur intégrité primitive. Regardez ces hommes : il est visible que l'énergie
extraordinaire du sang grec a chez presque tous expulsé
la dernière goutte de sang barbare. Le rustre enrichi,
c'est moi. L'homme de grande race, le noble, c'est celui
qui passe sous mes yeux. Il a très grand air, très grande
prestance, une belle figure, la démarche superbe. Il est
vêtu à l'européenne. C'est un monsieur en habit noir.
Je ne crois pas qu'il soit très fortuné. Armé d'une sorte
de grande houlette, il mène paître dans les rues
d'Athènes et la campagne adjacente un troupeau de din-
dons. Telle est pour le moment sa profession. Pour se
convaincre qu'il est de force à aborder d'autres tâches,
que si pour gagner sa vie il est réduit à garder, comme
Mme de Maintenon en sa jeunesse, un troupeau de din-
dons, c'est une trahison de la fortune, il suffit de regarder ses beaux yeux noirs, ὄμματα καλὰ, vifs et intelligents,
toujours ἑλικῶπες Ἀχαιοί. En somme, il est très beau,
même ce qu'on appelle très distingué. Tout ce qui constitue la beauté d'un homme il le possède. Vous croyez
revoir Apollon berger chez Admète. Plus encore que
de la conformation physique de ses ancêtres, il a hérité
de leur conformation morale et intellectuelle, si l'on me
permet ce mot. De même que son aïeul, il est doué
d'un caractère fortement marqué au signe de la personnalité, entreprenant au delà de toute expression, un
peu faible peut-être à l'endroit de la sévérité morale, à
peu près propre à tout, plus enclin cependant aux
œuvres de l'intelligence qu'à celles du corps, plus apte
au commerce et à la marine qu'à l'agriculture. Si dans

le Français moderne l'érudit de nos jours se plaît à retrouver les traits caractéristiques du Gaulois de Cæsar, et en somme à constater la persistance des linéaments distinctifs du vieux fonds dont nous sommes issus, si dans l'Allemand on retrouve de la même façon le Germain de Tacite, que direz-vous de ces Grecs dont, phénomène unique dans notre civilisation, la langue, ce symptôme le plus caractérisé de la personnalité nationale, a persisté depuis le temps d'Homère jusqu'à nos jours. Qu'un Anglais très familiarisé avec la langue de Cicéron entreprenne de lire une page de Dante et de Corneille, s'il ne sait pas le français et l'italien, deux langues latines cependant, je le défie de la comprendre. Si vous lisez Démosthènes, vous pouvez lire et comprendre le journal grec contemporain.

Ce fils de l'Hellade si beau, sous les traits duquel vous aimez à vous représenter Diomède ou Alcibiade, son épouse le suit à quelques pas par derrière, *Maid of Athens*, chantée par Byron. Quelle déception! Disgracieusement vêtue, mal tournée, petite, entièrement dénuée de beauté, toute sa contenance dénote qu'elle a sentiment de son infériorité. Généralement elle paraît peu au dehors, se montre même peu au dedans, et semblable à Pénélope dans son hypéroion, demeure reléguée dans les parties les plus intimes de sa maison, *vitæ proscenia*[1], absorbée par les soins les plus humbles de son ménage. Elle ne fait pas le commerce. Autant son époux est propre à tout, autant elle n'est bonne à rien. Dans les boutiques d'Athènes ce sont les hommes qui vendent tout, même les choses chez nous le plus spécialement réservées à l'usage des femmes, les rubans, les robes, les corsets de dame, si toutefois cet objet se

1. IV, 1179.

rencontre dans Athènes. Dans ces magasins, pas une
femme, fort peu dans les rues où elles glissent le long
des murailles. Dans les champs, s'il vous arrive d'en
rencontrer, pis encore, à peu près bêtes de somme. Ce
sont les hommes qui vont au marché, font la provision
du ménage et portent les paniers. Ces pauvres créatures
féminines, durant un séjour de plusieurs semaines à
Athènes, je ne me rappelle pas en avoir remarqué une
seule dont le visage fut agréable. Même avant que le
dur contact de l'indigence, dont la beauté des femmes a
tant de peine à triompher, ait flétri leurs modestes appas, aux heures printanières de l'adolescence, on
cherche vainement quelques traces de la beauté de leurs
aïeules Hélène et Aspasie. Tout est disparu, même le
galbe du visage. Dans les élégants quartiers neufs de
la ville moderne est un établissement princier fondé,
comme tout ce qui est grand et beau dans la Grèce
actuelle, par un opulent particulier, M. Arsakis, et consacré à l'éducation des filles. Ce grandiose et somptueux
établissement, que pourraient envier nos plus grandes
cités occidentales, dans des classes graduées donne une
éducation fort bien entendue, d'un niveau assez élevé
aux diverses catégories de filles d'Athènes, filles du
peuple, petites bourgeoises, demoiselles. Plusieurs fois,
à l'heure où cet immense établissement dégorge ses
jeunes élèves, l'auteur de ces pages s'est plu à passer
en revue ces joyeux visages. Fort peu qui me parussent
marqués aux signes qui présagent la beauté, et cette
Nicarète du dernier discours de la collection démosthé-
nienne, qui faisait commerce d'acheter ici des jeunes
filles[1] pour les embellir, y perdrait aujourd'hui son
temps et son argent. Un Hellène des plus distingués

_____
1. *Néaira.*, 18.

par l'instruction et la portée d'esprit, M. le docteur
Jean Vouro, m'a cependant affirmé qu'il existe quelques
points microscopiques de la Grèce actuelle où l'on retrouve chez les femmes des vestiges de la beauté antique, je ne sais quel coin de l'Eubée et Sparte, toujours
Sparte aux belles femmes, καλλιγύναικα. J'admets le fait,
bien que dans un voyage fait à Sparte aux jours de ma
jeunesse, je ne l'aie pas constaté. Ce que j'affirme, c'est
qu'à Athènes même aujourd'hui, autant les hommes
sont beaux, autant les femmes sont laides. Je n'ai pas
la prétention de porter un jugement sur les agréments
des dames d'Athènes, à peine entrevues par moi. Qu'il
me soit cependant permis, comme exemple de leur insignifiance, de rappeler une première visite faite par l'auteur de ces pages à l'une des plus grandes dames de la
ville, habitant un très bel hôtel richement meublé, où,
en présence de cette jeune dame très Hellène, mais parlant assez l'italien pour ne pas demeurer étrangère à la
conversation, le mari se donnait la licence de fumer lui-
même et invitait le visiteur à en faire autant. Je suis de
ceux qui pensent que là où les femmes tiennent leur
vraie place dans le monde, on doit se gêner pour elles,
et que c'est mauvais signe lorsque les choses se passent comme dans le salon de cette jeune dame.

Ce que j'ai dit des vieilles dames anglaises fera comprendre pourquoi les dames d'Athènes, subalternisées
dès leurs plus belles années non par les lois, puisque
les Grecs, de même que la jeune et intéressante nation
roumaine, ont fait à la France l'honneur d'adopter le
corps de ses lois civiles — je regarde ceci comme un
très grand honneur — mais par les mœurs, portant encore le stigmate non effacé du joug ignoble que Mahomet a si longtemps appesanti sur elles et révélant sur
leur visage le sentiment de cette subalternité, n'en sont

pas encore venues à participer à la beauté de leurs
époux. Cela viendra, j'en atteste Héré et Aphrodite[1], à
mesure que leur instruction se développant, leurs aptitudes prendront essor et leur caractère confiance en lui-
même. Mais il est positif que l'heure de leur beauté n'a
pas encore sonné, et je ne sais où Byron avait déniché
celle à laquelle, mélangeant le grec à son anglais, il fei-
gnait de redemander son cœur. Galanterie poétique.

C'est une loi de nature, semble-t-il, que nous pouvons
vérifier dans toutes les espèces animales avec lesquelles
nous vivons en société, que chez la plupart, de même
que la force, la beauté est partout le partage des mâles.
Quelques espèces arrivent à l'égalité approximative des
deux sexes. Partout où l'infériorité relative se révèle, elle
se manifeste au détriment des femelles. C'est à peine si
cette loi très générale souffre exception. En tout cas, à
notre espèce cette exception ne s'applique pas. Naturellement la femme est laide. Ce qui lui donne sa beauté,
ce n'est pas la nature, c'est la civilisation. Comment
cela? Ici pour expliquer mon idée je suis forcé d'introduire quelques notions philosophiques.

Dans la *Genèse* Dieu dit : « Faisons l'homme à notre
image », et se plaçant dans cet ordre d'idées Descartes,
lorsqu'il a voulu concevoir Dieu, les puissances qu'il a
reconnues en lui-même, il les a élevées à l'infini. Dans
l'image il a étudié l'objet. Si le mot de la *Genèse* est
vrai, si, faibles et bornés que nous sommes,

Cui tantum in vita restet transire malorum [2],

nous sommes cependant l'image de l'Être infini dans ses
perfections, si de plus notre conception chrétienne de

---

1. Μὰ τοὺς Μαραθῶνι προκινδυνεύσαντας, etc.

(*Coron.*, 208.)

2. V, 228.

Dieu, un et plusieurs tout ensemble, est véritable, l'image de cette conception nous devons l'apercevoir en nous-mêmes. Par la même méthode que notre père Descartes remontait de l'homme à Dieu, nous pouvons redescendre de Dieu à l'homme, et après avoir fondé la connaissance de Dieu sur la psychologie, la connaissance de nous-mêmes, nous devons retrouver notre psychologie dans notre connaissance de Dieu. Nous devons constater dans l'être que nous sommes l'existence de cette suprême trinité chrétienne qui comprend l'un, le plusieurs et le rapport de l'un au plusieurs.

En est-il ainsi? Reconnaissons-nous en nous-mêmes la fidèle image, le vrai portrait en miniature de la conception chrétienne de Dieu? Essayons.

D'abord l'unité. Ici pas de doute, bien qu'en ce moment une école de savants s'évertue à nous prouver que nous ne sommes pas une personne, mais une petite république d'animalcules dont nous ne serions que le pouvoir exécutif. Contre cette thèse non moins que l'évidence le langage usuel, symbole et gage d'un irrésistible et universel sentiment, proteste. Sur la foi d'une évidence de conscience qui vaut l'évidence de l'esprit, nous savons que chacun de nous est un *individu*, ce qui veut dire une unité non susceptible de division. Si vous recherchez le caractère constitutif de l'unité, ne sera-ce pas d'être à la fois indécomposable et irréductible, indécomposable comme un tas de sable en une collection d'unités inférieures dont votre prétendue unité ne serait que la somme, irréductible en une unité supérieure dont votre prétendue unité ne serait que le fragment. Le vrai un demeure un, et ne peut être qu'un. Or, le moi que je suis, est-il divisible? Y a-t-il des moitiés, des quarts de moi? Non. Et c'est même une des preuves que l'on donne de notre immortalité.

D'autre part le moi que je suis peut-il s'intégrer et s'absorber dans une unité supérieure? Oui, disent les panthéistes. Pour moi, ni si haut, ni si bas. Je me crois une personne et ne pense pas, comme les Césars de Rome, passer Dieu à ma mort. Donc le moi est essentiellement, je serais tenté de dire parfaitement un. Vous ne pouvez rien ajouter, rien retrancher à votre moi. Il subsiste indécomposable, irréductible. L'être que nous sommes est misérable. Mais à ne considérer que son unité, je ne conçois rien qui soit plus un que lui, pas même Dieu. Dans toutes les autres parties de mon être, si je retrouve l'image de Dieu, c'est une image singulièrement réduite et effacée. Ici cela n'est pas. L'image est adéquate à l'objet.

En même temps, qu'il est un, le moi est aussi plusieurs. Ce ne sont pas, mes actes qui sont moi. Ces actes sont une détermination de moi, non pas moi. En dehors d'eux, au-dessus d'eux l'unité de mon être subsiste comme la substance qui les engendre, la cause qui les produit. Mais cette unité tant qu'elle ne passe pas à l'acte, elle est l'indéterminé.

Dès lors qu'elle se détermine, qu'elle pense, qu'elle agit, cette pensée est proprement le Verbe de moi Chacun de nous à son Logos. Ce verbe a commencé d'être, il n'existait pas *in principio*. Mais s'il n'existait pas à présent, existerais-je moi-même sans mon verbe? Qu'est-ce qu'un esprit qui ne pense pas, une volonté qui ne veut pas? « *Quod non agit non existit,* » dit Leibniz. « Je pense, donc j'existe, » dit Descartes. La réciproque est vraie : j'existe, donc je pense. Voici donc deux termes de la conception chrétienne de Dieu que je retrouve en moi.

Reste le troisième terme, le rapport du second terme au premier, du plusieurs à l'un, du moi à son verbe.

Quel est ce rapport? N'est-ce pas la conscience, la puissance qui rapporte chacun de nos actes à notre moi, et rattache en nous le plusieurs à l'un? Cette conscience, fonction nécessaire de notre être, fondement du sentiment que nous avons de notre liberté morale, de notre responsabilité, de la dignité de la personne humaine, vient-elle à s'éteindre? L'homme cesse presque d'être homme et devient quelque chose d'analogue à la brute. Le sentiment de son moi, de sa personnalité libre, de sa valeur intellectuelle et morale, ce que je serais tenté d'appeler son saint esprit est le troisième terme de cette trinité, image de la Trinité divine, qu'il porte au dedans de lui. Là où le moi ne se distingue pas du non-moi, la conscience de soi ne saurait exister. La personne morale n'existe pas.

Or, veuillez le remarquer : Ce qui manque aux dames anglaises lorsque les grâces fugitives de la jeunesse, la glorieuse jeunesse, dit Homère, leur échappe, ce qui jusqu'ici a manqué aux dames grecques de tous âges, de toutes conditions, ce que la civilisation dont l'œuvre est d'élever les faibles, de modérer les forts et d'honorer dans l'homme sa personnalité, apporte en dot aux femmes sur lesquelles la barbarie a cessé de faire peser la flétrissure de son joug, qui plus faibles que les hommes se savent cependant leurs égales, n'est-ce pas la conscience de la valeur intellectuelle et morale de leur être, de leur libre personnalité, ce que Hégel appellerait l'idée qui prend conscience de soi, et l'illumination de cette idée sur leur visage? Je ne crois pas le moins du monde à la beauté de Rebecca, Rachel, toute cette pacotille de femmes de la Bible. Du moins suis-je certain que dans leur vieillesse ce furent de fort laides créatures. Je défie quiconque ne l'a pas vu de ses propres yeux de se faire une idée de la suprême laideur de la vieille femme dont la vie s'est

écoulée, je ne dis pas en dehors du christianisme, je dis
de l'atmosphère chrétienne. Je le défie de se représenter
les sentiments de pitié, de dégoût, de répulsion qu'inspire cet ignoble et horrible objet ; à peu près le sentiment de tristesse et d'humiliation que vous éprouvez à
la vue d'un singe.

Que penser de Judith? Que penser d'Esther? La première, qui pour sa prouesse reçut beaucoup d'argent [1],
est une figure en somme assez repoussante. Esther est
plus sympathique. Mais l'histoire elle-même est d'un
sentiment moral assez équivoque. On se croit à Constantinople dans le harem du sultan. Ainsi s'y font et se
défont les vizirs par les beaux yeux d'une Esther quelconque. Jadis il était assez d'usage qu'Aman y fût pendu
à une potence, ou jeté dans un sac au Bosphore, ce
qui revient au même. Mais je ne crois pas que parmi les
Assuérus de Stamboul il s'en soit trouvé un seul assez
stupide pour livrer à la vengeance d'un Mardochée hellénique de race, par exemple, 75,000 Ottomans. A la cour
de Louis XIV, ou de Louis XV, cette histoire pouvait
être goûtée. Je doute qu'il en soit de même aujourd'hui.

— Vous confondez, me dira-t-on. Je ne disconviens
pas que la conscience de soi ne donne aux visages des
femmes une expression, une élévation, une dignité que
chez les vieilles anglaises tous les artifices de la toilette
la plus savante sont impuissants à suppléer. Mais tout
ceci c'est l'expression, ce n'est pas la beauté.

— Non, je ne confonds pas la beauté et l'expression,
mais je crois à la réaction de l'âme sur le corps, matière
plastique, et à la fixation de certains types de visages et
de certaines races par voie de transmission héréditaire.
Quiconque admet l'unité de l'espèce humaine reconnaît

---

1. *Jud.*, xv, 14.

par là même la variation progressivement accentuée des
types par voie de ce que les naturalistes appellent sélec-
tion sous l'empire prolongé des milieux, des habitudes,
des sentiments, des pensées, et, une fois fixés, leur permanence, tout au moins deux types : le type bas et le
type élevé. Je ne crois pas qu'en dehors de celui-ci la
beauté des femmes existe. Je crois à la beauté de la
femme civilisée, je ne crois pas à la beauté de la femme
sauvage, triste objet d'outrages et de servitude; voilà
pourquoi le respect des femmes est le signe, en quelque
sorte la mesure de la civilisation. En les entourant de
respect, c'est à sa propre image que la civilisation rend
hommage, semblable à ces Pharaons qui aux murs des
palais de Karnak sacrifient devant leur image divi-
nisée.

C'est pour cela que vous voyez les femmes attacher
en général tant d'importance à leur toilette, celle-ci
étant approximativement l'étiquette du rang qu'elles
occupent dans l'échelle de la civilisation. C'est pour
cela que vous les voyez tenir, plus que les hommes, à
caractériser, par leur vêtement, leur coiffure, la position
sociale qui leur appartient. C'est enfin pour cela qu'en
terre chrétienne les toilettes des femmes sont plus variées
qu'en terre musulmane. La toilette des femmes est
un langage par lequel elles entendent nous exprimer
une foule de choses, accuser une foule de nuances.
Dans le monde dualiste, les nuances n'existent pas. Le
niveau commun des femmes est l'écrasement. La
grande dame musulmane n'existe pas. Le sultan épouse
une esclave achetée au marché, et donne autorité sur
elle à un vieux eunuque noir, esclave aussi, digne
palefrenier des animaux de son harem. Convenez qu'à
de tels animaux — on en cite d'excessivement riches —
les nuances de la toilette sont sans objet. Langage sup-

pose idées. Ils n'en ont pas. La gamme de leur toilette répond à celle de leur intelligence.

Allons jusqu'au bout. En ce sens il est vrai de dire que toutes les femmes qui sont belles conçoivent du Saint-Esprit. Même il n'y a de belles que celles qui ont conçu du Saint-Esprit. Les autres n'en parlons pas. Et, que l'on ne se méprenne pas sur ma pensée. Je n'entends pas parler des femmes que l'on appelle spirituelles et de celles qui ne le sont pas. J'entends les femmes qui, à l'élévation d'âme joignent la conscience de leur libre et pleine personnalité, de leur pleine valeur intellectuelle et morale.

Si c'est cette élévation d'âme jointe à la conscience de la personnalité, l'acte par lequel le plusieurs se rattache à l'un sans s'y absorber, le Saint-Esprit en un mot, qui fait la beauté des femmes, c'est aussi lui qui fait la force et la grandeur des nations. *Spiritum sanctum vivificantem.* Telle était l'opinion de Thucydide : « Rappelez-vous, dit-il, dans le plus beau peut-être de ses discours, que la source de la prospérité est la liberté, la source de la liberté, l'élévation d'âme[1]. » Ces belles paroles, pour les accentuer davantage, il les met dans la bouche du grand Périklès. Admirez ici la profondeur de l'idée déjà toute chrétienne de Thucydide ! la Liberté qui est notre verbe conçue par l'opération du Saint-Esprit qui est la conscience de soi. *Faciamus hominem ad imaginem nostram.*

Telle est aussi mon opinion. Les hommes auxquels manque le goût, le sens, l'instinct de la liberté, sont des Trinités chez lesquelles manque le Saint-Esprit. Ils ne sont plus l'image de Dieu.

Que ce soit mon dernier mot.

----

1. Τό εὔψυχον.

CHAPITRE XII

IIORACE ET PINDARE

Ainsi sous l'influence des religions se forment les courants politiques qui, une fois formés, réagissent eux-
mêmes sur le mouvement des intelligences. A ce sujet
je consacrerai quelques pages.

J'aborde deux très grands poètes qui me semblent
donner l'un et l'autre l'expression très exacte de la société
où ils vécurent, Horace et Pindare. Je voudrais mettre en
relief l'action de ce milieu social sur le développement
de leur génie personnel. Ne regrettons pas de nous attar-
der quelques instants dans un travail comme celui-ci
avec deux grands poètes. Ottfried Muller[1] fait cette très
juste observation que la poésie est plus que la prose
l'image et l'expression de l'esprit d'une époque, et plus
affirmatif encore, Aristote[2] ne craint pas de prononcer
qu'il la faut préférer même à l'histoire. « La poésie, dit-il,
est plus philosophique et plus riche en pensées que
l'histoire. Car la poésie exprime plutôt ce qui a une
valeur générale, l'histoire ce qui touche à l'individu[3]. »

1. *Littér. grecq.*, ch. xxi.
2. *Poétiq.*, 9.
3. A ce point de vue, il est fort à remarquer qu'au foyer même
du catholicisme, les deux plus grands poètes de l'Italie moderne,
Léopardi et Carducci sont nettement anti-chrétiens.
A l'heure présente en Italie dans les classes intelligentes le sentiment religieux m'a semblé a peu près éteint

Horace, éminemment homme d'esprit, virtuose de premier ordre, mais qui sauf à l'endroit de ses amours ne s'échauffe pas aisément[1], s'est échauffé parlant de Pindare.

Monte decurrens velut amnis imbres
Quem super notas aluere ripas
Fervet, immensusque ruit profundo
Pindarus ore.

Il est à remarquer que dans cette expression si vive et si sincère de son admiration, Horace qui signale si bien le merveilleux art de Pindare, ce mérite de facture et de diction, cette virtuosité d'artiste, cette *bravura*, l'abondance de souffle poétique jadis critiquée par Corinne, qui pour un homme du métier le mettent hors de pair avec tous ses rivaux de tous les âges, qui le soutiennent, les ailes éployées, d'une seule haleine, d'un seul essor dans un poème de plus de cinq cents vers[2] qu'à la hauteur d'inspiration, l'ampleur du récit, l'héroïsme qui l'anime, l'on prendrait plutôt pour une épopée, si les règles sévères de la poésie lyrique dans des strophes alternantes de 14, puis encore de 14, puis enfin de 13 vers, chacun de son mètre propre, ne l'enfermaient durant 13 périodes de 41 vers, en tout 533 vers, dans le rythme d'une cadence large et continue; — Horace, dis-je, omet précisément ce qui, à mon sens, constitue le plus glorieux titre, la plus incontestable supériorité de Pindare; je veux dire la pureté et l'élévation de son sens moral. A ce sens

Je ne crois pas qu'il puisse revivre autrement que par l'étroite alliance du catholicisme et de la liberté.

En France, avant l'heure redoutable du divorce, voilà précisément ce que je voudrais persuader.

1. J'entends la plume à la main. De tempérament, il avait au contraire la colère prompte et courte.

2. IVe Pyth.

moral, Horace demeure indifférent par la raison que lui-
même, hélas, ne le possède pas. Cette chose-là ne se sent
chez les autres qu'autant que l'on n'y est pas soi-même
étranger.

Dans Horace, pour le bien comprendre, il faut distinguer l'œuvre de la nature et celle des circonstances. Je
ne doute pas qu'il ne fût né avec une âme généreuse,
haute et tendre, dont plus d'une fois ses vers portent
témoignage. Lorsque le jeune et obscur écolier d'Orbi-
lius à la main légère pour frapper, *plagosus*, issu dans
une petite ville de province[1], de la couche sociale la plus
humble, déjà cependant tressaillant aux premières
approches du génie et marqué du sceau de la supériorité, puisque de ce petit-fils d'esclave, de ce futur com-
missaire-priseur, dans cette armée de gentilshommes
on fait du premier coup, le chef d'une légion romaine,
lorsque ce fils d'un petit encanteur de village, cherchant
sa voie, prenant son essor vers les grandes choses, étu-
diait à Athènes, l'Oxford du monde romain, les mystères
de l'art et de la philosophie grecque,

> Inter sylvas Academi quærere verum,

ami de Caton et de Brutus, il croyait, je n'en doute pas,
à la vertu et à la liberté. Le jour venu, il n'hésita pas à
s'armer pour elles, et combattit, plus vaillamment même,
j'en suis certain, qu'il ne le dit tournant plus tard en dé-

---

1. L'on a fait cette observation que la littérature latine tout entière ne compte que deux écrivains romains, de premier ordre
il est vrai, Lucrèce et Cæsar.

L'Italie de la renaissance si riche, la Toscane particulièrement
en gloires littéraires et artistiques, ne déroge pas à cette observation, l'on dirait volontiers cette règle.

Rome fut toujours la patrie de la politique, rarement celle de
l'intelligence.

rision sa personne et ses illusions de jeunesse. Vainqueur,
ce qu'il eût été dans un État libre, un héros peut-être.
Vaincu, au violent choc de sa défaite, de ses suites atroces,
ses belles illusions, dénuées peut-être de racines profondes, ne résistent pas. Il ne croit plus qu'à la fortune,
la grande déesse du Latium [1]. Son âme est aussi délabrée
que le vaisseau de la République. L'aigle qui planait
naguère dans l'empyrée des grandes idées et des grands
sentiments rabat son vol vers la terre et ne la quitte
plus. Il ne rêve plus à la vérité sous les ombrages du
Céphyse. Il rentre tout meurtri, humilié, inquiet sur son
petit domaine. Là, son premier, son unique souci est de
faire sa paix avec le gouvernement. Il retourne sa
cocarde. Le césarisme, hélas! est un abaissement d'âme
dont on ne se relève plus. Le talent subsiste pour qui le
possède : l'élévation morale disparaît sans retour. Le
jeune philosophe, le jeune tribun militaire de la République est maintenant un sceptique offrant avec l'esprit,
je ne dis pas avec le caractère de notre Montaigne, de
frappantes analogies qu'il y aurait plaisir à signaler. S'il
a jamais cru aux dieux, ce dont je doute très fort, il n'y
croit plus. Cela n'empêche pas que nombre de ses odes
ne soient de l'accent religieux le plus édifiant, et que
même à l'occasion il ne compose des cantiques pour le
culte, fort convenables de ton. Mais qu'on y prenne
garde! Sa piété est toute extérieure, toute de commande.
Seul et à son aise avec ses amis, il ne se gêne pas pour
leur dire ce qu'il pense de ses dieux, et sa pensée intime,
à n'en pas douter, est à peu près celle de Lucrèce; et,
bien que pas une seule fois le nom du grand poète son
devancier ne soit prononcé par lui, il s'exprime en termes

1. N'est-ce pas elle que ce même pays adore encore sous le nom
de Banco di Lotto.

tellement voisins de ceux de Lucrèce, tellement, pourrait-
on dire, calqués sur ceux-ci, que l'on admettra qu'il en
a eu connaissance, ou du moins s'est inspiré aux mêmes
sources. Ses dieux sont pour lui une attitude vis-à-vis
du public et du gouvernement d'ordre moral d'Auguste
auquel, retournant son habit, il s'est rallié, qui avec
son adresse profonde l'emploie à préparer ses voies, à
lancer ses idées, sonder par avance l'esprit public et qui
sceptique lui-même et libertin prétendait relever la
religion et restaurer les mœurs, plus souvent un thème
à développements poétiques à l'imitation des Grecs ses
maîtres. Dans l'exécution de ces pastiches il excelle
à ce point que nombre d'honnêtes esprits s'y laissent
prendre.

Cependant, au fond, ses dieux, il n'y croit pas. Cette
Providence active et vivante à laquelle cinq siècles avant
lui croyait Pindare, je ne vois pas qu'il lui rende une
seule fois hommage. Croit-il à la vertu? Oui, à je ne sais
quelle petite vertu terre à terre, je serais tenté de dire
chinoise, laquelle n'est proprement que l'obéissance aux
lois politiques et le souci de l'opinion publique. Mais ce
redoutable problème du bien et du mal absolus, du
mérite et du démérite, et de sa solution dans une autre
vie dont on trouve dans les vers de Pindare un sentiment
si vif et si net, je ne vois pas qu'il s'en inquiète. Une fois
morts, que sommes-nous? *Fabula manes*, dit-il. Je crains
d'articuler un paradoxe. L'opinion commune et courante
est pleine d'indulgence pour l'aimable Horace, pleine de
sévérité pour le sombre et profond Lucrèce. Réserve
faite de ses amours trop faciles[1], et non exempts, hélas,
de ce triste vice que certains poètes latins empruntèrent

---

1. Pindare, en ceci fort supérieur à Horace, exprime cette
pensée que l'on ne doit pas égarer ses amours. *Pyth.*, IV, 163.

aux Grecs [1], il est admis que l'on peut se laisser aller à
la morale d'Horace, que l'on ne saurait trop se mettre
en garde contre celle de Lucrèce. Je crois le contraire
et que le sentiment moral est plus élevé, et en somme
plus pur, même dans les accents de passion amère et
brûlante qui terminent si merveilleusement son IVᵉ chant
dans l'austère poète de la nature que dans l'ami du
ministre Mécœne. J'en dirai autant du sentiment religieux véritable. Je ne craindrai pas de dire que j'en
trouve tout autrement dans telle page émue de l'athée
Lucrèce, dans ces admirables vers, par exemple du
Vᵉ chant [2] :

> Nam quum suspicimus magni cœlestia cœli
> Templa super, stellis que micantibus œthera fixum,
> ... Tunc aliis oppressa malis inpectore cura
> Illa quoque expergefactum caput erigere infit
> Ecquæ forte Deum nobis immensa potestas
> Sit.....

plus, dis-je, de sentiment religieux réel, sincère, profond que dans tous les cantiques, toutes les dévotions
extérieures d'Horace. Étant prouvé que tout ce que pour
la morale, pour la politique, pour la cause et la fin
du monde peuvent donner les religions de la nature,
disons mieux la religion panthéiste, la philosophie le
donne également et mieux qu'elles, je conçois le dédain
du philosophe pour des mythes sans consistance.

> Quare relligio pedibus subjecta vicissim
> Obteritur.

1. .... Veneris qui telis accipit ictum
   Sive puer membris muliebribus hunc jaculetur.

Je regrette d'avoir à confesser que sur ce point le sens moral
de Pindare n'est pas sans fléchir. *Ol.*, I, 82, 65, et fragment à
Théoxènes.

2. 1197-1216.

Et si par delà des sphères qui se révèlent à nos sens,
Lucrèce a pressenti une cause première du monde supérieure au monde, transcendantale, peut-être même une
cause finale du monde,

Ecquænam fuerit mundi genitalis origo
Et simul ecquæ sit finis,

cette conception possède une valeur religieuse qui selon
moi assure à Lucrèce une place très haute parmi les
penseurs de l'antiquité. Vous le dites athée. Je soupçonne
qu'il est au contraire le plus religieux des poètes
antiques. Quittons ce sujet qui nous entraînerait trop
loin et ne parlons que d'Horace seul. S'il n'est pas religieux, si la gravité, la profondeur que le sentiment religieux véritable communique aux pensées et aux actes lui
fait entièrement défaut, est-il au moins philosophe? Non
encore. Je vois qu'il a étudié la philosophie, qu'il en
connaît les différents systèmes, qu'il aime à en nourrir
son esprit, qu'il lui emprunte volontiers son langage.
Mais à quel système croit-il? A aucun. Il flotte entre
tous sans s'arrêter à un quelconque, pas même à l'épi-
curisme vers lequel il penche, dont il se targue, mais
auquel il est fort loin d'appartenir. Que l'on compare ses
plaisanteries et les invocations passionnées de Lucrèce[1].
Il ne croit pas qu'il y ait un système permettant à l'esprit
humain de connaître la vérité et d'en prendre possession.
En somme, Horace ne croit à rien. C'est un aimable
homme, d'un tempérament sympathique, affectueux,
sage, discret, modéré en toutes choses, suffisamment
modeste pour un poète, nullement passionné, mais
tendre, tendre pour les femmes auxquelles il adresse
telles stances d'une grâce pénétrante que l'on n'a pas

1. V, 8.

dépassée, tendre pour ses amis vers lesquels sa muse
s'épanche en paroles de l'accent le plus vrai et le plus
touchant. Dans cet instrument singulièrement souple
et mélodieux qu'il avait reçu de la nature, la corde tendre
est la seule qui soit demeurée intacte, vivante. Sa vraie
muse est toute là.

Rien d'analogue chez Pindare. Nous ne sommes plus
aux joyeux rivages de Baia si chéris des dames romaines,
ou dans la solitude de Vicovaro, ou dans un groupe de
grands seigneurs sceptiques et corrompus, méprisant
le profane vulgaire, tous en dépit de leur immense fortune plus ou moins ruinés, adulant à l'envi le maître du
monde dans l'espoir de partager avec lui les dépouilles
de l'univers, les Antonius, les Pison, les Lollius, et parmi
eux ce petit bourgeois provincial ayant à lui seul plus
d'esprit et d'intelligence qu'eux tous, qui, le sourire aux
lèvres, se pousse en leur débitant de belles sentences
comme assaisonnement de ses flatteries, et partage
au besoin leurs orgies dont il fait le meilleur charme
par son merveilleux talent. Nous sommes dans un monde
relativement simple et primitif, le monde grec du cin
quième siècle avant notre ère, celui de Miltiade, Thé-
mistokle et Léonidas. La tempête médique Διὸς ὄμβρος [1]
vient de l'assaillir. Comme Horace à Philippes ce monde
a combattu pour la liberté. Mais plus heureux, il a été
vainqueur. Je ne sais quel souffle d'héroïsme demeure
encore dans l'atmosphère. Cette prodigieuse victoire de
la petite Grèce sur l'immense Asie, on en est à la comprendre et se l'expliquer. Jamais nation n'accueillit pareil
triomphe, pareille délivrance dans un tel esprit de
religieuse gratitude et de réelle modestie. « Ne nous
vantons pas, dit Pindare. C'est la main de Zeùs qui a

_____

1. *Is.*, V, 63.

tout fait [1]. » Cependant sous l'impression de cette foi
profonde aux dieux sauveurs de la patrie, la Grèce,
toujours amie des fêtes, se livre avec transport à ses
grandes solennités nationales. Dans la Hellade proprement dite, toutes les cités sont libres, toutes ont le
gouvernement républicain, même à y bien regarder
Sparte. On n'est pas riche mais on a la liberté « qui
donne tout le reste [2] », et aussi la gloire. De tous les
points du monde grec d'Europe, d'Asie, d'Afrique, sur
les pentes rocheuses du Parnasse, dans les gorges de
Némée, dans la plaine de Corinthe « chère à Aphrodite
et à son essaim de jeunes prêtresses [3] », sur les rives
fertiles et pittoresques de l'Alphée plantées de bosquets
d'oliviers par la propre main d'Herkule [4] pour défendre
les spectateurs contre les ardeurs du soleil et couronner
le front des vainqueurs, d'innombrables foules se ras-
semblent autour de l'enceinte sacrée, Altis, tracée par le
propre fils d'Alkmène, ou déjà sous la direction de l'archi-
tecte Libon d'Élée, sur le point le plus élevé, se construit
le temple de Zeùs [5]. Tout ce qu'il y a de puissant par la

1. *Is.*, V, 65 et seq.
2. *Isth.*, VIII, 30 et seq.
3. Fragm. schol., 1.
4. *Ol.*, III, 60; X, 53.
5. Cette enceinte sacrée, Altis, renferma par la suite plusieurs
temples, le grand autel, un théâtre, un bouleutérion, un pryta-
née, un stade, un gymnase, plusieurs trésors et portiques et
d'innombrables ἀγάλματα, ἀνδριάντας, ἀναθήματα. L'hippodrome était
situé en dehors. (Ottfr. Müller, 255.)
Il y avait l'Andrias et l'Icone, celle-ci portrait. Dans les anathèmes, le cheval pouvait même être associé à la figure humaine.
(Pline, xxxiv, 9.)
Olympiæ omnium qui vicissint statuas dicare mos erat.
Eorum vero qui ter ibi superavissent ex membris eorum simi-
lutidine expressa, quas Iconicas vocant.

fortune, de noble par la naissance, les tyrans des cités
d'Afrique et de Sicile, les Aleuades de Thessalie, les
Héraklides de Sparte, les Battiades de Cyrène, les Aiakides
d'Égine, les Spartides de Thèbes, les Alkmaionides
d'Athènes, les Iamides de Syracuse, les Amynthorides
de Rhodes, tous issus des dieux mêlés « sur cette terre
commune à tous[1] » à leurs plus humbles concitoyens,
oubliant leurs dissidences de patries, d'intérêts, de
conditions sociales, — car partout il y a eu des grands
et des petits, des riches et des pauvres — confondus par
leur similitude de goûts et de caractères, leur passion
pour les chevaux et le noble exercice de l'équitation[2],
n'aspirent qu'à orner leur tête de cette couronne d'ache
et d'olivier dont Philippe, comme s'il l'eût préférée à
celle de Macédoine, était si fier qu'il en consacrait le
souvenir sur ses monnaies[3], suprême ambition de l'artiste insensé et sanguinaire qui épouvanta le monde
sur le trône des Cœsars. Quels enthousiasmes ! quelles
acclamations lorsque le nom du vainqueur est proclamé,
et sa patrie, et sa race. « A cet âge où, grâce à la faveur
d'Aphrodite, Ganymède évita le trépas, jeune et beau,
quelles clameurs lorsque rayonnant de l'éclat de ses
hauts faits, il parcourut le cercle des spectateurs ![4] » C'est
la Grèce entière qui le salue, qui l'acclame dans ces
transports d'ivresse qui s'accumulent dans les grandes
foules comme les grandes vagues de l'Océan se nour-
rissent en proportion de la masse qui les produit, la

On sait qu'en ce moment même les Allemands qui ont retrouvé
le théâtre de Dionysos à Athènes retrouvent le temple d'Olympie.

1. *Ol.*, VI, 108.

2. *Ol.*, V, 49; *Isth.*, II, 55; *Pyth.*, VI, 50 et *passim*. Sur ce
point Pindare ne tarit pas.

3. Plutarq., *Alex.*

4. *Ol.*, IX, 140.

Grèce sensible aux beautés de l'intelligence comme à
celles du corps et qui entre deux épreuves de jeux
écoute et applaudit Hérodote lisant les premiers livres
de son histoire.

On accompagne en triomphe le vainqueur à cet
autel où vint plus tard s'asseoir le Zeüs sublime de
Phidias. C'est le dieu lui-même, qui du sein de la fumée des sacrifices qui s'élèvent vers lui, dépose sur ses
sourcils γλέφχρων, la couronne triomphale. Le soir venu,
lorsque s'allume le disque argenté de la lune, à ces
aimables clartés dont l'éclat rivalise en ces belles contrées
avec celui du jour, si pures, si abondantes qu'en ces
lieux mêmes, à Olympie, l'auteur de ces pages put à leur
lumière écrire ses notes de voyages, aux places marquées
par Herkule, dont l'image plane sur toute cette nature
et la consacre, près du gué de l'Alphée et de la tombe
de Pélops[1] les foules se livrent au délassement du
repas, δόρπου λυσιν, ce que Pindare appelle, s'agissant
des dames « les aimables joies de la gourmandise[2] » et
de leur sein s'élèvent « des clameurs continues de joie et
de triomphe[3] » qui par delà les sommets du Kronios
retentissent jusque dans les gorges lointaines de l'Ery-
manthe. Au retour du vainqueur dans sa patrie,
l'ovation recommence. C'est alors qu'au son des flûtes,

---

1. *Ol.*, I, 148.

2. *Pyth.*, IX, 35.

Je ne voudrais pas que ces quelques mots fissent attribuer aux
dames grecques un défaut auquel elles sont au contraire, de même
que toute leur race, remarquablement étrangères.

« Là où un âne meurt de faim, dit un proverbe grec moderne,
quatre Grecs trouvent à vivre. »

Cette neuvième pythique est à mon goût l'une des pièces les plus
parfaites de Pindare, et je suis forcé de me faire violence pour
n'en pas donner ici la traduction.

3. *Ol.*, IX, 90-93.

des lyres, des instruments[1], se forment ces pro-
cessions triomphales « précédées, semble-t-il, par le
chœur des Muses[2], où l'on chante des hymnes composés
tout exprès pour la circonstance, προσόδια, accompagnés
sans doute d'évolutions chorégiques puisque leur invariable ordonnance se compose d'une strophe, une anti-
trophe et une épode, dont l'objet général est de célébrer
le vainqueur en rappelant ses précédentes victoires, sa
race, sa patrie, leurs origines divines, les légendes
pieuses qui s'y rattachent, et se terminent par des vœux
pour sa prospérité. Sa gloire rejaillit sur sa patrie et
jusque sur ses parents défunts qui tressaillent de joie
dans les enfers[3]. Dans ce triomphe, la note grave,
austère, désolée, amère ne manque pas non plus puisque
c'est de là qu'est parti le cri sublime si profondément
gravé dans la mémoire des hommes,

> Ἐπάμεροι. Τί δέ τις; τί δ'ού τις ·
> Σκιᾶς ὄναρ, ἄνθρωποι.

« Créature d'un jour, qu'est-ce que notre vie? De l'être
du non-être? L'ombre d'un songe, ô hommes, voilà ce
que vous êtes. »

Que nous sommes loin ici de ce cénacle étroit où
couronné de roses trop tôt flétries, loin de la foule qui
sent mauvais, mollement accoudé sur les coussins de
son triclinium, soupirant après une belle, au milieu de
quelques élégants débauchés viendra plus tard à demi-
voix chanter le doux poète Horace! qu'il faut d'autres
éclats de voix, d'autres sentiments pour ébranler ces

1. On sait que l'on a retrouvé dans un manuscrit de Messine
la notation musicale, vraisemblablement procédant de Pindare
lui-même, des première strophes de la onzième pythique.

2. *Ol.*, XI, 16.

3. *Ol.*, VIII, 108.

foules, remuer leurs fibres, pénétrer jusqu'à leurs
entrailles !

Semblable en ceci à nos poètes contemporains, Horace
est fort personnel. Il aime fort à nous parler de lui-
même et le fait, il est vrai, toujours avec une grâce
incomparable. Il nous dépeint sa personne, sa taille,
ses yeux, sa santé, son domaine, ses goûts, ses indolences,
ses amours surtout, sur lesquels il ne tarit pas. Il n'a
ni femme, ni frère, ni enfant. Libre de toute attache de
famille, il ne songe qu'à lui-même.

L'impersonnalité de Pindare est presque aussi absolue
que celle d'Homère. Cependant à lire son œuvre avec
attention on y recueille çà et là des traits épars qui
font suffisamment connaître non sa personne, sa figure
sur laquelle il est impossible de rien découvrir, mais
sa position sociale, son caractère, ses sentiments. Le
personnage qu'ils font revivre est singulièrement respectable pour un Grec, et sympathique.

Il a une famille, des enfants, et son vœu est de leur
laisser non la fortune, mais l'honneur[1]. Sa maison,
située entre deux sacellums, l'un de Cybèle, l'autre de
Pan[2], voisine de l'Heroon d'Alkmaion[z] est sans doute
modeste, comme sa fortune[4]. Par habitude, nous le

1. *Ném.*, VIII, 62.
2. *Pyth.*, III, 137.
3. *Pyth.*, VIII, 83.
4. Lorsqu'après Chéronée Alexandre réduisit Thèbes en cendres, par respect pour la mémoire de Pindare cette maison fut
seule conservée.
Les Grecs vivaient peu dans leur intérieur et en général
n'étaient pas riches. Pour ces deux raisons, leurs demeures privées, fort différentes des fastueuses villas des opulents patriciens
de Rome, étaient petites et modestes, construites d'ailleurs dans
le système anglais qui est le bon. Chacun avait la sienne.
Les plaidoyers civils de Démosthènes nous donnent le prix en
capital de plusieurs maisons d'Athènes.

savons buveur d'eau : il puise ses aspirations à la fontaine Dircé[1]. Cependant, à l'occasion il ne dédaigne pas

La plus petite est une maisonnette de 700 drachmes (Neaïra, 39) où l'on place une demoiselle entretenue, la plus belle a une valeur de 3000 drachmes (Aphobos, 9-10). Il y en a deux de 1000 drachmes (Spoudios, 5-1, Stéphanos, 28). On voit une hypothèque de 2000 drachmes sur une maison et bien de campagne (II, Onétor, 2), une autre (Nikostratos, 13) de 1600 drachmes sur une maison de campagne dont le mobilier seul est évalué 2000 drachmes. Remarquez ceci. Tous ces chiffres, pour obtenir la valeur actuelle, doivent, je crois, être multipliés par onze ; cela porterait la valeur d'une maison de ville ordinaire à Athènes à 10 000 francs. Nos bourgeois de petites villes auraient peine à s'en contenter. Il est vrai que sur ce qui concerne l'art, comparés à un Athénien, ils font grosse épargne.

Ces mêmes plaidoyers, si curieux à plusieurs égards, nous donnent de précieuses informations sur la vie privée des Athéniens : le chiffre, l'assiette de leur fortune, le partage qu'ils en faisaient à leur mort.

Voici une très grande fortune, tout à fait exceptionnelle, celle du banquier Phormion. Réduite à valeur actuelle elle n'atteint pas en total cinq millions, dont 1 200 000 francs en immeubles, 3 000 000 argent prêté, 660 000 francs fonds de roulement de sa banque, qui lui rapporte un revenu de 100000 francs. (Phorm., 5.)

En voici une autre réputée copieuse, mais plus ordinaire (I., Aphobos, 9, 10). Son total est de 840 000 francs dont maison de ville évaluée 20 000 francs, mobilier, vaisselle, bijoux, objets d'art, 100 000 francs. (Remarquez encore ceci. Trait de race : amour de l'art, passion du beau, plus de trois fois la valeur de sa maison en belles choses). Le revenu de cette fortune est de 70 000 francs. A sa mort le père de famille la partage de la sorte entre sa veuve et deux enfants, un fils et une fille : à sa veuve il laisse 210 000 francs, à sa fille 120 000 francs, le reste, 510 000 francs, à son fils.

Dans ce monde grec deux traits me semblent ressortir : le peu de sécurité départi par la loi aux fortunes privées, et l'énorme part prélevée par l'État sous forme d'impôt de toutes sortes. Ceci explique ces prodigieux travaux militaires et religieux, dont les traces dans des villes de 3e et 4e ordres, Pesto, par exemple, frappent de stupeur nos yeux et nos esprits modernes.

1. *Pyth.*, IX, 153.

le bon vin[1]. Il est doux et n'aime pas heurter l'opinion
d'autrui[2]. Cependant il a le sentiment de sa valeur[3]. Il
est laborieux et le prouve par l'étendue de son œuvre
qui ne comprenait pas moins de dix-sept livres de poésies
dont quatre seulement nous ont été conservés. Il regarde
le travail comme l'honneur de la vie. C'est une jeunesse
laborieuse qui prépare une douce vieillesse[4]. « Je ne
souhaite pas la richesse, dit-il, mais son bon emploi[5]. »
Le bonheur, c'est une condition médiocre dans un État
libre [6]. Il avait quarante et un ou quarante-deux ans
lorsqu'il perdit ses parents[7]. Sa douleur fut profonde[8].
Marchant avec sérénité vers le terme fatal de la vie[9], vers
ce qu'il appelle le grand inconnu[10], il tempère ses douleurs privées par ses joies patriotiques, ses joies patriotiques par ses douleurs privées[11]. C'était en 478, deux
ans après Salamine.

Il a une métaphysique. Il croit fermement à un Dieu
tout-puissant (*Ol.*, I, 102), un Dieu providence (*Pyth.*, X,
15), source de tout bien (*Pyth.*, V, 33), sensible aux prières
des hommes (*Ol.*, VIII, 10). En même temps il croit à la
persistance de la personnalité humaine après la mort (*Ol.*,
II, 106; *Ol.*, XIV, 30; *Ném.*, IV, 139). Il croit au mérite
et au démérite (*Ol*, II, 106). Il ne croit pas à l'empire souverain du *fatum* sur la destinée humaine (*Isthm.*, III, 8).

1. *Ol.*, IX, 71.
2. *Ol.*, VI, 32.
3. *Ném.*, IV, 61. *Ol.* I, 187.
4. *Ném.*, IX, 104.
5. *Ném.*, I, 44.
6. *Pyth.*, II, 78.
7. *Isth.*, VIII, 8.
8. *Isthm.*, VI, 51.
9. *Isthm.*, VII, 58.
10. *Ném.*, VI, 11.
11. *Isthm.*, VIII, 12.

Il a une morale et une politique. Je m'arrête : sur Pindare, il y aurait trop à dire. Peut-être reprendrai-je ce sujet quelque jour [1]. Les pages qui précèdent suffisent, je crois, à ma thèse présente : l'action des politiques sur les intelligences.

1. Ces pages étaient écrites avant la très récente publication du livre de M. Alfred Croiset. Après lui, sur Pindare il ne reste plus rien à dire.

LIVRE II

LE CATHOLICISME ET LA LIBERTÉ

CHAPITRE I

DES TENDANCES EUROPÉENNES

Dans les pages qui précèdent, j'ai envisagé le côté idéal de mon sujet. Je me suis efforcé de connaître les règles générales qui en tout temps, en tout lieu me semblent présider aux rapports des religions et des politiques. Je voudrais présentement, restreignant mes horizons à ceux des temps et du pays où nous vivons, aborder le côté pratique, apprécier quels sont en fait les rapports de la société politique et de la société religieuse. Si quelque faute a été commise, si parfois nous nous sommes fourvoyés, je voudrais sans complaisance, sans amertume, signaler les causes de cette déviation, en montrer les conséquences, en esquisser l'histoire, et finalement, s'il est possible, retrouver la bonne voie. Si quelque courant nous entraîne vers les écueils, je voudrais en mesurer la puissance afin de le combattre, de la même façon qu'un navire entraîné dans une fausse direction calcule ce qu'il lui faut de vapeur pour en sortir. Mon ambition est de dégager quelques règles de conduite, et proposer une solution du problème du rapport actuel de notre religion à notre politique.

Avant d'aborder la face purement particulière de mon étude, je ne crois pas superflu de m'arrêter quelques instants à des considérations qui proprement ne sont ni particulières, ni générales, pour mieux dire particulières par rapport aux générales, générales par rapport aux particulières.

La France est certainement une personne morale d'un caractère très individuel dont la physionomie ne se confond avec celle de nulle autre nation européenne. Les étrangers intelligents ne s'y méprennent pas. Elle a ses tendances propres, ses faiblesses, ses forces. Toutefois, en même temps qu'elle obéit aux impulsions personnelles de son caractère et décrit son propre orbite résultant de circonstances qui lui sont particulières, ce serait une erreur de croire qu'elle demeure étrangère aux grands courants de l'esprit européen. Dans une certaine mesure elle est solidaire de ce qui se pense en Angleterre et en Allemagne. Elle subit à la fois une double influence : celle qui lui est propre, qui lui vient d'elle-même, et celle qu'elle reçoit du système où elle est engagée. Je crois donc utile, avant de nous renfermer dans notre propre logis, d'examiner ce qui se passe au dehors.

Rien de plus complexe que l'état actuel de l'esprit européen. D'une part jamais l'aspiration vers la liberté politique, la revendication de l'individualisme, l'énergie de la force centrifuge, n'y ont été plus intenses. D'autre part jamais la force centripète, l'attraction vers l'unité n'y ont également prévalu. Les deux contraires s'affirment instantanément en une sorte de tourbillon qui nous emporte comme dans un cyclone. Entre les deux forces cependant je ne crois pas qu'en ce moment il y ait équilibre.

Où va le monde? A ne voir que la surface des choses la réponse serait facile et évidente. Sur toute notre planète le christianisme, la religion des grands équilibres, devient le maître du sol et le pasteur des peuples. Partout où il ne possède pas directement le sol, il domine ou prépare sa domination. Son ascendant est irrésistible et désormais incontesté. Cette supériorité écrasante que lui donne la guerre, les moyens et la science de la guerre, il n'en a pas besoin. La paix lui suffit et assure mieux encore sa prépondérance. Car c'est lui qui possède la science, l'activité et les capitaux. N'est-il pas nécessaire que par eux il appelle à lui les affaires, l'influence, la puissance? N'y a-t-il pas là une loi comme celle de la chute des graves? Cette face extérieure des choses se présente de nos jours dans de telles et si grandioses proportions que l'on en demeure ébloui.

Lorsque du monde des faits on se transporte dans le monde des idées, le spectacle change, les courants se renversent. Et déjà même leur force est telle que l'on se demande si ceux qui croient les diriger n'en sont pas à les subir, et la barque emportée à la dérive.

Ici je touche un point fort grave, fort menaçant, trop peu aperçu de la foule des comparses de la scène du monde, mais qui malheureusement me semble incontestable. Pour moi il est évident que la tendance présente du monde est vers la synthèse, disons même la synthèse absolue, et non vers cet équilibre de synthèse et d'analyse qui constitue le christianisme. En politique et en philosophie l'ennemi actuel du christianisme est la synthèse.

L'humanité procède par grandes oscillations. Semblable au balancier d'un pendule on la voit se porter en bloc tantôt vers l'analyse, tantôt vers la synthèse. A ce mouvement général d'une époque, que je n'assimile en rien aux *Corsi et ricorsi de Vico*, qui n'a rien de régulier ni de fatal, qui subit toutes les mobilités, toutes les spontanéités de l'esprit humain, sciences, politiques, philosophies, religions, tout participe. Le seizième siècle européen est une période très marquée d'analyse où tout semble se décomposer. Le moment où nous sommes me semble caractérisé par une tendance diamétralement opposée. Partout le monde contemporain incline vers la synthèse. La force qui semble en ce moment prévaloir est celle de l'un.

Et d'abord en politique. Il est visible que nous ne sommes plus à l'une de ces époques où les petits États se forment et les grands se dissolvent, où l'Italie, l'Allemagne se scindent en petites souverainetés, où le Portugal, la Hollande se constituent et affirment leur individualité. A l'époque de Louis XIV l'Allemagne comptait encore 335 souverainetés. Combien de ces petits États sont effacés de la carte du monde? Combien sont menacés de disparaître? L'esprit des peuples est tout entier tourné vers les grandes concentrations. Les petits États s'en vont. Pour ma part, je ne suis pas convaincu que l'on doive s'en féliciter sans réserve. Il y eut des instants où les petits États sauvèrent peut-être la liberté du monde. Telle la Hollande sous Philippe II et Louis XIV. Que le grand service qu'elle rendit alors au monde européen reçoive à jamais sa récompense.

A l'intérieur même des nations, et sans envisager le développement continu, indéfini des agglomérations politiques, ne voyons-nous pas une évidente tendance synthétique vers l'unification, l'identification de toutes les parties, les provinces se fondre de jour en jour dans un grand Tout? Ne voyons-nous pas ce grand Tout sous la forme de l'État étendre partout de jour en jour ses attributions, jusqu'à menacer d'envahissement les domaines qui ne lui appartiennent pas. Où sont les yeux du catholicisme pour ne pas voir que partout où il se bat, c'est contre la synthèse? De peuple à peuple, ne voyons-nous pas les particularités s'effacer, les législations, les usages, les idées, les sentiments tendre vers une assimilation progressive, les rites, les églises locales converger de plus en plus vers la concentration et l'unité. Jadis chaque nation d'Europe avait son type tranché. Aujourd'hui, sauf quelques nuances délicates qu'un œil fort exercé est seul apte à percevoir, tous les gens bien élevés de toutes les nations d'Europe, disons aussi d'Amérique, se ressemblent de fort près non seulement par les manières, mais aussi par les idées. Il en est de même des littératures, symbole de l'esprit national, qui partout se rapprochent les unes des autres et semblent s'acheminer vers un type uniforme. D'excellents esprits ne sont pas sans redouter les conséquences de ce mouvement de synthèse intérieure et extérieure de la politique contemporaine.

Mais comment l'enrayer? Car il n'est que la traduction d'un mouvement plus général qu'il est facile de constater dans l'ordre intellectuel. Naguère, comme les États, les sciences avaient leurs limites, leurs frontières propres où elles se cantonnaient, en dedans desquels elles vivaient, fièrement célibataires, dans un isolement absolu. Mathématique, médecine, théologie, politique, faisaient ménage à part. Cette dernière, la politique, avait même la prétention fort sotte selon moi — j'en demande pardon à Machiavel — de se séparer de la morale, et s'appuyait sur l'autorité d'Aris-

tote pour réclamer ses principes propres οἰκεία. Aujour-
d'hui, toutes ces frontières sont effacées. De même que
partout les anciennes classes sociales tendent à se fondre
dans une grande masse homogène, de même les sciences
particulières tendent à se fondre dans une science générale. Quelle est la science qui se suffise à elle-même et
puisse se passer des autres? Pas même la plus hautaine
de toutes, la théologie, pas même la science suprême,
la philosophie. Un livre de philosophie contemporaine
a ceci de particulier qu'il est forcé de toucher à tout,
médecine, mathématique, histoire naturelle. Toutes les
sciences se rapprochent, acquièrent de nouvelles forces
par leur contact, le libre échange, diraient les écono-
mistes, se confondent par plusieurs points et il semble
qu'on les sente converger vers une science universelle,
vaste synthèse qui dominera et embrassera tout. Et
quand même les dimensions de cette synthèse dépasse-
raient les bornes et les forces de notre intelligence, elle
la conçoit. Donc elle existe. Idéal insaisissable, j'en
conviens. Mais convenez à votre tour que jamais l'homme
ne l'a entrevu, jamais ne s'en est approché autant que
de nos jours. Comme vérité scientifique, connaissance
des lois qu'il a imposées au monde physique, jamais
Dieu ne s'est révélé autant qu'à l'homme contemporain.
« Nous voyons peu à peu par le progrès des sciences
toutes les classifications de causes se simplifier. Ainsi
dans le monde scientifique le polythéisme disparaît,
c'est-à-dire que l'hypothèse de plusieurs causes va sans
cesse cédant la place à l'unité [1]. »
Et pour remonter au sommet, ce mouvement synthétique des sciences n'est certainement pas sans procéder
lui-même d'un mouvement analogue, mais plus général

1. P. Janet, *Causes finales*, l. II, ch. I.

que vous constaterez dans le monde de l'idée pure, la philosophie. Là est la dernière source de tout.

Si triste que soit la vérité, il ne sert de rien de fermer les yeux pour ne pas apercevoir ce qui est. La vérité est qu'à l'heure présente, dans le domaine de la philosophie, il n'y a plus que la France pour reconnaître un Dieu transcendantal et conscient, un Dieu personnel distinct du monde, un Dieu bon, un Dieu providence. Partout ailleurs, à peu près sans exception, le Dieu de la Philosophie est la grande Synthèse, la grande unité, le Dieu-Nature.

STREPSIADIS.

« Mais qui donne aux Nuées l'impulsion ? n'est-ce pas Zeùs ? » (le Dieu conscient et personnel).

SOKRATIS.

« Nullement, c'est le Tourbillon (Δῖνος) de l'Éther » (les lois naturelles).

STREPSIADIS.

« Le Tourbillon ? voilà un Dieu que je ne connaissais pas. Donc Zeùs n'existe pas. Ce n'est pas lui qui gouverne le monde. C'est le Tourbillon [1]. »

Ce Dieu-Nature, n'est-ce pas le dernier effort de l'esprit humain vers l'unité absolue ! Concevez-vous quelque chose au delà ? Là où cette idée s'implante et triomphe, ne doit-elle pas tout traîner à sa suite ? Tel est aussi, lorsqu'on ne s'arrête pas aux accidents de la sur-

---

1. Aristoph., Νεφελ., 379-382. En fait, l'accusation porte on ne peut plus à faux, et se retourne contre Aristophane lui-même dont le Dieu, s'il en a un, est en somme le Dieu-Nature. Sokrate au contraire qui place le fondement de la connaissance dans la conscience de soi, doit aboutir à un Dieu personnel.

face des choses, le spectacle qui s'étale à nos yeux.
Tel est le vrai sens, le dernier mot, le ressort mo-
teur des évolutions que nous voyons se produire dans
le domaine des politiques, des sciences, des religions. L'unité a le vent en poupe. Victorieuse sur toute
la ligne, le pavillon flottant aux vents, elle vogue vers la
conquête du monde. Elle n'a plus à redouter que l'excès
même de sa victoire. Elle est moins menacée que me-
naçante. Quelque part que nous portions nos regards,
sous des aspects, divers par un mouvement uniforme,
continu, progressif, l'élément constitutif d'unité dans
toutes ses manifestations se fortifie et tend à prévaloir.
Le courant général des choses de ce temps est vers l'u-
nité. L'attraction est dans le sens de la force centripète.

Tenez compte également de l'abaissement des barriè-
res matérielles et commerciales qui, naguère, séparaient
les peuples, chemins de fer, télégraphes, traités de commerce, vapeur, etc., vous souvenant toutefois que comme
facteurs d'unité il faut se garder de les comparer à ceux
d'ordre immatériel, et que nulle vapeur, nul traité de
commerce n'en fera jamais autant pour le rapproche-
ment, l'assimilation des hommes que la culture générale de l'intelligence, domaine commun de l'humanité.

Il y eut une période où la théologie, fille aînée de la
pensée humaine, à ce titre maîtresse de la maison, su-
zeraine de la philosophie et de la politique, dut penser
que toutes les conquêtes de la synthèse se feraient à son
profit. Son rôle fut alors de s'allier avec elle. Ce temps
n'est plus. Cendrillon a épousé le Prince, et s'est éman-
cipée de Javotte. L'État est laïque et ne relève plus que
d'une philosophie, dont la prétention est de donner ses
lettres de créance à la théologie elle-même. Cela étant, il
est visible que la synthèse ne saurait plus travailler au
profit des théologies, mais bien des politiques. Et par

suite le rôle des théologies, inverse de ce qu'il fut jadis, est de la reconnaître pour ennemie, s'enrôler résolument dans l'opposition, l'observer avec vigilance. Pour les théologies, les choses étant ce qu'elles sont, la synthèse est le loup dans la bergerie.

Si les observations qui précèdent sont reconnues vraies, l'intérêt suprême de l'Europe, du christianisme menacé de verser dans l'unitarisme philosophique et politique agissant peut-être à l'heure présente en vertu d'une impulsion acquise plutôt que d'une force actuelle, sera, puisque son essence est un équilibre, de réagir pour rétablir cet équilibre au profit de la force centrifuge, de raviver en philosophie les doctrines qui constituent la personne et ses droits, en politique, les tendances libérales contre l'absorption de l'État et les doctrines autoritaires.

CHAPITRE II

DE L'ANTAGONISME DE LA SOCIÉTÉ POLITIQUE ET DE LA SOCIÉTÉ RELIGIEUSE

De cet antagonisme, trop évident, hélas ! je dirai peu de chose. Je ferai voir d'où il vient. Je donnerai la preuve qu'il existe.

La source est en nous-mêmes. Je la place dans cette faculté — dirai-je vice ou vertu ? — de l'esprit français, qu'un auguste voyageur, objet de mon plus profond respect, S. M. l'Empereur du Brésil caractérisait un jour devant moi de cette expression singulièrement juste : logique à outrance. Dans notre langage nous appelons cette méthode le radicalisme.

Les radicaux sont ceux qui, coiffés d'un idéal, illuminés d'une seule idée, souvent en partie vraie, versent à plein dans cette idée sans admettre qu'on en tempère l'application selon les circonstances par une idée étrangère, semblables à ces chevaux de carrosse auxquels on met des œillères pour les empêcher de voir à droite et à gauche.

Il y a des radicaux dans tous les systèmes, tous les partis, toutes les communions, de toutes les couleurs, de bleus, de rouges et de noirs. Ces gens sont infiniment dangereux. Notre ligue fut un radicalisme. La Montagne de 93, aussi, M. de Polignac, aussi. Il est doux de faire l'examen de conscience d'autrui et jeter ce mot à la tête de ses adversaires. Peut-être cependant vaut-il encore mieux se juger soi-même. Γνῶθι σεαυτόν.

N'est-ce pas le radicalisme, ses creuses subtilités, ses vaniteuses illusions, la dure servitude qu'il impose à ses adeptes, l'ignoble nourriture dont il se repaît et qu'il se fait préparer par ses valets, qu'a voulu peindre le plus incisif des poètes, Aristophane, dans son Εἰρήνη, le plus faible me semble-t-il de ses drames, représenté aux dionysiaques de la 3ᵉ année de la 89ᵉ olympiade (l'an 421 avant J.-C.). N'est-ce pas le radicalisme qu'il a personnifié dans son Trygée, cet honnête et respectable bourgeois dont voici à peu près le thème :

Ce Trygée (tous les radicaux ont cette illusion) possède un idéal communiqué par Zeùs lui-même dont il va s'entretenir face à face avec Zeùs enlevé jusqu'à son trône par un énorme scarabée [1], pour la nourriture duquel de malheureux esclaves, le bras dans la pâte jusqu'au coude, s'évertuent à pétrir chaque jour, les infortunés, de petits pâtés [2] de la plus vile substance, qu'Aristophane toujours prêt à désigner les choses par leurs noms, appelle brutalement κόπρος. Sur cette grotesque monture [3], prenant son essor dans les régions sublimes de l'Idée, dans ces mêmes sphères où plus tard sur le dos de Chevillard, le héros de Cervantes fit de si brillantes excursions, Trygée prétend arriver aux pieds de Zeùs et en obtenir la grandeur de sa patrie et pour lui-même faire ses vendanges [4], rem-

1. Κάνθαρος.
2. Μᾶζα.
3. Aristophane ne nous dit pas quel nom Trygée avait donné à sa monture. Je crois savoir que ce nom était Ἀναπόθετον.
4. Τρύγεος, le vendangeur.

plir ses paniers, et mettre, comme l'on dit, du foin dans ses bottes.

De notre terre au trône de Zeûs, il y a loin. A vous enlever si haut, je crains, brave Trygée, que votre monture ne soit pas bastante et que la nourriture que vous lui faites administrer par vos valets, « Pouah! disent ces infortunés, triste et sale métier que le nôtre[1]! » ne lui donne pas le fond nécessaire. En somme votre Pégase n'est qu'un hanneton.

Il est visible que Trygée chargé de résoudre le problème des rapports de la société politique et de la société religieuse, méconnaîtra les droits de la conscience ou les droits de l'État.

Contre le radicalisme le juste et ferme esprit d'Aristophane est impitoyable. Il le poursuit avec une sorte d'acharnement : Que signifie, je vous prie, la pièce des Oiseaux (une des meilleures) et la cité bâtie en l'air par Evelpide et son acolyte Pisthétaire — comme qui dirait Lagingeole et Tristapate, couple inséparable, le mystificateur flanqué de son imbécile, — sinon cet amalgame de chimère, d'enthousiasme, de mystification et de niaiserie qui constitue le radicalisme.

De l'antagonisme entre la société politique et la société religieuse je ne veux d'autre preuve que la loi d'enseignement supérieur présentée par M. Ferry, et dans cette loi ce que j'aperçois de plus grave n'est pas la loi elle-même, ni la liberté de l'enseignement, ni l'existence des ordres religieux, c'est l'antagonisme dont la loi est la conséquence et l'expression. Qu'importe d'écarter la loi si l'esprit d'où elle procède subsiste! Elle n'est que la manifestation extérieure, l'accident d'une maladie très profonde qui date de loin, que les

---

1. Οὐ γὰρ εθ'οἷος τ'εἰμι ὑπερέχειν τὴν ἀντλίαν, 18.

circonstances ont aggravée, et jusqu'à ce qu'elle soit guérie, ne cessera de reparaître sous des formes nouvelles.

Devant le problème ainsi posé, les jésuites et leur existence sont, me semble-t-il, une quantité évanescente.

CHAPITRE III

DU CATHOLICISME LIBÉRAL

Οὐδὲ τοκεῦσι
Θρέπτρα φίλοις ἀπέδωκε, μινυνθάδιος δέ οἱ αἰὼν
Ἔπλετ᾽ [1].

Ces vers d'Homère résument son histoire, nous les
inscrirons comme épitaphe sur sa tombe.

Plusieurs questions se présentent que je dois successivement traiter; quelle est, ou plutôt quelle fut l'idée
mère du système? Quelles furent les phases de son
existence? Quelles furent les causes de sa ruine?

Pour comprendre l'idée mère du catholicisme libéral,
nous remonterons à son berceau.

Au lendemain de 1830 le discrédit du catholicisme en
France fut profond, et ses jours furent sombres. L'alliance du trône et de l'autel contractée, semblait-il, pour
relever en une évocation de l'antérieur l'autorité par la
tradition, la tradition par l'autorité, apparue sous la
forme de lutte contre l'esprit moderne au profit du
passé, avait affaibli, compromis tout à la fois le trône
et l'autel, et finalement s'était résolue en une catastrophe. Le trône avait volé en éclats, l'autel demeurait
ébranlé. A Paris où les passions qui agitent l'âme de la
France ont coutume de revêtir leur expression la plus ai-

---

1. *Il.*, IV, 477.

guë, même frénétique, des faits sauvages s'étaient pro-
duits que l'autorité encore chancelante du gouvernement
nouveau avait été impuissante à réprimer. Une église avait
été profanée, le palais de l'archevêque mis à sac. Pour
leur sûreté personnelle les ecclésiastiques catholiques
devaient revêtir le costume civil. Et chose infiniment
plus grave que les aveugles fureurs de la foule[1], l'opinion tendait à prévaloir dans un grand nombre de têtes
éclairées de l'incompatibilité logique du catholicisme et
de la liberté politique. On inclinait à penser que fille
légitime de la réforme protestante cette liberté ne pouvait enfoncer ses racines que dans un sol non catholique, était l'apanage exclusif des nations séparées de
Rome, qu'entre elle et le catholicisme il y avait à opter,
catholique renoncer à la liberté, libéral abjurer le catholicisme. L'on ne distinguait pas bien dans le catholicisme deux choses très différentes, le Dogme et le gouvernement, l'Église qui est une église d'autorité, la Religion
qui est une religion de liberté. Où cet ordre d'idées devait
aboutir, peut-être en trouverait-on le mot dans la Révolution de février 1848. Effet sans cause, a-t-on dit. Je
doute que cette pensée soit vraie, aux effets sans cause
je ne crois pas. La cause de 1848, de cet effondrement
subit d'un gouvernement si habile, si fort, ne fut-elle pas
plutôt dans l'explosion d'un mal congénial: la question
mal posée des rapports du catholicisme et de la liberté,
dont les grandes qualités morales et intellectuelles des
hommes qui se dévouèrent au système ne purent conju-
rer les conséquences? Ne faut-il pas attribuer la chute
du système, plutôt qu'au hasard, vain mot qui ne signifie rien, à ce que Platon appelle l'accouplement de forces ennemies?

---

1. Ὅμ ἐν δῆμος ἐστιν, etc. Parapresb., 135.

Cependant à ce moment même où se fondait le régime de 1830 avec toutes ses apparences de force, toutes ses causes de faiblesse, surgit à nos frontières un fait très considérable, très inattendu ; l'alliance des catholiques et des libéraux pour fonder par une Révolution une monarchie libre et placer sur le trône nouveau un prince d'une habileté supérieure, un de ces princes bienfaisants dont la gloire me paraît mille fois plus pure, plus vraie que celle de ces génies sinistres qui sacrifient l'humanité aux chimères de leur orgueil et ne laissent après eux qu'un monceau de ruines arrosé de sang.

L'importance de ce fait en lui-même fut grande ; son influence sur le mouvement des idées plus grande encore.

C'est alors qu'un petit groupe d'hommes jeunes encore, aussi éminents par la portée d'esprit que par l'élévation de caractère, étrangers à toute pensée de restauration de l'ancien régime, dégagés de tout antécédent réactionnaire, plutôt amis qu'ennemis du nouvel ordre de choses, MM. de Montalembert, Lacordaire, Dupanloup, de Falloux, Cochin et quelques autres issus de couches sociales diverses, les uns laïques, les autres engagés dans le ·clergé, — ce qui selon moi introduisit dans le système le germe de mort sous le développement duquel il périt plus tard, — tous animés d'un même dévouement au catholicisme, d'un même amour pour la liberté, le premier de tous parmi eux autant par la position sociale que par la portée d'esprit et de talent attaché par une alliance à la plus grande famille de Belgique, par là en situation de recevoir les influences du pays où le catholicisme allié à la liberté fondait une monarchie constitutionnelle, c'est alors que M. de Montalembert et ses amis élèvent la voix pour protester

contre la tendance qui chez nous incline les esprits vers
le divorce de la Religion et de la Liberté. « Nous sommes
libéraux et catholiques tout ensemble, disent-ils ; nous
répudions toute attache à l'ancien régime, à ce fatal
système de solidarité du trône et de l'autel qui a ren-
versé l'un, ébranlé l'autre. Nous pensons que le rôle de
l'Église est de sortir de l'arène où combattent les passions politiques. Nous voulons, nous aimons la société
nouvelle issue de 89, nous voulons, nous aimons la
liberté, nous ne croyons pas que le catholicisme et la
liberté soient incompatibles. Tout au contraire, nous
proclamons qu'ils se doivent et se prêtent un mutuel
appui. Entre eux la conciliation est possible, souhaita-
ble. Notre ambition est d'être les ouvriers de cette conciliation. »

Telle est la pensée mère du catholicisme libéral. Toutes ces idées, je ne sache pas qu'il en existe de plus
vraies, de plus grandes, de plus fécondes, de plus certaines, de plus nobles, de plus dignes de sympathie et
de respect.

Ils ajoutaient malheureusement, plusieurs d'entre eux
étant engagés dans le clergé, même dans les ordres
religieux : « Notre devise est catholiques avant tout. Nous
adhérons au catholicisme, tendons à la liberté, partons
de celui-là pour aller à celle-ci. Notre système débute
par le catholicisme et se fonde sur lui. C'est de lui que
nous dérivons la liberté. Elle est une conséquence qu'il
renferme et que nous en déduisons. » Intentions excellentes, mais thèse philosophiquement des plus contes-
tables, question déplorablement posée de façon à ne pouvoir conduire le problème qu'à une antinomie insoluble,
les mettant à la merci d'une décision canonique, attes-
tant l'insuffisance philosophique des pères de la nouvelle Église, hommes de cœur, de sentiment, d'imagi-

nation, d'enthousiasme plutôt que de raisonnement, orateurs, poètes, littérateurs plutôt que penseurs véritables, ayant assez de rectitude d'esprit pour pressentir spontanément la vérité, assez d'héroïsme pour s'y dévouer, pas assez de méthode pour parvenir à sa connaissance réflexive.

Toutefois, de même que dans ces infirmités congéniales qui ne se manifestent qu'à une certaine période de l'existence, les vices du système ne se sentirent pas tout d'abord. Son adolescence s'écoula sur un lit de roses. Tout lui sourit.

> Te Dea, te fugiunt venti, te nubila cœli
> Adventumque tuum, sibi suaves dœdala tellus
> Submittit flores, tibi rident æquora ponti
> Pacatumque nitet diffuso lumine cœlum.

L'antinomie de 1830 venait d'aboutir à la catastrophe de 1848. D'une part, la société politique, surprise par un craquement subit, troublée devant les abîmes qui s'ouvraient sous ses pas, effrayée à la vue des masses immenses, confuses, mal préparées, qu'elle était contrainte d'évoquer à la vie politique, leur ignorance, leur passion, quelque chose comme une invasion de barbares, dirigée d'ailleurs par un homme dont l'esprit politique, c'est-à-dire la juste appréciation des hommes et des choses, le discernement du possible et de l'impossible atteignait ce degré de clairvoyance que l'on appelle génie, pour contenir et diriger cette avalanche humaine, sentait mieux que jamais sa propre insuffisance, le besoin de recourir à l'assistance des religions. D'autre part, le catholicisme, appelé par les circonstances, le souci de ses propres intérêts, à réclamer pour lui-même la liberté, avait appris à l'invoquer, à en parler le langage. Pour pactiser avec les hommes du libéralisme conservateur, l'intermédiaire était désigné d'avance. C'était aux hommes du catholicisme libéral qu'il appartenait de traiter pour lui avec la liberté. Des deux parts on sentait le besoin de mutuelles concessions. On était animé d'un même sentiment de confiance. Un vent de popularité avait alors soufflé vers le catholicisme. On lui savait gré de l'attachement vrai que des hommes de grand talent, non encore désavoués, proclamaient en son nom pour la liberté. L'on sentait que l'on avait à son égard des torts à réparer. Dans de telles conditions si extraordinairement propices, l'accord était facile. Il se fit sur le terrain des lois du 15 mars, auxquelles un des hommes les plus éminents du catholicisme libéral, le seul peut-être qui survive aujourd'hui, M. le comte de Falloux, eut l'honneur d'attacher son nom.

J'insiste sur ce point qu'en fait les lois du 15 mars furent le prix d'un accord synallagmatique. La connivence du Prince-Président était nécessaire assurément, mais n'eût pas suffi. Il est reconnu par tous que sans l'appui de M. Thiers elles n'eussent pas passé. Cette observation explique peut-être les circonstances présentes ; je ne prétends pas qu'elle les justifie.

Les beaux jours furent courts. Bientôt les nuages s'amoncelèrent. Dans les ténébreux complots ourdis contre la liberté on vit avec stupeur, je ne dis pas les hommes du catholicisme autoritaire, — c'était leur rôle naturel, — mais les adeptes les plus respectés du catholicisme libéral s'associer, sinon par une coopération active, du moins par un acquiescement muet. Était-ce aveuglement, inintelligence des conséquences à jamais fatales pour la France du système qui se préparait? Ne le croyez pas. Ces messieurs sont des hommes de remarquable intelligence que l'on ne trompe pas aisément. Dans un travail récent publié sur Mgr Dupanloup, l'un des plus

autorisés nous a fait connaître les motifs qui lui firent
alors accepter le ministère. Il ne se dissimulait pas le
terme de la carrière où il devait s'engager au profit du
Prince-Président, ni l'issue de ce qui se préparait, ni les
conséquences qui en devaient résulter pour notre malheureux pays. Il prévoyait les aventures, le dénoûment
de l'Empire. Il hésitait très fort à s'embarquer sur cette
galère. Cela se conçoit. Qui donc le détermina à faire le
sacrifice douloureux de son patriotisme ? Il nous l'a dit
lui-même : les instances de M. l'abbé Dupanloup, l'intérêt du catholicisme, l'expédition de Rome, la loi du
15 mars. Il mit dans la balance d'une part la liberté de
la patrie, de l'autre le pouvoir temporel et la loi du
15 mars. Il opta pour le catholicisme. Cela était logique
de sa part. Cela ne pouvait pas ne pas être, appartenant
à une école dont la formule suprême est : catholique
avant tout.

Bientôt survinrent les jours de deuil pour la liberté.
Je constate qu'à de rares exceptions près, on ne vit pas
les catholiques libéraux combattre pour elle. Puis les
catastrophes, fruits nécessaires du césarisme, le dénoûment si bien prévu par l'esprit pénétrant de M. le comte
de Falloux, l'humiliation, la mutilation de la France,
triste rançon de l'éphémère conservation du pouvoir
temporel et de la jouissance précaire aussi des lois du
15 mars.

Je n'ai pas à parler ici de l'attitude du clergé officiel
à l'endroit de l'Empire. Mon sujet ne le comporte pas.
Je parle du catholicisme libéral.

A celui-ci, à partir de 1851, la vie fut dure ; pour
mieux dire, il disparut de la scène et le système put
être considéré comme mort. Il périt avec la liberté, objet
de ses pusillanimes amours. Après avoir appelé sur lui
la trop juste défiance, l'amer ressentiment des libéraux

il lui restait, dernier coup de poignard, à subir le désaveu du suprême chef de cette Église pour le profit particulier de laquelle il avait défailli à la liberté. Ce désaveu ne lui fut pas épargné. Après avoir renié ceux-là, il fut lui-même renié par celui-ci, et à une décision canonique sa nature ne lui permettait pas de survivre. Avec quelle vivacité, quelle persistance, quelle animosité tous le savent! A cette seule pensée, comme emporté par un flot d'indignation, le doux et saint Pie IX semblait perdre son sang-froid et la mansuétude habituelle de son caractère.

Il serait injuste de mettre au compte du catholicisme libéral, puisqu'alors, comme système, il avait cessé d'exister, ce que depuis 1870 les hommes éminents, jadis enrôlés dans ses rangs, ont pu faire pour ou contre la cause de la liberté. Il est triste cependant d'avoir à reconnaître que, victimes de la fatalité qui semble peser sur eux, cette liberté qu'ils aiment assurément au fond du cœur, ne semble pas avoir été, pour la plupart, la boussole de leur action politique.

Fatalité, ai-je dit. Quelle est-elle? Simplement une question mal posée, ne pouvant aboutir que soit à une fausseté philosophique, soit à une impossibilité politique, soit à une quasi-hérésie catholique, se heurtant ainsi à une triple antinomie.

A la formule « catholique avant tout » je n'aperçois, pour ma part, que deux significations, lesquelles, à vrai dire, serrées d'un peu près, se réduisent à une seule : la vieille formule si chère à notre moyen âge, si discréditée de nos jours : *Philosophia theologiæ ancillans.*

Ou elle exprime un ordre de priorité, d'antériorité et signifie que toute connaissance procède de la révélation dont le catholicisme possède le dépôt et la théologie l'exégèse, que la révélation précède et fonde toute certitude, qu'en ce sens le catholicisme est avant tout. Thèse fausse, je crois l'avoir démontré, la révélation elle-même ayant son fondement nécessaire dans la connaissance purement philosophique, partant indépendante de Dieu et du monde, devant être précédée de cette connaissance sans laquelle elle n'existerait pas, ne possédant elle-même de certitude absolue qu'autant que la certitude philosophique possède cette même certitude.

Ou elle exprime un ordre d'excellence, et signifie qu'en cas de conflit du catholicisme et de la politique celle-ci doit s'incliner devant celui-là, selon ce qu'ont pratiqué, en 1850, messieurs du catholicisme libéral.

Il n'est de société que dans la vérité. Dans la première phase historique des sociétés humaines, tant que la vérité métaphysique n'est connue que sous sa forme mystique, que de la religion seule procède l'État, la formule est vraie. Honni soit le fils qui renie sa mère !

Dans la seconde phase du développement social, la filiation change, avec elle les rapports, les devoirs. L'État n'y procède plus de la religion, mais de la philosophie, qui, si elle n'est pas indépendante, autonome, n'est pas, et comme Descartes se dit à elle-même : « Je pense, donc j'existe ; » dès lors qu'elle existe, a le droit de fonder sur sa connaissance de Dieu et du monde une morale qui lui appartienne en propre ; sur cette morale une politique qui ne relève que d'elle-même, ne soit vassale et servante de personne au dehors ; qui, sans méconnaître ses devoirs de bon voisinage à l'endroit des puissances étrangères, ait un légitime souci de sa propre indépendance. Cet État est ce qu'on appelle l'État laïque. Il peut, il doit pactiser avec la religion, mais ne s'incliner que devant sa mère, la philosophie. Le reste lui est extérieur.

L'on insiste. C'est, dit-on, la philosophie elle-même

qui doit s'incliner devant la religion, et par suite sa
fille, la politique, par cette raison que la religion est le
couronnement nécessaire de la philosophie. Que celle-
ci soit à jamais impuissante à nous donner la doctrine
du Verbe incarné et les sublimes conséquences morales
et politiques qui convergent vers ce divin foyer de
toutes les grandeurs humaines, je l'ai reconnu. Ajoutez
que si la religion est le couronnement nécessaire de la
philosophie, celle-ci est à son tour le fondement nécessaire des religions qui sans elle n'existeraient pas. En
bonne logique, pas plus de raisons pour subordonner
la première à la seconde que la seconde à la première.
Laquelle des deux? Ni l'une ni l'autre, répondrai-je.
Dans un cas la religion passe à l'état d'hypothèse : elle
expire. Dans l'autre, la philosophie demeure moralement, politiquement stérile, peut-être malfaisante.

Ne vaut-il pas mieux conclure que le conflit de
ces deux grandes forces, toutes deux indépendantes,
toutes deux autonomes, doit se résoudre non dans un
assujétissement mais dans un concordat, fruit de mutuelles concessions, qui respecte les conditions d'existence nécessaires de l'une et de l'autre. Catholique avant
tout, pour les choses propres du catholicisme, passe
encore. Pour les choses mixtes, non. Si l'État s'écriait
de son côté : moi d'abord, vous après, que diriez-vous?

Ne voyez-vous pas qu'à proclamer *a priori* la subordination de celle-ci à celle-là vous perdez tout titre au
rôle de conciliateur? Pour la première phase du développement social, celle où l'État procédant de la religion
devait reconnaître et subir sa suzeraineté, vous pouvez
accuser une préférence platonique. Affaire de goût qui
n'est même pas sans inconvénients, où, pour ma part,
je suis fort loin d'être de votre avis. Mais nous y ramener, le croyez-vous possible? Avez-vous une eau de

Jouvence pour vous rajeunir, *annos remeare peractos?*
Avez-vous un Josué pour arrêter le soleil? Les idées
sont comme les nations : qu'elles aient goûté l'indépendance, on ne la leur arrachera qu'après épuisement
complet de sang, d'argent, de force vitale. Il n'est pas
de plus grande impossibilité politique, de plus grande
chimère que de prétendre ramener à la sujétion religieuse l'État qui s'est proclamé laïque.

Reste la troisième antinomie : celle du catholicisme
libéral et de la théologie catholique.

Votre État chrétien, vous l'avez. Tout y procède du
christianisme, a sa source dans le christianisme. D'une
source extérieure, indépendante, qui ait ses propres
lois, rien. Cet État, vous le voulez libre, étant d'après
votre étiquette catholiques libéraux, ce qui revient
à dire que vous placez le germe vivant, initial de
la liberté politique dans le christianisme, que là où cette
liberté n'existe pas, le christianisme, par génération
spontanée, a la vertu de le tirer de ses entrailles et l'en-
fanter.

Qu'il soit l'atmosphère vitale, même la condition nécessaire de l'équilibre stable sans lequel la liberté ne
saurait durer, je ne me lasse pas de le reconnaître et le
proclamer. Qu'il en contienne en lui-même et sans fé-
condation du dehors le germe initial, ceci est une autre
affaire[1]. Là où la liberté n'existe pas, là où le germe de

---

1. Pour prévenir toute confusion, je déclare ici que dans ces
pages lorsque je parle de liberté, je n'entends parler que de la
seule liberté politique.

Il y a trois libertés : la liberté morale fondement de toutes les
autres, qui est la faculté de vouloir ou ne pas vouloir; elle appartient à tous. L'esclave dans les fers la possède,

La liberté civile qui est la faculté départie par la loi de faire
tout ce qui n'est pas contraire à la morale. Elle est due à tous,

cette liberté n'est pas déposé, je ne pense pas que le christianisme seul le puisse produire par voie de génération spontanée. A qui possède la liberté, il est éminemment propre à la conserver, à l'anoblir ; à qui ne l'a pas, il ne la donnera pas. Il est pour une telle innovation beaucoup trop respectueux de l'antérieur, beaucoup trop soucieux de rendre à Cœsar ce qui appartient à Cœsar. Ne lui demandez pas une révolution, il ne vous la donnera pas. Il préférera s'étioler lui-même dans les couloirs du Bas-Empire. Faite, il pourra l'accepter, mais il ne la fera pas lui-même. Il n'est pas dans son caractère d'entrer en politique par voie d'effraction. La liberté qui est le plusieurs a sa source dans la Raison, est fille de la Raison. Telle est mon opinion. Et sur ce point j'adhère sans réserve aux idées du philosophe contemporain qui nous enseigne que le droit politique, la liberté, ne saurait sortir de l'élément chrétien réduit à lui-même, non fécondé par la philosophie. Toutefois, la matière est délicate. Ce sont ici des nuances très fines. J'admets que sur ce point la thèse contraire puisse se soutenir.

Si pour appuyer l'opinion que je crois vraie, outre l'autorité de Montesquieu et de M. Guizot, je cherchais une autorité canonique, je ne serais pas embarrassé de

mais tous ne la possèdent pas. Cette liberté, l'honneur du christianisme est de la revendiquer de toutes ses forces. Il a toujours combattu et ne cessera de combatre pour elle. Il y va de ses plus chers intérêts. Il s'identifie avec elle,

Enfin la liberté politique, qui est l'intervention des gouvernés dans le gouvernement, et se réduit en dernière analyse au libre vote de l'impôt par ceux qui le payent.

C'est de cette liberté que j'entends parler lorsque je dis que le christianisme y prépare les âmes, mais ne la contient pas intrinsèquement en lui-même.

la trouver et ne la demanderais pas ailleurs qu'au *Syllabus*. Pour moi, la vraie signification de ce document si diversement interprété, se résume tout entière dans cette courte formule : « La liberté n'est pas intrinsèque au christianisme. » Mais l'État chrétien n'est pas celui que nous avons et voulons avoir. Nous avons l'État laïque. Là où l'État chrétien n'existe pas, je ne vois pas que l'Église, quelles que puissent être ses préférences, ait jamais fait une loi de conscience à ses fidèles de conspirer contre leur gouvernement pour y substituer l'État chrétien. Je ne vois pas qu'elle anathématise les loyaux sujets de la reine Victoria, ni les libres citoyens de l'Amérique. Qu'à ses citoyens l'État laïque départisse la liberté politique, la liberté de conscience, la liberté de la presse, de réunion, toutes les libertés foudroyées par le *Syllabus*, pourvu qu'à elle-même on lui laisse, comme c'est justice, sa propre liberté intérieure, l'Église catholique s'y accommodera et s'en accommodera. L'ordre donné par le pape actuel à son représentant à Bruxelles, en septembre ou octobre 1879, de déclarer aux évêques belges[1] « qu'ils ne doivent pas attaquer nos institutions ni même en désirer dans les circonstances actuelles la modification », est une décision doctrinale qui met ce point hors de contestation, et pour assurer sa propre sécurité je ne vois pas que l'État laïque ait le droit d'en demander davantage. Mais il subsiste qu'à l'Église elle-même toutes ces libertés sont extrinsèques. Elle ne les tirera pas de ses entrailles. Sa Salente ne sera pas libre. Je suis entièrement de cette opinion, et tiens la thèse du *Syllabus* pour absolument vraie.

Et c'est en ceci précisément que gît le péril de la politique cléricale. Involontairement son idéal sera cet état

1. Je cite les paroles du discours de M. Frère, 18 octobre 1879.

chrétien dont nous ne voulons pas. Elle aspire à une Salente que nous répudions.

Dans un livre récent, un des maîtres de notre école
historique contemporaine (M. Zeller) nous raconte l'extrême bonne volonté dont au début de son règne fut
animé le dernier souverain pontife, ses intentions per-
sonnellement réformatrices, même libérales, les obstacles qu'il rencontra sitôt qu'il les voulut mettre à
exécution, les difficultés qui surgirent, les invincibles
résistances qui s'accumulèrent, ses hésitations, les dé-
fiances qu'elles provoquèrent, finalement les insurmon-
tables impossibilités devant lesquelles il dut battre en
retraite et opérer un changement de front.

Ces résistances, ces impossibilités ne sont-elles pas la
traduction en fait de l'impossibilité logique d'introduire
la liberté dans l'État purement chrétien où elle n'existe
pas, et la démonstration historique de cette thèse, que
la liberté n'est pas intrinsèque au christianisme. Je parlais de Salente chrétienne. Elle a existé. Nous savons ce
qu'elle est : dans notre Europe telle qu'elle existe le
procédé le plus énergique connu pour détacher les
esprits et les cœurs du christianisme.

Mais voici où l'antinomie se révèle avec la dernière évidence. Vous n'êtes pas seulement chrétiens, vous êtes
catholiques, même catholiques avant tout, ce qui revient
à dire, puisque vous êtes libéraux, que du catholicisme
votre système dérive de liberté, que cette liberté le catholicisme la possède intrinsèquement. La conséquence immédiate, rigoureuse, est celle-ci : S'il la possède intrinsèquement, qu'il se la donne à lui-même et n'en fasse pas
comme les Russes un article d'exportation prohibé au dedans, exporté avec violence au dehors Qu'il applique l'esprit, les formes de la liberté à son propre organisme.

Pensez-vous que ce soit possible, qu'il n'y ait pas

flagrante antinomie entre les deux mots, les deux idées
que vous prétendez accoupler ?

Ne confondez pas, je vous prie, deux choses distinctes,
de nature très différente, christianisme et catholicisme.

Le christianisme est une religion, parce qu'il possède
une métaphysique, un système de doctrine sur Dieu et le
monde qui lui appartient en propre, et dans le sens que
j'ai dit est une religion de liberté.

De métaphysique propre, le catholicisme n'en a pas.
Tout au contraire, il repousserait comme la plus mortelle injure le soupçon qu'il en ait une distincte de la
métaphysique purement et simplement chrétienne, et le
reproche qu'il adresse aux autres communions est précisément de compromettre celle-ci, faute de bonne garde
et, la livrant au souffle de l'individualisme, de la mettre
en péril d'évaporation. Pour lui, son objet, son ambition,
dépositaire fidèle, est de prendre le dogme chrétien tel
qu'il est, sans y rien ajouter, en rien retrancher, le sauvegarder, l'administrer, l'appliquer. Son organisme
n'existe et ne fonctionne que pour atteindre ce triple but.
C'est pourquoi ce précieux dépôt du Dogme, il l'a en quelque sorte renfermé dans une cassette; cette cassette, il
y a apposé une serrure de sûreté; cette serrure, il en a
mis la clef dans la poche d'un caissier responsable. Il
n'est pas indifférent pour une banque d'avoir une bonne
serrure qui la garantisse contre les voleurs. Toutefois le
meilleur, pour ne pas dire le vrai fondement de son crédit, ce sont les bonnes valeurs que sa caisse renferme.

Ainsi du catholicisme. Il est la serrure d'une religion.
Mais lui-même n'en est pas une. Il est une Église.

Or, c'est ici que gît l'antinomie : le principe généra-
teur de cette Église est précisément le contraire de la
liberté : elle émane de l'autorité, se résume dans l'autorité, s'y absorbe.

Dans cet organisme prétendre introduire la liberté est une contradiction à laquelle il est par essence réfractaire. Catholicisme libéral est un non-sens.

Le dernier Pape ne s'y était pas trompé. Je suis fort loin d'admirer son intelligence autant que j'admire son caractère. En ce qui concerne le rapport du catholicisme aux politiques, l'appréciation des hommes et des choses du temps où il vécut, je crois qu'il a commis plusieurs fautes dont les difficultés actuelles de l'Église dans ses rapports avec presque tous les gouvernements seraient le signe extérieur. Son âme intrépide, fortement inclinée vers le mysticisme, semblait se plaire au milieu des tempêtes où il a lancé et laissé la barque de saint Pierre, et d'où ce n'est pas trop de la prudence, de l'esprit supérieur de son successeur pour la dégager et la rentrer au port. Sur la question du catholicisme libéral, il est certain pour moi qu'il avait raison contre la nouvelle école, et je m'explique l'animosité du chef de l'Église contre une doctrine dont le résultat eût été de la dissoudre. Il avait vu juste. Le catholicisme peut s'accommoder à la liberté, parce qu'il est une forme de la religion chrétienne, mais intrinsèquement ne saurait être libéral. Les deux mots impliquent contradiction.

Donc le catholicisme libéral est mort parce qu'il devait mourir, parce qu'il ne devait ni ne pouvait vivre, parce qu'il renfermait en lui-même des anomalies qui devaient le dissoudre à bref délai. Il ne nous reste qu'à sceller la pierre de sa tombe. Le vouloir ressusciter serait une puérilité vaine. Et cependant au courage, au dévouement, à l'intelligence des fondateurs du système on ne saurait trop rendre hommage. Les premiers, ils ont eu cet immense mérite, ils ont rendu à la société française cet immense service de discerner les symptômes, les causes de la plus grave de ses maladies, de signaler les conditions de sa guérison. Ils ont aperçu le but, mais se sont égarés en route. Si j'avais l'honneur d'être médecin, j'exprimerais ma pensée en disant que leur diagnostique fut parfaite, leur thérapeutique défectueuse. La France intellectuelle se partageait en deux camps : un catholicisme antilibéral, un libéralisme antireligieux, l'un et l'autre perché au sommet de son idée comme le stilite sur le haut de sa colonne. Les premiers, ils aperçurent qu'en cette question comme dans toutes les autres, la vie en ce monde procède d'une harmonie. Sur les conditions de cette harmonie, ils se sont, je crois, mépris. Leur libéralisme, plutôt de sentiment que d'idées, eut ce défaut de ne pas plonger ses racines dans une doctrine philosophique, partant d'être superficiel, incapable de résister aux tempêtes. Trop catholiques pour être franchement libéraux, trop libéraux pour inspirer confiance aux catholiques. Cette partie du problème est à reprendre. Tentative manquée, mais le mérite et la gloire de l'avoir bien posé leur appartient. L'avenir fera le reste.

Il subsiste que la condamnation dont le système fut justement frappé par l'Église, pour le moment du moins, donna naissance à des équivoques qui à une situation déjà complexe, grave par elle-même, prêtent une gravité nouvelle. Il semble que le désaveu du catholicisme libéral par l'Église ne soit rien moins que le désaveu de la liberté politique par le catholicisme. Je m'efforcerai de dissiper cette méprise, mais ne me dissimule pas qu'elle semble, pour le moment du moins, compliquer les difficultés de la solution et apporter de redoutables obstacles au problème de la conciliation, nouvelle cause de malentendus ajoutée aux précédentes. Il n'en était pas besoin.

Combien de fois, dans les discussions présentes n'a-t-on pas rappelé le dominicain Lacordaire acclamé par le peuple en 1848 sur les marches du Palais Bourbon. Ne vous y trompez pas : ce qu'on acclamait alors, ce n'était pas le catholique, c'était le catholique-libéral. Essayez aujourd'hui d'y mettre un capucin, fut-ce Savonarole ; si vous l'avez, quoi donc ? est-ce le catholicisme qui a changé ? non. La thèse de Lacordaire était fausse, et le catholicisme a bien fait de la condamner. En elles-mêmes, les choses sont ce qu'elles étaient. C'est l'opinion des hommes qui a fait ce que les marins appellent une saute de vent. Hier on acclamait Lacordaire pour avoir, croyait-on, concilié la religion et la politique, le catholicisme et la liberté. Cher et doux rêve évanoui.

> Vol me occidistis amici,
> Non servastis, ait, cui sic extorta voluptas
> Et demptus per vim mentis gratissimus error.

Le tort de 1848 fut de croire le problème résolu, aujourd'hui de le croire insoluble.

CHAPITRE IV

DE L'INFAILLIBILITÉ

Bientôt toutefois devait surgir un malentendu plus grave encore, le concile du Vatican et la proclamation de l'infaillibilité pontificale.

De l'infaillibilité je ne parlerai que comme un catholique qui veut demeurer catholique, qui, vu l'état présent des esprits, a pu redouter les conséquences politiques de la proclamation du dogme, l'accueillir avec angoisse, qui cependant respecte les décisions de l'Église et entend s'y soumettre.

Mais sa soumission, il entend aussi ne pas l'étendre au delà des limites où elle lui est imposée. Il a donc le droit de mesurer les contours du dogme, d'en connaître la portée et la valeur, savoir à quoi il s'applique, à quoi il ne s'applique pas.

En elle-même l'infaillibilité consiste en ceci : qu'en matière de dogme les définitions du pape seul, faites selon de certaines formes, en de certaines conditions, font loi pour la conscience des fidèles, sont obligatoires, sans appel.

De cette notion elle-même résulte que le dogme, matière de l'infaillibilité, subsiste par ailleurs tel qu'il était antérieurement. Sauf le droit reconnu au pape de le définir seul, l'infaillibilité ne modifie en rien l'état

17

de choses antérieur. Ce qui était dogme subsiste dogme, ce qui ne l'était pas ne le devient pas.

Le droit de définir, d'interpréter, me dit-on, méconnaissez-vous son importance? Cela peut mener loin.

Oui, dans une religion nouvelle dont la doctrine, en voie de formation, de devenir, n'est pas encore fixée, dans une législation vague qui demande à être complétée par la jurisprudence. Mais prenez garde que cette phase de développement, le christianisme l'a traversée depuis longtemps. En toutes, absolument toutes ses parties essentielles, son dogme est pleinement, irrévocablement fixé. L'on n'y saurait rien ajouter qui ait une importance véritable.

Vous oubliez que de nos jours le dernier pape a proclamé un dogme nouveau : l'Immaculée Conception.

Dans la propre acception du mot, est-ce bien ici un dogme? En tout cas vous conviendrez qu'il n'est pas de ceux qui, comme les grands dogmes du christianisme sur Dieu, sur le monde, exercent une action nécessaire, profonde, sur le caractère, la direction des politiques et fixent les destinées des peuples. C'est un dogme d'une espèce particulière, sans conséquences politiques, ce que nous appellerons, si vous le voulez, un dogme mineur. J'aperçois, à vrai dire, quelque chose comme un petit bijou dans un goût très italien en l'honneur de la Mère du Christ déposé par les mains pieuses et mystiques du dernier pape dans le trésor des grandes vérités chrétiennes. Un théorème métaphysique proprement dit, je ne l'aperçois pas. Ce dogme n'a pas de valeur métaphysique. Eh quoi! voudriez-vous enseigner que l'incarnation du Verbe de Dieu ne s'est pas faite dans notre vrai monde, celui auquel nous appartenons, mais dans je ne sais quel monde intermédiaire entre ciel et terre, sans participation au non-être du monde où nous vi-

vons? Ce serait très grave. Mais non, cela n'est pas, ne
saurait être. Une incarnation dans le monde des anges,
ce ne serait pas du tout la même chose pour nous. D'où
je conclus que le nouveau dogme ne change rien, absolument rien à la métaphysique du christianisme. Dans
les religions, j'ai comparé l'élément métaphysique à la
lame qui opère, l'élément mystique au manche de l'outil.
Je concède que le dogme sur la Conception ait ajouté
à la force et à la longueur du manche, à la lame, rien.
Celle-ci est forgée, façonnée, trempée, aiguisée depuis
longtemps. L'on n'y changera plus rien qui vaille. Le
droit de définir dévolu au pape ne peut plus fonctionner
que dans des limites excessivement étroites, dont je
considère qu'il est oiseux de prendre ombrage.

La grande, la vraie question, la seule qui ait un intérêt vital pour les politiques, est autre ; elle gît tout
entière en ceci : L'infaillibilité n'étant dogme que pour
le dogme, les rapports de l'Église catholique aux politiques font-ils partie intégrante du dogme? sont-ils matière de dogme? S'ils le sont, l'infaillibilité constitue le
pape souverain du monde, et les nations catholiques
sont précipitées dans l'abîme de la théocratie. S'ils ne
le sont pas, l'infaillibilité ne s'y applique pas et laisse les
choses dans l'état antérieur sans modification nulle.

La réponse ne saurait être douteuse. Elle est pleinement négative.

Les rapports de l'Église avec les gouvernements sont
en effet la propre matière des concordats. Qui dit concordat dit négociation. Qui dit négociation dit transaction. Or, sur le dogme on ne transige pas. On ne
transige pas sur la divinité du Christ, sur son incarnation.

Il est donc de la dernière certitude qu'à la seule question susceptible d'alarmer les politiques, l'infaillibilité

ne s'applique pas. Elle est tout intérieure à l'Église et ne concerne pas ses relations avec le dehors.

En tout ce qui touche à la politique, l'infaillibilité n'existe donc pas. En ce qui concerne le dogme, le champ où elle se meut est des plus restreints. Est-ce à dire qu'elle soit dénuée de valeur ? Non, certes. Elle en a une très grande. Elle constitue dans le développement interne du catholicisme une phase caractéristique. Cette phase, la voici. J'ai comparé le catholicisme à une cassette renfermant les grandes vérités du christianisme. Avant le concile du Vatican, le pape avait, il est vrai, en ses mains la clef de la cassette. Mais il ne pouvait ni l'ouvrir, ni la fermer sans le concours des évêques. En ce sens il dépendait d'eux. Présentement, il a le droit d'ouvrir et de fermer, de faire usage de la clef, sans prendre le congé des évêques. Ce sont eux qui dépendent de lui.

Le vrai sens de l'infaillibilité a donc été de reconnaître et remettre aux mains du pape une dictature administrative sur le gouvernement de l'Église. Dans cette sphère il ne relève de personne, tous relèvent de lui. Comme chef administratif il est autocrator.

Cela devait advenir. La loi logique qui amène les principes posés à développer successivement, progressivement toutes leurs conséquences devait un jour amener le principe d'unité déposé au fond du catholicisme à se formuler en une dictature administrative. Ce jour est venu. Tout catholique est désormais tenu de reconnaître le pape comme dictateur administratif de l'Église. Tout ce qui, antérieurement, dans l'organisme intérieur, dérogeait à ce type, a cessé d'exister. La dernière phase du développement du principe d'unité est accomplie. Toutefois ne perdons pas de vue qu'il ne s'agit ici que d'un organisme intérieur, sans rapport avec ce qui n'est

pas dogme, avec le dehors, avec la politique, que pour
le dogme lui-même, il est fixé. La dictature conférée
n'est donc pas proprement celle du pouvoir législatif,
simplement celle du pouvoir exécutif.

Deux puissances diverses de nature, de caractère, de
tendance, peuvent vivre en bonne intelligence, même
s'engager dans une cordiale, intime alliance, pour une
action commune, sous cette condition que chacune res-
pectera la politique intérieure de l'autre, en tant que
cette politique ne sera pas un danger pour elle-même,
et ne prétendra pas s'immiscer dans les affaires propres
de son allié.

Ainsi du catholicisme et des politiques. L'infaillibilité
est pour le premier une affaire tout intérieure qui ne
menace en rien les secondes et où elles n'ont pas à s'in-
gérer.

Tel est, je crois, le vrai sens de l'infaillibilité; son importance est grande, mais toute administrative. En
somme, il me semble qu'amis et ennemis en ont prodigieusement surfait la valeur. Dans des têtes infatuées
des idées de M. de Maistre elle a semblé un gage de
théocratie, à d'autres une menace contre la société issue
de 89. Rien de tout cela. Plutôt qu'un dogme, je l'appellerais une discipline, une constitution. Par là même
qu'elle est intérieure à l'Église, l'Église avait l'incontestable droit de trancher à son seul gré ses propres affaires et régler sa constitution. Et il était écrit qu'elle
en devait venir là. Tôt ou tard cela devait être. Le gouvernement du catholicisme devait aboutir à une monarchie absolue dans la sphère du pouvoir exécutif. Que
cette monarchie se soit constituée dans les circonstances où nous sommes, est-ce pour lui un accroissement
de force? N'eût-il pas mieux valu atermoyer, attendre
d'autres jours? y avait-il des motifs pour brusquer la

solution? y avait-il péril en la demeure? Ceci est une autre question.

Question rétrospective, direz-vous. Soit. Peut-être cependant n'est-elle pas dénuée d'utilité. En général il vaut mieux, engagés sur une route, ne pas regarder en arrière comme la femme de Loth. Cependant sans retourner la face il est bon de réfléchir sur le passé, en envisager les conséquences.

Il demeure reconnu que l'Église a le droit de régler sa propre constitution sans que les politiques s'arrogent l'impertinente prétention d'y intervenir. Il demeure établi que l'infaillibilité est une affaire tout intérieure à l'Église dont les politiques n'ont nul sujet de prendre ombrage. Cependant il subsiste que l'alarme dans un très grand nombre d'esprits a été profonde. On a cru la liberté menacée, perdue, la théocratie partie en guerre contre la société nouvelle. L'inanité de ces appréhensions, je me suis efforcé de la démontrer en réduisant le dogme à sa juste valeur. Ne doit-on pas cependant tenir compte du mouvement des esprits, même lorsqu'il prend sa source dans une méprise? M. H. Spencer définit la vie « l'adaptation continue des relations internes aux relations externes.

Toute vie en ce monde comporte l'équilibre de deux conditions : coordination intérieure, adaptation aux milieux. L'organisme doit être coordonné de telle sorte que selon la belle définition de Kant toutes les parties soient réciproquement l'une à l'autre fin et moyen. C'est ici la force centripète qui ramène à l'unité. Et d'autre part l'équilibre doit exister entre cette unité organique et le dehors où elle est appelée à vivre, sans quoi elle ne vivrait pas. Elle doit être adaptée à son milieu.

Pour apprécier si l'infaillibilité demeure cause de force ou de faiblesse au catholicisme, l'on doit donc

envisager tout à la fois son effet au dedans et au dehors.
Après avoir établi qu'elle fortifie son organisme intérieur[1], il reste à établir — thèse difficile — qu'elle amé-
liore également son adaptation à l'esprit moderne, que
comparée à l'état antérieur elle constitue un progrès
dans l'accommodement du catholicisme aux conditions
intellectuelles et politiques de l'Europe contemporaine.
S'il y a profit d'un côté, perte de l'autre, l'on devra les
peser tous les deux, et finalement voir de quel côté penche la balance A ne considérer que les gouvernements
quelle que soit leur forme, libre ou césarienne, il est
possible que la négociation des concordats soit plus
facile avec un pape dictateur qu'avec une aristocratie
d'évêques. Le difficile est d'accommoder l'esprit d'autorité qui triomphe dans l'Église à l'esprit de liberté politique qui semble souffler sur l'Europe entière.

Cet accommodement, je suis loin de le croire impossible. A juger les choses philosophiquement, je tiens pour
certain que ramenée à sa juste mesure l'infaillibilité
n'apporte nulle modification aux données intrinsèques
du grand problème dans lequel se résolvent les destinées
vitales de la moitié des nations européennes : la conciliation du catholicisme et de la liberté. Et cette thèse
l'ambition de mon travail serait d'en fournir la démonstration. Mais il serait puéril de contester que pour
l'heure présente elle n'ait jeté un trouble profond dans
les esprits, grossi démesurément la somme des malen-

1. Si l'on en croit le livre de M. Ém. Ollivier (*Le Concile du
Vatican*), en ce qui concerne cette coordination interne, les
effets administratifs résultant de cette dépendance dogmatique des
évêques auraient été conjurés par la dépendance pécuniaire du
pape à l'endroit des évêques collecteurs du denier de saint
Pierre. Je laisse la responsabilité de cette assertion à ce livre poli
pour la forme, en somme assez perfide pour le fond.

tendus, soulevé contre le catholicisme de redoutables
tempêtes politiques en Allemagne, en France, en Suisse,
en Belgique. Je ne parle pas de l'Italie dont la paix religieuse dans les classes éclairées ressemble trop à de
l'indifférence.

C'était, il est vrai, une nécessité logique. L'infaillibilité était un pas que tôt ou tard l'institution catholique
était appelée à franchir. Resterait à savoir si l'on ne
s'est pas imprudemment hâté, si cette précipitation que
rien, semble-t-il, ne motivait dans l'ordre religieux, puisque nulle part dans l'Église antérieure à 1870 la juste
et légitime autorité de son chef n'était en péril, ne fut
pas une faute dans l'ordre politique, ne créa pas gratuitement des orages politiques qu'il eût été plus sage
de ne pas affronter, de renvoyer à des heures plus propices. Je maintiens qu'il y a faute en politique à n'envisager que la politique, en religion à n'envisager que la
théologie. Si le mot faute semble manquer de mesure,
je l'efface et y substitue celui de malheur.

CHAPITRE V

DE LA POLITIQUE DU CLERGÉ EN FRANCE

Si c'était tout, si notre clergé de France n'avait commis d'autre faute que de faire abstraction de la politique pour se cantonner dans sa théologie! hélas! non. Ce qu'on lui reproche le plus, c'est précisément de s'être attelé à une certaine politique, d'avoir poursuivi en politique le même idéal d'autorité que dans son organisme intérieur, à défaut de la sienne propre celle d'un Cœsar fait à son image avec lequel il pût assurer ses avantages propres, et construire une maison à sa convenance sur les ruines de la liberté des peuples.

Sur ce sujet douloureux je ne m'appesantirai pas. Je glisserai le plus possible, l'objet de cet écrit étant non d'attiser les ressentiments, mais de les constater pour les dissiper si je le puis, et faire ce qu'en style de banquier on appellerait dresser un compte pour le liquider. Il est donc nécessaire que le compte soit exact, que rien n'y soit omis.

Les complaisances trop certaines du clergé français pour les partis politiques qui chez nous ont été ou les ennemis déclarés, ou les amis équivoques de la liberté, appartiennent à l'histoire. On a conclu à une affinité de nature entre le catholiscisme et le despotisme politique. Dans ma pensée cette opinion manque de justesse. Je

n'attribue pas l'affinité à une cause congéniale permanente, mais simplement accidentelle, transitoire. Je
l'attribue aux circonstances premièrement, puis à l'influence exercée sur les esprits, surtout dans le clergé
par l'école politico-religieuse surgie au début de ce
siècle.

Beaucoup de bruit pour rien. A bien des choses de ce
monde le grand poète anglais pourrait appliquer ce titre.
Beaucoup de tapage et peu de besogne. Je soupçonne
que notre révolution de 89 partie en guerre à grand fra-
cas contre le christianisme ne lui a pas fait autant de
mal qu'elle en avait l'intention et le désir, qu'au fond
même elle ne lui est pas aussi hostile qu'elle se le persuade. De l'autre côté du Rhin je vois une philosophie
que nul n'accusera d'être politiquement subversive, que
sa logique conduit au contraire à des conclusions très
autoritaires, d'ailleurs de la plus parfaite correction à
l'endroit des croyances religieuses. Ses mains sont pures
de toute tache de sang. Bien plus, je ne suis pas convaincu qu'une bonne part de ses adeptes ne soit pas
exemplairement fidèle à l'office religieux de leur culte,
de la même façon que Sokrate mourant sacrifiait un
coq à Esculape. Excellents citoyens, respectueux de
toutes les institutions de leur patrie, y compris le culte,
appartenant en politique, toujours comme Sokrate, au
parti conservateur. Combien cependant les blessures
que ces philosophes font au christianisme ne sont-elles
pas plus profondes que celles qu'il reçut de l'échafaud
révolutionnaire? Combien leur Dieu ne diffère-t-il pas
plus du nôtre que l'Être suprême de Robespierre par
exemple, pour prendre la révolution dans son paro-
xysme? Le Dieu de Hégel est à peu près celui de Spinoza, le Dieu de M. de Hartmann quelque chose de moins,
et si nous passons la Manche, le Dieu de M. Herber'

Spencer est le Dieu x^1. Et le Dieu de notre révolution, quel est-il? En somme dans ses traits essentiels un Dieu distinct du monde, conscient et libre, c'est-à-dire le Dieu du christianisme.

Notre révolution, fille de la philosophie française un peu superficielle du dix-huitième siècle, procède particulièrement de Rousseau et comme lui dans ses tendances générales demeure spiritualiste. Le matérialisme de quelques-uns de ses principaux acteurs n'y fait rien, je dis que par son esprit notre révolution est spiritualiste et procède de Rousseau. De même qu'à ce puissant esprit elle emprunte ses procédés de style, ses méthodes de sentiment, ce quelque chose de déclamatoire, d'un peu affecté, un peu maladif dans la sensibilité qui caractérise ses écrits, ce penchant à introduire et mettre en scène sa personnalité, de même on peut admettre qu'ici encore le style est le miroir de l'âme, qu'elle parle comme lui parce qu'elle pense comme lui, qu'elle lui emprunte ses idées, sa philosophie en ce qu'elle a de bon et de mauvais. L'empreinte donnée par ce Génevois à notre esprit français est si profonde qu'à la distance de plus d'un siècle elle n'est pas encore effacée, du moins en littérature. La génération qui précède celle-ci fut, on peut le dire, frappée à son image. Chateaubriand, Lamartine, Georges Sand, Victor Hugo sont les propres fils de Rousseau. Nous le sommes tous plus ou moins, directement ou indirectement. C'est de lui que nous tenons

1. Si Dieu est x, la philosophie n'existe pas, qui, si elle ne remonte pas des causes secondes à la cause première, si elle n'est pas la science de l'Être, si elle ne connaît pas Dieu, n'est rien. Dès lors, rien n'existe, pas même la science, puisque celle-ci repose toute entière sur de certaines notions philosophiques.

A dire vrai, je soupçonne que le Dieu de M. Herbert Spencer n'est pas tant le Dieu x que le Dieu-Nature.

notre penchant à l'emphase et à l'antithèse, notre recherche de l'effet. Nous avons pris modèle sur son style
si différent de celui de nos très grands écrivains, Pascal
et Montaigne par exemple, toujours simples et naturels,
limpides en quelque sorte. Comme Rousseau nous aimons à poser pour le lecteur, surfaire notre idée, gros-
sir par l'expression la vraie dimension de notre pensée.
Faites une petite épreuve assez plaisante. Telle dame,
dans sa maison le modèle de toutes les vertus, particulièrement pieuse, n'a de sa vie lu une page de Rousseau,
même professe pour lui une sainte horreur, à peine
quelques bribes de Chateaubriand ou de Lamartine, son
éducation morale ayant été plus soignée que son éducation littéraire. George Sand, Alfred de Musset, fi! Vous
la transportez en Suisse. Vous la priez de vous écrire
les impressions de son esprit à la vue d'un grand spectacle naturel ou les émotions de son cœur à la vue d'une
grande scène morale, quelque chose qui trouble la pla-
cidité habituelle de sa fibre, le lever du soleil sur les
montagnes, une tempête sur le Léman. Soyez certain
que fille inconsciente de Rousseau, elle se croira obligée
d'emprunter la plume de la nouvelle Héloïse. Elle verra
la nature par les yeux, elle la sentira par l'âme de Rousseau.

Je dois reconnaître que de cet étrange empire, littérai-
rement parlant, la génération nouvelle commence à s'affranchir. La mode change On revient à une certaine manière de naturel qui n'est peut-être pas encore le naturel
sans manière, mais déjà constitue un progrès. Remarquez
toutefois combien est profonde l'influence exercée sur
notre intelligence française par ce petit coin de terre
non français. A ce point qu'après Paris tout autre foyer
ne lui saurait être comparé. Sur notre frontière nord
j'aperçois un autre groupe également français de langage,

la Belgique, pour le moins trente fois plus nombreux que la microscopique Suisse romande, merveilleusement doué sous le rapport esthétique, particulièrement la peinture et la musique, et qui pour tout le reste du domaine intellectuel demeure à peu près *caput mortuum*. Je livre ce petit problème aux esprits curieux.

Si donc à la Révolution fille de Rousseau, le christianisme proprement dit n'est pas fondé à faire procès, il en va tout autrement de l'Église. Les blessures de celles-ci saignent encore.

Il y avait une réforme que la Révolution avait le droit, peut-être devrais-je dire le devoir d'accomplir, qu'elle s'est proposée, sans peut-être en avoir une conscience très nette : substituer à l'État chrétien de l'ancien régime, l'État laïque que nous avons. L'heure en était, je crois, sonnée. C'était déjà grosse affaire exigeant une forte dose de tact, de mesure, de prudence. Comment nous y sommes-nous pris? De la façon la plus maladroite, la plus absurde, la plus odieuse. On ne s'est pas contenté d'enlever à l'Église ses grands, trop grands biens, sa puissance, ses privilèges politiques, sa position d'Église d'État, sacrant les rois, tolérant par accès, mais dominant à merci toutes les autres communions. C'est ici que les chimères du prophète Rousseau sur les droits de l'État se sont donné carrière. On a fait irruption dans le domaine des consciences. Après avoir accumulé à plaisir les résistances, on a cru les vaincre en les noyant dans le sang.

Et maintenant étonnez-vous qu'en dépit des incontestables profits que le christianisme a retirés de la Révolution l'Église catholique conserve à son égard une invincible méfiance, de sourds ressentiments.

Ces ressentiments, tout à point, une école politico-religieuse, s'est rencontrée pour les exploiter. Selon les

éternelles lois de l'esprit humain, elle a pris le juste
contre-pied, la réciproque des idées qu'elle se proposait
de combattre. De même que Rousseau professe la prépondérance de l'État, l'école nouvelle professe la prépondérance de l'Église. Elle aborde la question par le
côté catholique plutôt que chrétien, subordonne celui-ci
à celui-là. Cela devait être, l'Église étant la grande
victime de la Révélation. C'est pourquoi l'école nouvelle
prend à tâche de transporter en politique les conceptions,
les méthodes, les organismes du catholicisme. Sa caractéristique est de constituer l'autorité par la tradition
dans l'organisme politique de la même façon que dans
l'organisme catholique. Cette tradition, elle en place la
source dans la Révélation, le terme dans la théocratie.
De là la guerre à mort, acharnée de toute l'école contre
la Révolution, mauvaise dans sa source, non seulement
ses actes, ses méthodes, mais son esprit, son objet, ses
aspirations, mauvaise dans ce qu'elle a produit, dans ce
qu'elle a voulu, pour tout dire, œuvre de Satan incarné
dans le monde. De là ses anathèmes contre l'esprit
humain, contre son œuvre en Europe depuis quatre
siècles, depuis son émancipation, depuis Bacon, le charlatan scientifique de M. de Maistre. Dans ce système, la
raison est de trop, puisque aussi bien il n'est pas une
révolution politique qui n'ait sa source dans une révolution d'idées. Faute de la pouvoir supprimer, on se contente de l'asservir. Pour cela un seul dogme suffit : la
tradition, critérium de toute vérité en philosophie,
toute légitimité en politique. Donnez-moi la tradition
principe supérieur, juge et mesure de tous les autres,
sur ce seul fondement, par œuvre de logique, on se char-
gera de construire un monde qui fasse tressaillir d'aise
les mânes de M. de Bonald, M. de Maistre, M. de Lamennais (première manière), qui comble les vœux des ves-

tales du passé. Vous regrettez l'État chrétien : on vous
rendra mieux, le monde gouverné par un lieutenant du
pape, ce que depuis on a appelé grand pape et grand roi.

On le voit : le vrai nom du système est scepticisme.
C'est une ingrate tâche, périlleuse, fatale aux religions
que de prétendre fonder leur crédit sur les ruines de la
raison. Tant que celle-ci s'ignore, les religions peuvent ne
pas l'apercevoir et en faire abstraction. Elles n'ont pas
charge de l'évoquer. Dès lors qu'elle s'affirme, sous peine
de s'ensevelir elles-mêmes sous ses ruines et creuser de
leurs propres mains l'abîme où disparaîtra toute croyance
— disons mieux, toute existence, la nôtre propre, celle
du monde, celle de Dieu, elles ne peuvent plus lui dire :
« Vous n'existez pas. » Il y a des heures où l'on n'y
regarde pas de si près. Toute doctrine a le vent en
poupe qui, l'heure venue, se met au service des passions
humaines. La blessure était au vif, le ressentiment amer
des violences, des crimes de la Révolution. L'on se sentait d'immenses forces, peut-être de secrètes et vagues
ambitions, l'espoir de ramener les politiques aux rives
encore voisines de l'État chrétien. Ces sentiments
divers, la doctrine les accueille, les flatte, leur donne
corps, et rassemble en un faisceau tous les regrets de
l'antérieur disséminés dans le monde civil politique et
religieux, échappé encore brûlant, peu homogène, plein
de scories de la fournaise révolutionnaire. Le tort du
clergé, d'une partie du clergé de France, fut de trop
prêter l'oreille à ce décevant langage, de trop croire
à une mensongère analogie d'organisme, et par haine de
cette Révolution dont l'Église eut tant à souffrir

Nondum expiatis uncta cruoribus,

de sembler méconnaître les droits de la raison et de la
liberté.

Ce n'est pas qu'au fond le clergé français se soucie de restaurer l'ancien régime politique. Lui prêter de tels desseins est lui faire injure. Mais il a le tort de caresser une alliance qui parle de lui rendre ses anciennes amours, son idéal, l'État chrétien, chimère que nulle puissance ne pourrait désormais appeler à vie. Et il y a des alliances qui compromettent. Celle-ci est du nombre.

Ainsi, sous l'impulsion de ressentiments justes dans leur source, mais qu'il eût mieux valu refouler au fond du cœur, même, je l'oserai dire, effacer dans un généreux pardon, sous les auspices d'une école qui eut l'art de les exploiter, se conclut ce que dans le langage du temps on appela l'alliance du trône et de l'autel. On en a vu les suites. Cette alliance, la doctrine qui l'inspira, je les rends responsables de toutes les fautes politiques du clergé de France depuis soixante ans, des malentendus qui en sont résultés. Les circonstances passent. Le temps dissipe les illusions, met à nu les vices des doctrines, cicatrise les blessures, amortit les ressentiments. Je suis certain que le jour viendra — à de certains symptômes je crois même en découvrir l'aurore — où le catholicisme comprendra que son intérêt le plus cher, son honneur lui commandent de se réconcilier avec la liberté politique et dire comme le nouveau pape aux évêques de Belgique : « Quel que soit notre idéal, notre devoir est de nous accommoder à toute politique qui nous donne à nous-mêmes notre liberté, de ne pas même désirer son changement. »

CHAPITRE VI

QU'ENTRE LE CATHOLICISME ET LA LIBERTÉ IL N'Y A PAS CONTRADICTION DE NATURE

Si l'espoir exprimé en ces dernières lignes est chimérique, si aux doctrines de l'école théocratique le catholicisme est rivé à demeure, c'en est fait. Bon gré mal gré, notre destinée est de subir cette périlleuse alternative, libéral, de renoncer au catholicisme, catholique, abjurer la liberté.

Grâce au ciel, cela n'est pas. Entre notre vieille religion et notre société nouvelle il n'y a pas incompatibilité d'idées, mal sans remède. Je prétends établir que jusqu'ici il n'existe de part et d'autre que fautes de conduite, graves, je le confesse, mais qui se peuvent corriger, série de malentendus.

Cette thèse, en fait, deux mots me suffiraient à l'établir. Je constaterais d'une part que la Révolution dont nous sommes issus n'est pas antichrétienne, puisqu'elle a reçu et gardé le Dieu du vicaire savoyard, de l'autre que par décision du pape les évêques catholiques d'un pays libre ne doivent pas attaquer ses institutions, ni même en désirer la modification. Je prie que l'on s'arrête quelques instants à considérer l'extrême importance doctrinale de cette décision; elle n'est rien moins que la solution théologique de cette très grosse question : « Le catholicisme est-il incompatible avec la liberté? » A quoi

18

le chef du catholicisme répond : « Il ne l'est pas. » Je
n'hésite pas à dire que dans ma pensée comme valeur
philosophique, comme importance dans l'ordre politique, comme influence sur les destinées de l'humanité,
cette simple déclaration enfouie dans les archives des
chancelleries dépasse de cent coudées la dimension et la
valeur des dogmes carillonnés auxquels le dernier pontife a attaché son nom. J'ignore ce que celui-ci, orateur
à la parole vive, spontanée, mais homme d'impressions
plus que de théories, a pu dire ou écrire sur ce sujet.
Mais je sais qu'en fait jamais il a encouragé les sujets
de la reine Victoria à lui refuser obéissance. Cela suffit
pour constater sur ce point la doctrine permanente, sous
les papes les plus divers, de l'Église catholique.

L'État chrétien est tout autre chose que le catholicisme. Le rapport de celui-ci à la liberté est un sujet
grave, obscurci par de nombreux préjugés. J'essayerai
d'éclairer une de ses faces, et d'expliquer pourquoi le
pape a eu raison contre certains catholiques belges
en leur disant que le catholicisme n'est pas incompatible
avec la liberté politique.

Tout d'abord remarquez, je vous prie, que les pères
de la doctrine théocratique, MM. de Bonald, de Maistre,
d'Eckstein, Ballanche, tous à l'exception d'un seul,
M. l'abbé de Lamennais, — un abbé qui, je le présume,
ne dit pas beaucoup de messes, — tous, dis-je, furent des
laïques et des laïques appartenant à un certain parti
politique. Aujourd'hui même, dans le discrédit absolu où
la doctrine est tombée dans le monde philosophique,
son champion attitré, M. Veuillot, littérateur de très
grande valeur, est toujours un laïque. J'en conclus *pri-
ma facie* que le système n'est pas autochtone au catholicisme mais importé du dehors et plus ou moins natu-
ralisé. Il est une invite adressée par la politique, une

certaine politique, au clergé de France, et ceci explique pourquoi, sauf l'Espagne si merveilleusement propice à de telles idées, où sont décédés leurs derniers défenseurs philosophiques, la doctrine est à peu près exclusivement française. — « Voulez-vous, dit cette politique à notre clergé, que je conçoive ma tradition sur le type de la vôtre, et lui attribue la même fonction? — «J'y consens,» répond celui-ci, dans cette analogie mensongère pensant trouver une force, et l'alliance se conclut.

Dans le chapitre III de la première partie de ce travail je crois avoir démontré les deux propositions suivantes :

1° Qu'il n'existe pas de rapport entre la forme gouvernementale des religions et leur action politique;

2° Que cette action politique réside exclusivement dans leur métaphysique.

Ces deux propositions, si je ne m'abuse, me fourniront la solution du problème présent.

S'il existait un rapport entre la forme, le mécanisme administratif selon lequel les religions fonctionnent, exercent leur autorité spirituelle et leur action politique, nous verrions l'islamisme, religion absolument acéphale, qui n'a pas de pape comme les catholiques, pas de grand prêtre comme les juifs d'Aaron, qui depuis Mahomet et ses successeurs immédiats n'a pas connu de chef suprême, qui ne possède pas même à vrai dire de clergé hiérarchiquement institué en vertu de quelque sacrement analogue à notre sacrement de l'Ordre, et dérivant de cette source une autorité surnaturelle, dont l'assemblée des prêtres gouverne les évêques plutôt que ceux-ci ne gouvernent les assemblées, composé d'une multitude de petits groupes autonomes qui, s'ils font partie du même État, peuvent avoir entre eux un lien

politique, s'ils appartiennent à deux États différents, la
Turquie, je suppose, et le Maroc, n'ont d'autre lien religieux qu'une mutuelle sympathie sans organe institué
pour la représenter et lui permettre d'agir, nous verrions, dis-je, l'islamisme, grand corps dénué de centre
nerveux commun où viennent aboutir ses sensations et
d'où partent ses volontés, proprement en tant que forme
gouvernementale de religion appartenant à la catégorie
des républiques fédératives à lien très relâché, aboutir
en politique à une forme analogue. Nous le verrions
semer à pleines mains les républiques fédératives, les
gouvernements libres. Est-ce là ce que nous voyons?
Tout le contraire. Tous ces petits groupes musulmans
dans leur gouvernement religieux ont la liberté, dans
leur gouvernement politique sont la proie du despotisme.
Je défie de trouver un fils de Mahomet dont la destinée
ne soit pas de courber la tête sous un tyran le plus
souvent abject, insensé et sanguinaire, et jusqu'à ce
qu'il l'étrangle, de baiser sa semelle. Ceci, veuillez le
remarquer, n'est pas accidentel, mais général. Quoi qu'il
arrive à l'avenir du gouvernement religieux des musulmans, leur gouvernement politique ne saurait être que
despotique. Si plus tard il advient que l'analogie s'éta-
blisse entre la forme religieuse et la forme politique,
pour le présent il subsiste que cette analogie n'existe
pas, qu'au contraire entre l'un et l'autre il y a dissem-
blance.

Le catholicisme est une Église qui a une Religion, le
Christianisme, dont il prétend être le corps mystique.
L'Islamisme est une Religion qui n'a pas d'Église.
L'Église musulmane n'existe pas.

Au protestantisme je pourrais appliquer la même
observation. La forme républicaine du protestantisme
ne fait pas que tous les peuples protestants soient libres.

De l'autre côté du Rhin j'en aperçois dont la liberté me semble à peu près celle du soldat à son régiment.

J'en conclus qu'entre la forme administrative des religions et leur action politique, il n'y a pas de relation *nécessaire*. Je souligne ce dernier mot et m'arrête à ce point.

Or, qu'est-ce que le catholicisme, sinon une certaine forme, un certain mécanisme organisé pour administrer les affaires religieuses du christianisme? Je l'ai remarqué : le catholicisme n'est pas une religion, il est une Église, c'est-à-dire le gouvernement d'une religion. Si dans l'islamisme la forme de gouvernement religieux est indifférente, je ne vois pas comment ni pourquoi cette forme indifférente ici, plus loin serait souveraine.

Où donc est la relation? exclusivement dans la métaphysique des religions, et ici je retombe dans mon second théorème et la question se transforme en celle-ci : quelle est la métaphysique du catholicisme? Où sont les affinités de cette métaphysique?

Quelles que soient les formes extérieures que le catholicisme ait cru devoir donner à son gouvernement, on peut se tenir assuré que ces affinités sauront en fin de compte se traduire dans sa politique.

Quelle métaphysique? Proprement et simplement celle du christianisme, le Dieu un et plusieurs tout ensemble, transcendantal, libre, miraculeusement incarné dans le monde. La métaphysique catholique est identiquement celle des nations protestantes parvenues à la liberté. Je vois des différences d'ouvriers. Je ne vois pas différence d'outil.

Je me persuade que semblable à ces nobles monuments de la renaissance italienne que le voyageur admire à Florence, Sienne, formés d'assises alternativement claires et sombres qui se succèdent et se soutiennent réciproquement, l'édifice de la grandeur des nations se construit également par une succession d'assises disposées non au hasard, mais alternant dans un certain ordre, selon une loi, de la même façon que dans la nature les roches de sédiment se composent de couches régulières, étagées, ayant chacune son âge relatif déterminé, ses éléments caractéristiques, qui se superposent sans se confondre.

Vous rencontrez d'honnêtes esprits qui soupirent après une philosophie chrétienne. La philosophie chrétienne n'est pas, ne saurait être, par la raison que la clef de voûte du christianisme, de sa métaphysique et de sa morale, est le Christ miraculeusement incarné, et que du miracle, la philosophie n'en donne pas, n'en saurait donner. Sur ce point donc je récuse péremptoirement la thèse aujourd'hui très en faveur qu'au fonds hellénique des sociétés antiques, ce qu'on appelle l'hellénisme, le christianisme, révolution superflue, partant fâcheuse, dont il eût mieux valu faire l'économie, n'apporta nul élément nouveau. Ce que vous avez le droit de demander à la philosophie, ce qu'elle a le devoir de vous donner, ce sont simplement les conditions qui rendent le miracle chrétien possible : un Dieu transcendantal et libre qui, en vertu de sa liberté et de sa bonté, se puisse incarner, c'est-à-dire la vraie connaissance de Dieu et du monde. Tâche immense, fondamentale. Si elle l'accomplit, elle aura bien mérité de la patrie, ne lui demandez rien de plus. Elle ne vous le donnera pas.

Sur cette assise le christianisme superpose une assise nouvelle qui lui appartient en propre : le dogme du Christ médiateur et ses conséquences morales. Par lui, il relève les âmes, façonne les caractères pour la liberté, opère ce que dans son langage il appelle la rédemption du genre humain.

Survient alors la politique, fille de la philosophie, qui met en œuvre ces éléments, cette matière morale, si l'on me permet l'expression, les anime de son souffle, et couronne l'édifice du christianisme par la liberté. Au christianisme la philosophie fournit les conditions qui le rendent possible. A la liberté le christianisme fournit les conditions d'équilibre moral qui la rendent saine et durable.

Telles sont à mes yeux les relations entre le catholicisme et la liberté. Pour moi, le christianisme, quelle que soit sa forme extérieure, dont politiquement je ne m'inquiète pas, dont je ne pense pas que l'on doive s'inquiéter, est si loin d'être contradictoire à la liberté, je dis la liberté politique, que je l'y crois nécessaire en ce sens qu'en dehors de lui, par un effort prodigieux de l'âme humaine, comme jadis en Grèce et à Rome, la liberté pourra naître, mais non subsister dans des conditions durables. Entre l'Église catholique et la liberté politique il n'y a pas incompatibilité. Tout au contraire, il existe affinité de nature. Ils sont l'un à l'autre condition de santé, source de vie. Les incidents qui ont porté le trouble dans leurs relations sont faute de conduite, rien de plus. A l'antipathie d'idées, pas de remède. Avec de l'intelligence, les fautes de conduite se peuvent réparer. Elles peuvent aussi mener loin et avoir de graves conséquences. Cela dépend du caractère, de l'heure, de la dose qui ne comporte qu'une certaine mesure. Mais ce que je retiens, la thèse par laquelle je conclus est celle-ci : à divorcer de corps et de biens pour leurs mutuelles fautes de conduite, le catholicisme et la liberté n'ont rien à gagner, tout à perdre.

Les religions sont semblables à la matrone romaine. Leurs bijoux, ce sont les peuples enfantés par elles, façonnés par elles, sortis de leurs entrailles.

Bijoux seulement, direz-vous. Je le concède.

« Telle cette coupe qu'un favori de la fortune élève, remplie jusqu'aux bords de la rosée écumante, fruit de la vigne, toute d'or pur, la perle de sa fortune, et la vidant en l'honneur du jeune époux de sa fille, en présence de leurs amis communs jaloux de son bonheur et d'une alliance contractée sous d'heureux auspices, il lui en fait don en souvenir du festin nuptial et comme gage de ses sentiments [1]. »

Ainsi des religions.

Cette coupe d'or pleine d'un vin généreux, le vin qui fait les grands hommes et les grandes nations, que la religion du Christ remet aux peuples qui contractent alliance avec lui, c'est la liberté.

---

1. Pindare, *Olymp.*, VII, 1-11.

CHAPITRE VII

DU DROIT DE L'ÉTAT

Le sujet est des plus complexes, des plus difficiles, à lui seul exigerait un livre qui dépasse de fort loin mes forces. Je m'appliquerai à le restreindre à ce qui est strictement nécessaire à l'objet de ce travail, et, même ainsi réduit, je ne l'aborde qu'en tremblant, craignant non d'être insuffisant, je m'y résigne, mais de me fourvoyer. Je ne prétends pas examiner les droits généraux de l'État par rapport au citoyen, simplement ses droits par rapport aux associations, et parmi ces associations je n'en étudie qu'une seule : l'association de l'Église catholique. Dans cet horizon très circonscrit, je n'entreprends pas de formuler une théorie, je propose quelques règles de conduite. Moins que cela, heureux si je parviens seulement à bien poser la question, en élucider quelques faces par des analogies, livrant pour le reste chacun à ses propres conclusions.

Pour connaître le droit de l'État, la première chose est de connaître l'État lui-même. Qu'est-ce que l'État?

« L'État, nous dit Platon, est tout ce pourquoi les hommes s'associent[1]. » Voilà qui est bien général. Aristote est un peu moins absolu, trop cependant encore, à mon sentiment. « L'État, nous dit-il[2], est une associa-

1. *Républiq.*, trad. Cousin, p. 88.
2. *Moral. Nicomaq.*, l. V, ch. vi.

tion d'êtres égaux cherchant en commun une existence heureuse et facile. » Dans sa *Politique* il complète son idée. « J'appelle en général cité, dit-il[1], la multitude des citoyens capable de se suffire à elle-même et de se procurer ce qui est nécessaire à son existence. » « La société civile[2] est une association d'hommes libres ayant pour but l'utilité commune des citoyens. »

Ce sont ici des conceptions panthéistes. Dans nos idées modernes, nous allons beaucoup moins loin et restreignons très fort la conception antique de l'État. Pour moi l'État est une association volontaire dont l'objet est de garantir les vies et les fortunes de ceux qui la contractent. Je distingue la société et l'État. Je ne crois pas au contrat social, mais je crois au contrat politique, dans lequel chaque contractant échange une part de sa liberté propre contre un droit sur la volonté d'autrui, et je souscris à cette pensée d'un philosophe contemporain, M. Fouillée, que l'idéal du contrat est que la part sacrifiée soit la plus petite possible, à ce signe que la forme extérieure de ce sacrifice étant l'impôt, vous constaterez qu'en général l'idéal de chacun est d'en payer le moins possible, et, à ce point de vue, vous trouverez peu d'autoritaires qui ne soient libéraux. En d'autres termes, l'idéal du contrat est la liberté. Aristote exprime la même idée dans les lignes suivantes : « Il n'y a rien qui détermine la qualité de citoyen d'une manière plus absolue que le droit de participer aux jugements et à l'autorité. Le gouvernement est l'ordre établi entre ceux qui habitent la cité[3]. »

Ne perdez pas de vue que cet État ainsi constitué pro-

1. III, 1, 8, 1. I.
2. *Ibid.*, III, iv, 7 et VII, vii, 2.
3. *Politiq.*, III.

cède de la philosophie, non d'une philosophie quelconque, indéterminée, mais d'une philosophie qui, pour
fournir à l'État ses principes constitutifs, l'esprit et les
conditions du contrat politique, s'est pensée elle-même,
s'est déterminée. Avant de se formuler une politique, la
philosophie a dû se formuler une morale. Avant de se
formuler une morale, elle a dû se formuler une métaphysique. Toute politique a son Dieu. Tout Dieu a sa
politique. Logiquement, la politique du Dieu immanent
ne saurait être la même que la politique du Dieu libre.
C'est donc une expression très fausse que celle-ci :
« L'État athée. » Non, l'État n'est pas athée, ne saurait
être athée. Sa politique est la conséquence et l'expression adéquate de sa théodicée. Son fondement est une
certaine notion de Dieu en dehors de laquelle il ne saurait être, ou pour mieux dire, durer ce qu'il est.

Comme tout ce qui existe, tout ce qui a vie, il a le
droit de défense personnelle. Toutefois, fils de la philosophie, il ne saurait répudier la liberté de l'intelligence
sans laquelle le philosophe n'existe pas, et là gît la difficulté du problème : concilier la liberté de l'intelligence
avec le droit de défense personnelle. Dans cette phase
primitive et subalterne de la politique où l'État émane
non de la philosophie mais de la religion, la difficulté
n'existe pas, et le problème est promptement résolu, ce
qui, pour les esprits courts, donne prix à la méthode.
Il n'est pas alors question de liberté, et rien de plus
vrai que cette parole très connue : « Vous me devez la
liberté parce qu'elle est votre principe ; je ne vous la
dois pas parce qu'elle n'est pas le mien [1]. » Dans ce système, la part de liberté sacrifiée par chacun au profit
de l'association pour garantir les vies et les fortunes de

1. Le mot est vrai, reste à savoir s'il est sage.

tous, n'est pas la plus petite, elle est, au contraire, la plus grande possible. Le système de l'État-Religion n'est donc pas l'idéal de « l'ordre à établir entre ceux qui habitent la cité », pour employer les expressions d'Aristote. Il est l'idéal de l'ordre à ne pas établir. L'État-Religion, forme embryonnaire de toutes les politiques, n'est pas le but à atteindre : il est le point de départ et l'écueil à éviter.

En tant que philosophes spéculatifs, nous n'avons le droit d'imposer nos idées à personne et ne possédons d'autre instrument de propagande que la persuasion. En tant que membres de la société politique issue de cette philosophie, nous avons des intérêts constitués à défendre : d'abord celui de l'existence de notre association, des intérêts qui se sont entés sur elle, des obligations qu'elle a pu contracter avec des corps étrangers. La société politique, dès lors qu'elle existe, possède des droits et contracte des devoirs. Elle est le navire qui emporte nos destinées, notre honneur. La vieille comparaison chantée en de si charmants vers par Horace est exacte : tant que le navire est au port, il s'appartient exclusivement à lui-même ; une fois parti, aux passagers qui lui ont confié leur personne et leur fortune, il en répond.

Voici donc deux points fixes, deux points de repère entre lesquels nous avons à nous mouvoir, semblables à ces vaisseaux de guerre qui, mouillés à deux ancres, flottent entre les deux : liberté des intelligences, droit de défense personnelle pour l'État constitué, et obligation de remplir les engagements contractés envers des tiers.

Ces règles posées, pour ce qui concerne la relation de l'État avec les individus, la solution que l'on donne en général du problème est celle-ci : liberté de l'esprit dans ses manifestations considérées comme individuelles,

contrôle des actes. L'on estime que cela suffit pour sauvegarder les intérêts engagés.

Lorsque les individus s'associent et se présentent non
plus isolés, mais sous la forme collective, le problème
se complique. L'on distingue d'ordinaire les réunions
accidentelles et les associations possédant une organisation permanente formée dans le but de constituer un
lien d'action. L'on considère celles-ci comme des actes,
et sur elles la société politique revendique et s'arroge le
droit de contrôle. Parfois même elle leur refuse l'existence ou les dissout. Je n'ai pas ici à parler des autres.

Il existe une classe d'associations permanentes, possédant un organisme permanent, qui par le fait même
de leur existence se proposent d'agir non-seulement sur
les esprits mais aussi sur les volontés, réunissent leurs
membres par un lien d'action. Toute religion est une
société organisée pour agir.

Quels droits, quels devoirs l'État possède-t-il à l'endroit des religions ? que leur doit-il ? que se doit-il à lui-
même ?

Je crois que l'État doit distinguer les religions qui
ont la même métaphysique que lui-même — disons, si
vous le permettez, le même Dieu — et celles qui ont un
Dieu différent ; il est évident que le rapport n'est plus le
même, que celles-ci sont pour lui beaucoup plus sus-
pectes, beaucoup plus menaçantes que celles-là. Elles
l'attaquent à sa racine. Je commencerai par elles.

Pour éclairer la question, à l'exemple des géomètres
qui font une construction pour résoudre leur problème,
que l'on me permette une hypothèse : l'invasion paci-
fique de notre pays par une émigration chinoise, quelque chose d'analogue à ce qui se produit à San Fran-
cisco ; et si l'on envisage la cherté progressive de la
main-d'œuvre européenne, sa rareté, son insuffisance en

regard de l'accumulation indéfinie des capitaux et de l'instruction qui tend à faire de nos plus humbles citoyens de petits savants, nul ne saurait dire que dans un certain avenir, peut-être moins éloigné qu'on ne pense, le sort de la Californie ne nous soit pas réservé et qu'en France même, dans toute œuvre de production, le rôle du Français de race ne soit pas un jour de diriger et de commander, le rôle du Chinois d'exécuter les opérations manuelles en qualité de mercenaire, ἄτιμητος μετανάστης[1]. La Chine étant un réservoir de main-d'œuvre à peu près sans limite, l'Europe un réservoir de capitaux et de connaissances également indéfini, nul ne saurait affirmer qu'ils demeureront à toujours étrangers l'un à l'autre, et qu'entre elles le commerce dans ses développements progressifs ne fera pas office de siphon. Et ne sera-ce pas alors un curieux spectacle de voir notre monde moderne reproduire, avec de fortes différences, j'en conviens, quelque chose de la physionomie du monde antique, une classe analogue aux Periœki de Sparte et aux Métœques d'Athènes.

Donc mon hypothèse est une très nombreuse population chinoise établie en France à notre service. Fût-elle plus nombreuse que nous-mêmes, je ne m'en fais pas la moindre peur. Je suis tellement convaincu de l'immense supériorité de notre race sur la race jaune, de nos facultés comparées aux facultés chinoises, de notre puissance d'abstraction, vraie source du droit de commander, et l'on retrouve le témoignage de cette croyance jusque dans le langage usuel qui désigne sous le nom de général celui qui commande, exprimant par là que généraliser et commander sont choses identiques[2], je

1. *Iliad.*, IX, 648.
2. Il existe un lien logique, même pratique : qu'est-ce que com-

suis tellement convaincu de l'infériorité relative irrémé-
diable de l'intelligence essentiellement concrète de
l'honnête John Chinamann par rapport à la nôtre, que,
fût-il en France dix fois plus nombreux que les Français,
je ne doute pas que ceux-ci ne conservassent l'empire.

Sans donc en avoir peur, mais prenant à son égard
les précautions que commande la prudence à l'endroit
d'hommes très entreprenants, je demande quel sera le
droit de l'État sur ce peuple chinois intercalé dans
notre société politique, dont le Dieu est autre que le
nôtre, puisqu'il est bouddhiste. Nul n'ignore qu'en ce
moment même la libre Amérique, à qui ne manque
cependant pas en général le juste sentiment de sa force,
ni la bonne opinion de soi-même, est prodigieusement
émue à la perspective de l'invasion de son sol par la
race jaune, et qu'elle parle d'y remédier par des violences. Je pense qu'elle a tort de s'en troubler, qu'à se
priver des bras adroits et vigoureux de ses mercenaires
chinois, elle ferait une sottise, qu'elle n'a pas le droit de
les expulser violemment, que la révolution à laquelle
elle entreprendrait de s'opposer est dans l'ordre des
lois naturelles. Mais je ne disconviens pas, j'admets
pleinement qu'elle ait le droit et le devoir de prendre
toutes les mesures légales nécessaires pour empêcher
que son gouvernement politique passe de ses mains dans
celles de John Chinamann, même d'empêcher que, par
de malsaines alliances avec de certaines factions comme
il y en a toujours dans les pays libres, il intervienne
indirectement dans ses affaires, fausse ainsi le jeu de
ses organes, et fasse de l'Amérique une succursale de

mander sinon généraliser les volontés, substituer aux volontés
particulières une volonté générale? Et à qui généralise les idées
n'appartient-il pas de généraliser les actes? Et par là même qu'il
généralise les idées, ne prend-il pas hypothèque sur les volontés?

la Chine. Si pour parer à ce péril il est besoin de lois
d'exception, même de rigueur, je n'hésiterais pas à les
voter [1], et dérogeant à l'égard des Chinois au droit commun ne croirais nullement déroger à la liberté. Pourquoi cela? Est-ce ici préjugé de race, privilège de
naissance? Est-ce parce qu'ils sont d'un autre sang
que moi, qu'ils ont la peau jaune et moi blanche, est-
ce pour cela que je me réserve de les exclure, si cela
me convient, du *jus civitatis?* Nullement. Je ne prétends
en aucune sorte consacrer un privilège de naissance,
ressusciter une noblesse, relever des castes. Je ne suis
pas un aristocrate. Ceux-là sont les aristocrates qui
frappant la race jaune ou arabe en Algérie d'infériorité,
réservent pour la race blanche un privilège de capacité
légal inhérent à la naissance. Ce sont les idées des Chinois
que j'entends mettre en quarantaine, leur Dieu, leur métaphysique, la politique qui en dérive, contre lesquels
j'entends défendre efficacement mes propres idées, ma
propre politique. A ce signe que si des citoyens américains venaient à se faire Chinois, adopter les idées chinoises, le Dieu chinois, — de tels Chinois je crains fort
que nous n'en ayons quelques-uns en France, — pour
ma défense personnelle je me croirais le droit de prendre contre eux les mêmes précautions que contre les
Chinois de race, et ne vois pas pourquoi ce que la logique
me permettrait dans un cas, elle me l'interdirait dans l'autre. Je ne me crois pas le droit de faire de John Chinamann
mon esclave. Mais le recevant dans ma maison, je me crois

1. Je soumets respectueusement ce cas, qui ne laisse pas que
d'être assez embarrassant, aux dévots et aux docteurs du suffrage
universel.

Pour moi, je ne m'en inquiète pas, appartenant, j'ose à peine
le dire, à l'école qui considère le suffrage politique comme une
fonction, et ne croit pas au *manhood suffrage.*

le droit de réserver à mon profit dans la politique proprement dite le *jus optimum*. Sont-ce ici d'ailleurs de pures opinions spéculatives? Non. Il y a des précédents, il y a des faits. Il y a, toujours en Amérique, des actes légaux, sanctionnés tout ensemble par l'opinion publique et par la logique, dont la justification réside tout entière dans les idées qui précèdent. Je parle des mormons et du prophète Brigham Young. Que sont-ils, sinon des citoyens américains convertis au judaïsme, qui, en vertu de cette *vis logica* propre à notre race, cette détermination de pousser à bout nos idées et y conformer nos actes qui est notre caractéristique, ne consentant pas, comme les souples et doux fils de Jacob, à faire abstraction des conséquences morales, politiques, sociales de leur métaphysique religieuse, prétendent au contraire les mettre ouvertement en pratique dans leur sainte cité. Je remarque à ce sujet que nous avons aussi les nôtres. Que sont, je vous prie, nos Arabes d'Afrique, que sont même politiquement parlant les sujets indiens de l'impératrice Victoria, sinon des mormons, si vous généralisez l'expression jusqu'à l'appliquer à tout mécréant qui pratique civilement sa foi religieuse? Dans leur sainte cité d'Utah ils étaient une poignée retirée au désert. La libre et forte Amérique a vu dans cette poignée une menace, un péril pour son existence politique et s'est cru le droit de dissoudre leur cité. A-t-elle excédé son droit, et appesantissant sur eux assez lourdement sa main a-t-elle fait acte de tyrannie? Je ne le pense pas. Or, ce qu'elle a fait, ce qu'elle était fondée à faire contre Brigham Young, un des siens, *a fortiori* en de certaines circonstances elle aurait le droit de le faire contre John Chinamann. Nous-mêmes en Algérie n'avons garde de départir aux Arabes le suffrage politique

Quelle sera donc la condition légale que nous donnerons au Chinois en Amérique, ou chez nous en Europe ? D'autant plus suspecte, d'autant plus surveillée, d'autant plus restreinte que nous l'y verrons plus fort. A de petits groupes isolés, noyés comme nos juifs d'Europe dans d'immenses flots de population chrétienne [1], acceptant comme eux nos lois civiles, sinon dans leur source métaphysique, du moins dans leurs applications concrètes, — (aux Chinois comme aux mormons ce point est de rigueur, pour que je les admette à participer au droit de cité), ma sûreté personnelle n'étant pas en péril, je devrai appliquer le régime de la plus large, la plus libérale tolérance, même en de certains cas, si je juge l'assimilation civile suffisante, à ceux qui se fixeront à demeure sur mon sol, ne pas dénier le *jus civitatis*. A ceux que j'en croirai devoir exclure, je concèderai une très large dose de liberté religieuse, même de liberté civile, le droit de se rassembler librement pour adorer leur Dieu, de s'associer dans de certains buts déterminés que je me réserverai d'autoriser, de contrôler. S'ils ne sont pas un péril pour moi, s'ils prennent soin de ne pas s'affilier à des partis politiques, je devrai me montrer très large, très libéral à leur égard. De plus, s'il y a avec leur gouvernement un traité international leur assurant en Amérique une certaine condition légale, — ce traité appelez-le concordat si vous voulez, — je devrai l'exécuter loyalement. Si par exemple ce concordat stipule que moyennant de certaines compensations je subventionne leurs écoles, leur clergé, je serai tenu de subventionner. D'où immédiatement, par là même que je subventionne, résultera pour moi, sur les

---

1. Lorsqu'il en est autrement, la Roumanie nous montre en ce moment même avec quelle difficulté un État chrétien se résigne à les admettre.

écoles chinoises, le clergé chinois, droit d'inspection
pour m'assurer que l'on n'y professe rien de contraire
au contrat intervenu. D'ailleurs, antérieurement a tout
contrat, mon droit de défense personnelle m'autorisait
à surveiller l'enseignement chinois. Mais dès lors qu'entre la Chine et moi existe contrat, les limites d mon
droit, primitivement indéfinies, se restreignent : mon
contrôle ne saurait plus s'appliquer à l'enseignement
de leur métaphysique spéculative. Car par là même que
je traite, je reconnais l'existence de celle-ci, de la même
façon qu'un gouvernement qui traite avec un autre
reconnaît son existence. Mon contrôle donc, en ce cas,
se doit strictement renfermer dans les limites des applications pratiques de cette métaphysique qui seraient
de nature à compromettre mon existence. Si par exemple dans les assemblées, dans les écoles chinoises on
professait ouvertement que les principes sur lesquels se
fonde la constitution américaine, bien plus, la société
américaine, sont faux, diaboliques, qu'il y faut substituer leurs contraires, mon droit et mon devoir seraient
assurément de fermer la bouche à ces Chinois.

J'ai parlé des Chinois en Amérique. Non, du catholicisme en France, des rapports de l'État et de l'Église,
du droit de l'État sur l'Église, sous réserve toutefois des
observations, différences et conséquences suivantes :

1° Entre la politique de la liberté et la religion chinoise il existe opposition métaphysique : entre le catholicisme et la liberté, analogie de nature. D'une part
contradiction, de l'autre identité.

2° Sur ce fondement d'identité métaphysique entre la
politique de la liberté et le catholicisme l'alliance est
donc naturelle; je dis plus, nécessaire, leur fonction
s'entre-croisant dans l'œuvre de la civilisation et se
superposant l'une à l'autre, le christianisme ne pouvant

se passer de la philosophie pour exister, la liberté, du christianisme pour durer.

3º Outre l'alliance de nature, il y a en France entre l'Église et l'État un traité stipulant, sous de certaines conditions, subvention de l'Église par l'État.

4º D'où droit de contrôle réciproque de chaque partie contractante, l'État sur l'Église, et l'Église sur l'État.

5º Ce contrôle, c'est à la philosophie qu'il incombe d'en déterminer les limites et les règles, le fonds primitif sur lequel l'Église et l'État ont construit leur maison commune lui appartenant. Ce sera donc la philosophie qui formulera le règlement de l'usage de sa chose.

6º En quoi sa tâche est double : assurer aux deux parties la sûreté, l'intégrité de leurs éléments constitutifs, se rapprocher le plus possible de l'idéal de toute association qui est de demander à chaque associé le sacrifice de la part la plus petite possible de sa propre liberté.

Dans ces pages j'envisage le droit de l'État. Je n'ai donc pas à déterminer les éléments constitutifs du catholicisme, que l'État a le devoir de respecter et l'Église la force de défendre. Mais je dis que les éléments constitutifs de la société française contemporaine que l'État a le devoir de sauvegarder, de défendre même contre son alliée et grande amie l'Église catholique, de la même façon que la société américaine se défend contre les mormons et les Chinois, se souvenant toutefois que l'idéal philosophique est de ne demander à son associé que le moins possible de sa liberté, strictement ce qu'exige la sûreté de l'État, je dis que ces éléments constitutifs de notre société, ce sont ce qu'on appelle les principes de 89 : l'État laïque, l'égalité civile, l'admission de tous aux emplois publics en raison de leur mérite, la participation des citoyens au gouvernement. Il y a de nos jours des docteurs assez mal inspirés pour se permettre de saper les bases de notre société civile et démonétiser les principes sur lesquels elle repose, qui prennent à tâche d'enrôler la juste influence du clergé au service d'un système fini sans retour, — car si notre destinée est de revoir Cœsar, soyez certain que son catéchisme ne sera pas celui de M. de Maistre, que son Dieu ne sera pas, ne pourra pas être la Tradition ; — je dis que, par droit de défense personnelle, l'État a le droit dès lorsqu'ils parlent, qu'ils enseignent dans une chaire publique, de fermer la bouche à ces indiscrets Chinois. C'est bien assez, par respect pour la liberté de penser, qu'il leur permette de publier leurs chinoiseries dans des livres. Je dis plus : je dis que par là même qu'en vertu du traité d'alliance il les subventionne, il a le droit de contrôler leur enseignement même intérieur en ce qui concerne spécialement les éléments constitutifs de la société nouvelle. Même dans les séminaires, il ne doit pas être toléré que l'on enseigne qu'il n'y a de saint et de légitime que le passé.

Que les deux alliés se respectent et se sauvegardent mutuellement. Qu'ils s'abstiennent de toutes ingérences superflues.

Si tels sont les droits de l'État par rapport à l'Eglise qui est son alliée naturelle, sa grande amie, avec laquelle il est lié par un traité formel, quels seront-ils à l'endroit de ses adversaires, ses ennemis philosophiques ? Les mêmes, cela va sans dire, avec un contrôle plus sévère. Je suppose qu'il se forme chez nous une école philosophique chinoise enseignant l'anéantissement de la personne humaine, l'unité de Dieu et du monde, l'État lui devra la justice, la liberté de penser et d'écrire, mais la liberté de se constituer en personnalité civile, en association possédant un lien d'action durable, seulement en tant que sa sûreté ne sera pas

compromise et jusqu'à ce point. Si l'association se
forme, il devra s'abstenir de la subventionner. — Vous
le faites bien pour les juifs, me dira-t-on, vous payez
les rabbins qui n'ont pas la même philosophie que vous.
— Oui. J'en conviens, en raison de la sincérité avec laquelle ils ont renoncé à déduire leur politique et leur
morale de leur métaphysique. Quand vous en serez
là, messieurs les Chinois, nous verrons.

Ma tâche est accomplie. J'ai analysé et déterminé, tels
que je les comprends les droits de l'État non en général,
dans ses rapports avec les citoyens, mais sous un aspect
très restreint, dans ses rapports avec une certaine
association : l'Église catholique. De la même façon que
le physicien décompose le rayon avec le prisme, pour
en étudier les éléments j'ai décomposé ma question
avec le Chinois.

CHAPITRE VIII

LA CRISE

Je songe à cette nuit d'Homère où aux chefs rassemblés sous la tente d'Agamemnon, Nestor dit : « Voici une nuit qui tranchera pour nous la question de vie ou de mort [1]. »

Cependant dans leur camp les Grecs se livrent à leurs occupations de chaque jour. On les dirait en pleine paix, pleine prospérité dans leur patrie. Ils font le commerce, chose à quoi ces Grecs ont de tout temps excellé; c'est pourquoi je suis convaincu qu'ils font de bonnes affaires. En échange de leurs captifs qui ne leur ont coûté que la peine de les prendre, ils achètent du vin et le boivent, ils achètent des bœufs et les mangent. La fumée de leurs festins s'exhale en spirales jusqu'au ciel ; mais soudain Zeùs fait retentir les éclats de son tonnerre. La coupe leur tombe des mains. Leurs visages se glacent de frayeur.

N'est-ce pas ici notre image? ne ressemblons-nous pas à ces Grecs? Nous vaquons à nos affaires, avec profit je le crois. L'on se dirait en pleine paix, en temps normal. Il n'y manque que le soudain coup de tonnerre, qui ne tardera pas.

Je me suis efforcé d'esquisser successivement tels

1. *Iliad.*, IX, 78.

que je les aperçois les traits caractéristiques de la
société française contemporaine. Ma tâche présente
serait de les rassembler en raccourci dans un tableau
d'ensemble, et discerner les conséquences qui s'en dégagent.

A considérer l'aspect général des choses entre le christianisme et la liberté politique il y a rapport de convenance. A considérer les formes extérieures, le mécanisme des systèmes, le rapport se renverse. Entre
l'Église catholique et la forme politique de la liberté,
il y a disconvenance.

Il suit de ceci, que nous habitons un édifice dont la
symétrie est absolument absente. Les appartements en
sont beaux, spacieux, commodes, de plain-pied, communiquent facilement; les dégagements abondent. Mais
la symétrie manque, et ses amants ne s'en peuvent con-
soler. Nulle unité de style. Une part est vieille, l'autre
moderne. L'ensemble est d'un aspect disparate, même
hétéroclite.

Pour remédier à ce vice de construction, plusieurs
artistes en symétrie nous ont proposé diverses solutions,
nous ont soumis divers plans, et nous en avons même
essayé un certain nombre.

La première solution tentée est notre révolution de 89,
qui bien commencée promptement tourne mal et finit
plus mal encore. Son idée est de raser le vieux et
tout reconstruire à neuf. L'Église proteste, résiste;
contre elle la Révolution se rue le poignard à la main.
Vaines fureurs, l'Église sort de la lutte plus forte que
jamais, retrempée par la tempête, rajeunie, purgée de
ses éléments vicieux, et c'est la Révolution qui succombe, du moins dans sa forme extérieure, car pour ce
qui est de son esprit en ce qu'il a de vrai et de juste,
il est immortel.

Le second essai de symétrie, juste inverse du premier, proposé par des architectes de talent, consiste à raser la partie moderne et la reconstruire sur le type et dans le style de la partie gothique, en d'autres termes appliquer à la politique le mécanisme gouvernemental de l'Église, même en dernière analyse absorber l'État dans l'Église. L'on ne saurait nier que le problème de la symétrie ne soit ainsi triomphalement résolu. Mais une telle masse d'intérêt proteste que le plan, relégué dans le monde des nébuleuses, des têtes légèrement chimériques, n'a pas même eu l'honneur d'un commencement d'exécution sérieuse, et les demeurants du système, s'il en existe, fanatiques d'une idée morte, ne peuvent plus espérer d'autres résultats qu'agiter les passions sans convertir les esprits.

Après ces deux oscillations extrêmes, se place une tentative de solution intermédiaire. Le troisième essai issu d'un ordre d'idées tout opposé au précédent est le catholicisme libéral. Accueilli avec une extrême faveur par la société nouvelle, cette solution n'a cependant pas meilleur succès que ses devancières. Cette fois c'est de l'Église que viennent les résistances. Elle voit dans la théorie proposée, avec raison je suis disposé à le croire, un péril pour elle-même et sans tarder, sans s'inquiéter des circonstances, y répond en se constituant sous forme de dictature, ce qui porte au comble le vice de symétrie et tout ensemble la défiance des esprits alarmés, aigris de part et d'autre par l'insuccès permanent de toutes les tentatives faites pour ramener à l'harmonie les deux systèmes. Et sous l'empire de ces émotions, en ce moment même un fait regrettable se produit. Lorsqu'accueillant la médiation du catholicisme libéral l'État crut la paix faite entre lui et l'Église, il s'empressa — aucuns disent prématurément — à titre d'arrhes de cette paix de donner la loi du 15 mars 1850. Les négociateurs étant aujourd'hui désavoués, dépité déconcerté, bourru, mécontent de lui-même et de tout le monde, il dénonce le traité et redemande ses arrhes. Ne serait-il pas plus habile même après le désaveu des négociateurs de garder son sang-froid, sourire diplomatiquement, maintenir la paix comme faite et le traité comme valable?

Cet édifice hybride, incohérent, disparate de style, commode cependant, même somptueux à l'intérieur, est occupé par une maison de commerce connue dans le monde sous la raison sociale de Catholicisme, Liberté et compagnie. Les deux associés s'estiment, mais ne s'aiment pas, se jalousent profondément, se méfient prodigieusement l'un de l'autre. Ils sentent que la maison de commerce ne saurait prospérer sans leur accord. De plus, ils se savent une foule d'idées et de sentiments communs. Comme dans une maison habitée simultanément par deux ménages, ce ne sont pas tant les chefs de famille qui se font la guerre, que leurs gens, les femmes, les valets. Ceux-ci à tout propos se prennent de querelle. Il s'agit de savoir si les deux associés n'en viendront pas à une guerre de procès, — grâce au ciel, il n'est plus question d'effusion de sang, — une guerre de procès, dis-je, au risque de faire crouler la maison de commerce. Si les intérêts sont communs, les caractères diffèrent essentiellement. Le premier associé, fondateur de la maison est fort absolu, fier de sa haute naissance, vêtu à la vieille mode, perruque poudrée, catogan, tricorne sur l'oreille, grave, lent, gourmé, formaliste, peu au courant des choses du jour et très en garde contre toute opinion nouvelle. Le second associé, de naissance très humble, né dans la maison où il a d'abord servi en qualité d'homme à gage, élevé suc-

cessivement tant par son propre mérite que par la bienveillance du patron à la charge de premier commis,
récemment à celle d'associé, est actif, entreprenant au
possible, intelligent, vaniteux, susceptible, ami de toute
nouvelleté, un peu intrigant, vêtu d'un frac à la
moderne. Une très grosse part des capitaux lui appartient. Son malheur est que parmi ses fils il y a d'assez
mauvais sujets qui comme il arrive fréquemment dans
les familles nouvelles, courraient risque, s'ils ne sont
rappelés à l'ordre, de dissiper l'héritage de leur père,
et, je le crois, ne lui feront pas honneur.

Jusqu'ici entre les deux associés les tentatives de rap-
prochement maladroitement combinées, ont misérable-
ment échoué. De part et d'autre les têtes chaudes ne
manquent pas, qui brûlent d'engager l'action, ni les
drôles qui espèrent en tirer profit. L'on en est à cette
heure qui précède le coup de tonnerre que les Grecs
entendirent.

Les querelles subalternes sur de futiles sujets ne
sont plus séparées d'une rupture définitive que par un
Rubicon. Le crédit de la maison périclite; mais les
esprits sont échauffés à ce point que c'est à peine si
l'on y songe. Si la rupture se consomme, quelles en
seront les conséquences?

A n'en pas douter, elle constituera cet accouplement de forces ennemies dont parle Platon.

Elles ne l'étaient pas naturellement. Tout au contraire.
Ce sont les circonstances, les fautes des hommes qui
les ont faites telles. Mais cela n'y fait rien. Cela revient
au même.

Lorsqu'un corps est à l'état de fermentation, de désagrégation intérieure, l'incident d'un choc venu du
dehors lui sera facilement cause de dissolution totale.
Or, dans l'état actuel de l'Europe on reconnaîtra que

pour notre pays l'extérieur n'est pas exempt de menaces.

Il faut se souvenir que Rome, je ne dirai pas en est morte, l'expression serait inexacte, bien qu'en politique le changement de religion soit une aventure de la dernière gravité ou les plus forts États jouent et laissent leur existence, — mais y est morte.

Je me plais cependant à signaler deux différences :

La première est qu'à Rome les forces accouplées étaient métaphysiquement inconciliables, chez nous elles ne le sont pas. Les éléments de conciliation subsistent donc à la disposition de la main qui sera assez habile, assez heureuse pour les mettre en œuvre. Toutefois jusqu'à ce que l'harmonie soit établie, le corps demeure à la merci des forces extérieures qui

magnum per inane vagantur [1],

forces sinistres lancées dans l'univers semble-t-il pour dissoudre les mondes plutôt que pour les créer. Cet état de choses transitoire, plein de périls tant qu'il dure, est ce que j'appelle la crise.

La seconde différence est que dans la Rome des Cœsars lorsque le christianisme y fit son entrée, la liberté avait exhalé son dernier soupir. D'ailleurs, des éléments du monde politique alors existant, elle ne pouvait renaître. Du christianisme qui l'aime, qui la nourrit et s'en nourrit, mais ne la produit pas par voie de génération spontanée, pas davantage. Donc, dans ce monde romain de la décadence, après que le ressort des âmes de la Rome primitive se fut énervé sous le joug de Cœsar, la liberté ne pouvait plus renaître que des entrailles d'une nouvelle individuation politique produit par un choc extérieur donnant naissance à de nouvelles com-

1. Lucrèce, II, 108.

binaisons de forces. A ce signe qu'en Russie où le monde
gréco-romain s'est perpétué et non dissous au choc
d'une invasion de barbares, voyez combien demeurent
stériles les efforts pour introduire la liberté, même
tentés par un souverain magnanime ! Dans la France
contemporaine, sauf chez les prétoriens de Cœsar, le
germe de la liberté, grâce au ciel, est toujours vivant.
C'est elle, si nous savons la bien, la fidèlement servir,
ne pas confondre avec elle à la façon des sots et odieux
Jacobins de 93, sa négation, le despotisme de l'État,
c'est elle qui avec un peu de temps faisant son œuvre
qui est de mettre dans l'agrégation politique chaque
chose à sa place naturelle, c'est elle qui sera notre
salut.

CHAPITRE IX

DU LIBÉRALISME CATHOLIQUE

Comment la liberté nous sauvera-t-elle? que ma dernière tâche soit de l'exposer et recueillir les conclusions de ce qui précède.

La pensée fondamentale du système développé de nos jours avec un grand savoir et une rare puissance intellectuelle par le chef de l'école évolutioniste et de la philosophie anglaise contemporaine, M. Herbert Spencer, est, me semble-t-il, l'analogie, pour ne pas dire l'identité des lois qui régissent le cosmos et le monde moral ; sa méthode est de saisir et généraliser les lois naturelles. En elle-même, je crois la thèse incontestable, féconde en grandes conséquences, et l'on peut voir que pour leur meilleure part, les pages qui précèdent, écrites sous l'inspiration de cette doctrine, ont pour méthode de l'appliquer à un certain ordre de recherches. Toutefois je fais une réserve : je ne me résigne pas à introduire dans le monde moral le déterminisme qui est l'apanage du monde physique. Je ne me résigne pas à traiter l'homme de la même façon que la matière cosmique, supprimer sa liberté, *à fortiori* celle de Dieu, — sans quoi, la créature serait supérieure au Créateur, de la même façon que le roseau pensant au monde qui l'écrase. Tout le reste fût-il une évolution, l'homme doué de raison et de conscience ne l'est pas. Je me refuse à déduire son

être moral d'une combinaison quelconque de forces
cosmiques. La source initiale de vie physique qui anima
le primitif atome fût-elle le résultat d'une combinaison
évolutioniste, chose que jusqu'ici rien ne démontre, que
des savants de premier ordre contestent formellement et
sur quoi il serait téméraire et prématuré d'étayer une
théorie, toute la somme de vie physique du monde
dans ses diverses manifestations par une série d'évolutions et le passage de l'homogène à l'hétérogène pro-
vînt-elle de cette source initiale, je me refuse à admettre que la vie morale et intellectuelle puisse jaillir d'une
source purement cosmique. Entre le monde physique
et le monde moral je reconnais l'analogie : si grande
qu'elle soit, je crois qu'entre les deux existe un hiatus
que jamais la science pure ne franchira, qui comporte
la reconnaissance d'un *quid divinum*, d'un Dieu trans-
cendental et bon, donc conscient, auteur du plan de
l'univers. L'homme étant libre, ce Dieu l'est aussi. Donc,
à moins que nous n'adorions deux dieux, l'un du monde
physique, l'autre du monde moral, — trop de moitié,
nous rendrons hommage à la liberté du créateur du
cosmos qui créa les deux mondes sur le même type, et
de la même façon qu'il donna au monde cosmique
l'étendue et la force pour s'y mouvoir, faisant l'homme
à son image, lui donna la liberté qui est l'étendue du
monde moral, et la force pour s'y mouvoir qui pour moi
se résume dans le dogme chrétien de l'Incarnation. Je
regarde que toute hésitation sur ce point met en péril
la personnalité humaine. Si elle périt, que deviendra la
morale ? que deviendra la liberté ?

Sous cette réserve je m'embarque avec pleine confiance sur la théorie de l'analogie des lois physiques et
morales, laquelle n'est autre, veuillez le remarquer, que
cette grande loi des lois, l'unité de plan, que la science

vérifie chaque jour davantage dans l'ordre des connaissances naturelles.

Un éminent penseur, M. Guizot, a formulé cette idée
que le catholicisme est une grande école de respect. Je
crois l'idée juste, mais l'expression défectueuse. D'abord,
ce n'est pas le catholicisme seul, mais bien, à des degrés
divers, toutes les religions. Puis, respect n'est pas le
vrai mot, n'étant pas la chose elle-même, mais la conséquence de la chose, le sentiment qu'elle inspire. Le
vrai mot serait : toutes les religions, particulièrement
le christianisme, dans celui-ci particulièrement le catholicisme, sont une grande source de tradition.

De même que le monde physique subsiste par l'équilibre de deux forces, que la prédominance de la force
unifiante serait l'immobilité de la mort, de la force
divergente, le chaos, de même le monde moral subsiste
par l'équilibre d'une force d'agrégation, et d'une force
de désagrégation.

Il n'existe pas de plus grande source de tradition
que le catholicisme. Elle en coule à flots, et c'est en ce
sens que le mot de M. Guizot est vrai. Pour que les
sphères poursuivent leurs orbites, la loi est que leur
rotation fasse équilibre à leur attraction. Quelles sont,
je vous prie, dans le monde politique, les analogies de
ces forces contraires conjuguées du monde physique,
sinon la tradition et la liberté, l'une qui tend à l'unité,
l'autre à la divergence? Plus la divergence sera forte,
plus il faut que la tradition le soit, et c'est au moment
où nous voulons fonder un gouvernement libre auquel
par la force des choses manque la tradition dans la
forme du pouvoir exécutif, c'est alors que vous achar-
nant à la pourchasser jusque dans son dernier asile,
vous iriez tarir par surcroît sa source la plus abondante,
qui bien aménagée supplée toutes les autres, le catho-

licisme! Où trouverez-vous le contre-poids de votre
liberté? Vous qui n'êtes rien, si vous n'êtes la liberté,
comment maintiendrez-vous l'équilibre de votre machine? Ah! qu'il est vrai de dire que ce sont les gouvernements qui se perdent eux-mêmes par leurs propres
fautes.

Soyons philosophes, si nous le pouvons. Dans ses
données strictement philosophiques, le problème de la
vie est celui-ci : organiser une tradition qui tout en se
prêtant à la liberté lui fasse contre-poids et constitue
équilibre. Les Anglais ont leur vieux gouvernement,
leur riche et vieille aristocratie, leur façon de penser
et de sentir, leur respect de l'antérieur. Leur tradition
n'est pas réduite à se cantonner dans une citadelle.
Elle est de force à tenir la   mpagne : elle est partout.
Tout cela nous manque. Que nous reste-t-il? Un seul
organe de tradition, mais le plus énergique, le plus
souple qui ait jamais existé : le catholicisme auquel
nous pouvons dire comme Andromaque à Hector : « Les
autres sont morts, vous êtes tout pour moi[1]. » Par la
raison que par ailleurs nul peuple n'est autant que
nous dénué de l'esprit de tradition, nul autant que
nous ne doit adhérer au catholicisme. Plus les circonstances politiques, notre caractère nous inclinent au
radicalisme, plus il convient que notre religion s'imprè-
gne de tradition. Au seizième siècle la noblesse française faillit embrasser le protestantisme. Qui la retint?
le peuple. En quoi son instinct fut juste. Plus que jamais depuis qu'elle a rompu avec la royauté, la démo-
cratie française ne saurait être que catholique.

Cependant les querelles sont incessantes. La vie commune est dure, troublée, pleine d'incidents fâcheux, de

1. *Iliade*, VI, 429

procédés amers. Il semble qu'on prenne à tâche de se froisser.

Toutes les formules de transaction et de paix jusqu'ici tentées ayant échoué, l'objet que se propose cet écrit est de produire une nouvelle formule que j'appellerai le libéralisme catholique.

Dans le tumulte de la mêlée où nous sommes engagés δεινή, τετρηχυῖα[1], je regrette amèrement la faiblesse de ma voix qui sans doute empêchera qu'elle soit entendue. Semblable au fils de Cræsus, dans l'imminence du danger, je crierai cependant. Je me borne à indiquer une idée que de plus forts développeront s'ils la croient juste, s'ils pensent que la solution résolve le problème. Je l'expose sur les eaux

Πὰρ' ποταμὸν κελάδοντα, παρὰ ῥοδανὸν δονακῆα[2],

espérant qu'elle y sera recueillie et élevée par la fille de Pharaon. Dans le berceau flottant, sur la couche de roseaux, je me borne à déposer, modeste cargaison, simple connaissement, dirai-je en style de commerçant, les considérations suivantes :

1° Le libéralisme catholique diffère du catholicisme libéral en ce qu'il ne part et ne relève d'aucune religion, de la philosophie seule. Il ne demande la liberté à personne. Il la possède en lui-même. Il est l'État laïque. Il a le droit de défense personnelle, mais limité par cette loi philosophique de ne demander à chacun le sacrifice que de la plus petite part possible de sa liberté. Son catholicisme n'est pas le commencement, mais au contraire le complément de sa philosophie. Il part de celle-ci pour arriver à celui-là. C'est par amour de la

1. *Il.*, VII, 346.
2. *Ib.*, XVIII, 576.

liberté qu'il est catholique, pour donner à une grande politique le secours indispensable d'une grande religion, d'un réactif qui à son profit opère en grand sur les masses, la philosophie par sa nature, réactif de laboratoire qui coûte très cher, ne pouvant s'employer qu'en très petit, d'une religion qui serve la liberté en faisant des hommes dignes d'elle, qui possédant éminemment les équilibres du monde moral les donne pour support à ces équilibres du monde politique qui sont la liberté. Ayant besoin du concours de son allié, il ne se fera pas un triste jeu de lui chercher hors de propos de vaines querelles, et ne donnera pas, sans les plus impérieux motifs, démenti à son propre principe, la liberté, en mutilant celle de son allié par d'inutiles, vexatoires et injurieuses lois d'exception. Toutes ces questions de détail, d'application, que ramène la politique de chaque jour, enseignement, associations, autant que son existence personnelle n'y sera pas sérieusement compromise, il les résoudra par la liberté, sachant que puisqu'il est lui-même la liberté, tout ce qui fortifie celle-ci le fortifie, tout ce qui la mutile le discrédite d'autant lui-même.

Il n'est pas à la merci d'une décision canonique. Il a conscience de sa force. Il peut donc se donner le plaisir d'être généreux, et, par un juste retour de sa générosité il retire honneur et profit. Entre le libéralisme et le catholicisme, les goûts, les formes extérieures diffèrent. L'édifice habité en commun est absolument dénué de symétrie. Acceptant l'habitation telle qu'elle est, le libéralisme catholique renoncera à toute idée d'y introduire la symétrie et demandant à son associé la réciproque, lui concédera toute liberté d'habitation, de vêtement, même de sentiments, d'allures, qui ne mettra pas en péril sa propre personne, l'État laïque. Sur tout ce qui n'attentera pas à sa sûreté, il sera très large, très tolérant,

et tiendra comme un signe d'honneur, comme un gage de
force d'en témoigner. Quand deux personnes habitent
la même maison, si elles ont souci de leur bonne intelligence, elles mettront une certaine réserve dans leurs
relations. La confiance mutuelle vaut mieux que la conformité ; si vous ambitionnez cette confiance, la monnaie
qui l'achète, c'est la tolérance, la liberté. Donc que la politique soit libre si elle le peut, que pour elle-même
l'Église se constitue comme elle l'entendra. Entre l'État
libre, quel que soit son type, que son chef soit électif ou
héréditaire, et l'Église catholique, ce ne sont pas les
idées, ce ne sont pas les intérêts qui diffèrent, ce sont
les formes. Telle est du moins la thèse que je me suis
efforcé de démontrer dans l'ensemble de ce travail. Si
donc vous voulez qu'à notre grand avantage — il s'agit
simplement pour nous de vie ou de mort — l'association
subsiste, laissez à chacune la forme extérieure que lui
suggèrent ses goûts, ses habitudes, son caractère. L'erreur est la même, bien que la méthode soit inverse, à
l'Église de vouloir imposer à la politique sa forme de tradition, à la politique de vouloir imposer à l'Église sa
forme de gouvernement. Libéraliser l'Église, théocratiser
la politique, l'un est la réciproque de l'autre, les deux
se valent, témoignent d'esprits à la fois étroits et chimériques.

Dans les écoles de l'Église saper les bases de l'État,
dans les écoles de l'État discréditer, saper le gouvernement de l'Église ou mutiler un de ses membres si on le
peut, cette alliance dont tous deux ont tant besoin, ce
n'est pas ainsi que vous l'obtiendrez.

2º Si sur ce nouveau terrain, si différent de celui de
1850, la paix, l'heureuse paix jadis signée avec feu le
catholicisme libéral peut se maintenir, si le but patrio-
tique que se proposent les auteurs de la loi sur l'ensei-

gnement et auquel je m'associe : la restitution à l'État des droits qui lui appartiennent, la surveillance de l'enseignement politique du clergé dans ses écoles, la défense de la société moderne — ce que par une heureuse expression vous avez appelé la patrie morale — contre les attaques de quelques imprudents docteurs auxquels nul ne vous conteste le droit et le devoir de fermer la bouche, — mais contre lesquels je dis qu'il est de mauvais goût et de mauvaise guerre de faire appel aux passions, semblables à ces bêtes féroces que Lucrèce lâche dans ses batailles [1], si ce but se peut atteindre par la paix, la guerre n'est-elle pas impie, criminelle? Vain espoir, dites-vous, paix chimérique. — Qu'en savez-vous? L'avez-vous essayée? Et avant d'avoir proposé la paix, formulé vos conditions, avez-vous même le droit de commencer la guerre et faire, les armes à la main, incursion sur le sol ennemi? Non, vous ne l'avez pas. Or, sachez qu'il n'est pas de plus sotte aventure que de commencer une guerre

---

1. Tentarunt etiam tauros in mænere belli,
   Expertique sues sævos sunt mittere in hostes;
   Et validos Parthi præse misere leones
   Cum ductoribus armatis sævisque magistris
   Qui moderarier hos possent vinclisque tenere;
   Necquicquam. Quoniam permista cœde calentes
   Turbabant sævi nullo discrimine turmas.

   Sic quos ante domi domitos satis esse putabant
   Effervescere cernebant in rebus agundis
   Volneribus, clamore, fuga, terrore, tumultu
   Nec poterant ullam partem reducere eorum.

   Sed facere id non tam vincendi spe voluerunt
   Quam dare quod gemerent hostes, ipsique perire
   Qui numero diffidebant, armisque vacabant.

                                        V, 1307-1347.

pour s'y faire battre. Si du fond de sa tombe le vaincu
de Sedan pouvait élever la voix, il vous le dirait.

3° La guerre soit. Ne pensez pas que tout vous y soit
permis. La guerre elle-même a ses règles sanctionnées
par le droit des gens. La guerre sans doute est la guerre,
c'est-à-dire l'emploi de la force, mais simplement dans
une certaine mesure au delà de laquelle toute violence
est crime : la mesure strictement nécessaire pour obtenir l'objet de la paix. Ici quelle paix, quel objet? La
revendication, la sauvegarde de votre persónnalité
d'État laïque, puisque vous proclamez très haut que
votre guerre n'est autre que défensive. Or, j'évoque mes
Chinois. Ils ont un autre idéal que le mien. Mais, par là
même qu'ils viennent chez moi sous la foi d'un traité,
disons d'un concordat, ils reconnaissent pleinement ma
souveraineté politique, comprennent qu'ils doivent s'in-
terdire de la combattre, d'exporter au dehors leurs idées
en ce qu'elles ont de contraire aux miennes. J'ai le droit
de les surveiller. Je n'ai pas le droit de les expulser. Pas
davantage les congrégations religieuses, quel que puisse
être leur mérite ou démérite. Je ne fais pas ici leur pané-
gyrique. N'en déplaise à nos orateurs catholiques qui, je
crois, eussent été plus habiles en réservant leur éloquence pour d'autres circonstances ; ce n'est ici ni l'heure,
ni le lieu. Vous avez le droit de surveiller de près leur
enseignement politique, celui-là seul, de prendre des
mesures efficaces pour intercepter l'exportation au dehors
de leurs chinoiseries politiques. Mais le droit de les frapper lorsqu'elles respectent les dogmes fondamentaux de
votre politique, non, vous ne l'avez pas. Vous n'avez pas
le droit de les proscrire, vous n'avez pas le droit de fermer leurs écoles. Que diriez-vous des Prussiens, si à Paris en 1871, ils se fussent donné le plaisir de flamber
nos musées du Louvre? Convenez que les congrégations

religieuses sont à tout le moins les œuvres d'art (style socialiste) du catholicisme. Ce que les Prussiens ne firent pas, ne le faites pas; que l'on ne dise pas de vous : *Quod non fecerunt Barbari, fecerunt Barberini.*

Parlerai-je des Jésuites? Je leur applique les lignes suivantes de Démosthène (*Coron.*, 98, 99) « Voilà ce que firent nos pères : Les Spartiates n'étaient ni nos amis, ni nos bienfaiteurs, ne nous avaient pas épargné les iniquités. Lorsqu'après Leuctres les Thébains tout-puissants les voulurent anéantir, vous les arrêtâtes, vous n'hésitâtes pas à braver la puissance, le prestige de Thèbes, sans considérer ce que pouvaient valoir ceux pour qui vous vous exposiez vous-mêmes.

« Par où, en face de la Grèce, vous donnâtes ce témoignage : Les hommes qui ont fauté envers vous, vous pouvez les combattre par ailleurs. Mais dès lors qu'il s'agit pour eux de l'existence, de la liberté, les griefs sont effacés; les dissentiments, vous n'y songez plus. »

Il me semble que c'est cela même, et qu'ici encore la grande politique s'inspire de la grande morale : quand près de vous des gens combattent pour l'existence, pour la liberté, ce n'est pas le moment de ressasser les vieilles querelles, de faire leur procès. Le premier devoir est de les défendre comme s'ils n'eussent cessé d'être vos amis. Après, l'on verra. C'est l'histoire d'un homme attaqué devant vous par des malfaiteurs. Est-ce le moment de lui demander son passeport? On le défend.

Toutes les libertés jaillissent de la même source et sont solidaires. Que l'une soit atteinte, toutes le sont, que celle d'un seul, celles de tout le monde.

4° De plus, taxer la paix de chimérique est une assertion hasardée. Pour que ce soit un devoir de la tenter, il suffit qu'elle soit possible. Mais il y a plus, elle est probable. Il y a de fortes raisons de la juger probable.

Lesquelles? Sur cette base du libéralisme catholique, la paix, l'harmonie est dans l'ordre des lois générales qui régissent les évolutions de l'humanité, et c'est par cette considération que je terminerai mon travail.

Si comme je l'ai remarqué au chapitre XI de la première partie, l'homme est fait à l'image de Dieu, si son âme est une réduction fidèle du type de la trinité chrétienne, si vous y retrouvez tout à la fois l'un, le plusieurs, le rapport du plusieurs à l'un, n'est-il pas naturel de penser que le même type se reproduise dans les sociétés humaines et que l'œuvre de l'homme soit l'image de son être?

Dans l'histoire des religions et des politiques il me semble apercevoir ce rythme trinitaire, quelque chose d'analogue à la thèse, l'antithèse et la synthèse de Hégel.

Le premier terme est l'identification de la religion et de l'État confondus dans la même unité qui est le moi de chaque peuple : c'est par là que tout commence. C'est ici l'homogène de M. Spencer, la nébuleuse d'où sortent les mondes.

Le second terme est la distinction de la religion et de l'État. La religion se détermine dans une politique. Elles se séparent, se font opposition, se combattent : c'est ici le passage de la structure homogène à la structure hétérogène qui s'opère dans la germination de la graine.

Le dernier terme de l'évolution est la conscience de leur rapport. Elle les ramène l'une à l'autre et les combine dans une harmonie supérieure qui les rassemble sans les anéantir. C'est ici le passage de l'homogène au coordonné.

La tâche est pour nous de parvenir jusqu'au bout du cycle, et ne pas rester en route.

Tel est l'objet de ce travail.

Le temps n'existe pas pour Dieu. Pour lui tout est simultané. Pour les hommes, tout se produit dans le temps, forme finie de la durée. En ce sens la formule de Hégel ne serait rien de plus que la traduction humanitaire de la trinité chrétienne, et il y aurait cette anomalie que sa métaphysique n'étant pas chrétienne, sa philosophie de l'histoire le serait, tant est profond le pli imprimé par le christianisme à l'âme moderne. Nos intelligences ne sauraient y échapper tout entières, et alors même qu'elles font effort pour s'y soustraire, reviennent lui rendre hommage.

Pour mieux dire, tant il est vrai que le type de tout être se résume dans le type de l'être par excellence, le Dieu triple et un tel que le conçoivent les chrétiens. Depuis la plus humble graine jusqu'à l'immense cosmos, depuis le dernier mollusque jusqu'aux sociétés humaines, partout où il y a vie, le type de l'être est le même. Il comprend l'un, le plusieurs, le rapport du plusieurs à l'un.

C'est ainsi que dans une harmonieuse synthèse, l'accouplement des forces ennemies se transformera en une coopération, source de vigueur et de santé pour le corps social, pour la forme politique. Car les gouvernements ne s'imposent pas par la force. « Pour qu'un gouvernement subsiste et se conserve, dit Aristote[1], il faut que toutes les classes de la société désirent son existence et son maintien. »

Même loi pour sa fondation que pour son existence. Les gouvernements ne se fondent que par l'estime et la confiance.

_____

1. *Politiq.*, II, vi, 15.

TABLE DES MATIÈRES

TABLE DES MATIÈRES.

LIVRE II.

LE CATHOLICISME ET LA LIBERTÉ.

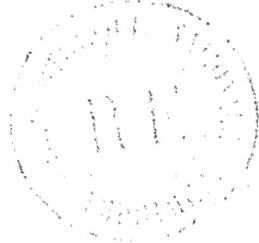

312. — Typographie A. Lahure, 9, rue de Fleurus, Paris.

www.ingramcontent.com/pod-product-compliance
Lightning Source LLC
Chambersburg PA
CBHW071345280326
41927CB00039B/1818